BIBLIOTHÈQUE
DE PHILOSOPHIE CONTEMPORAINE

NOUVELLES RECHERCHES

SUR

L'ESTHÉTIQUE

ET

LA MORALE

PAR

J.-P. DURAND (DE GROS)

PARIS
ANCIENNE LIBRAIRIE GERMER BAILLIÈRE ET Cie
FÉLIX ALCAN, ÉDITEUR
108, BOULEVARD SAINT-GERMAIN, 108
—
1900

NOUVELLES RECHERCHES

SUR

L'ESTHÉTIQUE ET LA MORALE

LIBRAIRIE FÉLIX ALCAN

OUVRAGES DE L'AUTEUR :

Aperçus de Taxinomie générale, 1899, 1 vol. in-8º de la *Bibliothèque de philosophie contemporaine* . . . . . . 5 fr. »
L'Idée et le Fait en biologie, 1896, in-8º de 88 pages. . 1 fr. 50
Le Merveilleux scientifique, 1894, in-8º. . . . . 6 fr. »
Genèse naturelle des formes animales, 1888, in-8º . 1 fr. 25
Les Origines animales de l'Homme éclairées par la physiologie et l'anatomie comparatives, avec de nombreuses figures dans le texte, 1871, 1 vol. in-8º . . 5 fr. »
Ontologie et psychologie physiologique, 1870, 1 vol. in-18 . . . . 3 fr. 50
La Philosophie physiologique et médicale à l'Académie de Médecine, 1868, in-8º. . . . . 2 fr. »
Essais de Physiologie philosophique, 1866, 1 vol. in-8º . . . . 8 fr. »
Cours théorique et pratique de Braidisme ou hypnotisme nerveux (sous le pseudonyme de PHILIPS), 1860, 1 vol. in-8º. . . . . 3 fr. 50
Electrodynamisme vital (sous le pseudonyme de PHILIPS), 1855, 1 vol. in-8º . . . . 7 fr. »

NOUVELLES RECHERCHES

SUR

L'ESTHÉTIQUE ET LA MORALE

PAR

J. P. DURAND (DE GROS)

> En résumé, les théories de la Morale, de l'Esthétique et de la Psychologie font défaut dans la Philosophie positive.
>
> E. LITTRÉ (*Auguste Comte et la Philosophie positive*, 2ᵉ éd., p. 677).

PARIS

ANCIENNE LIBRAIRIE GERMER BAILLIÈRE & Cⁱᵉ

Félix ALCAN, Éditeur

108, BOULEVARD SAINT-GERMAIN, 108

1900

Tous droits réservés.

NOUVELLES RECHERCHES

SUR

L'ESTHÉTIQUE & LA MORALE

CAUSERIE PRÉLIMINAIRE

Ces « *nouvelles* recherches », que je soumets aujourd'hui au public, datent d'un bon tiers de siècle. Des circonstances indépendantes de ma volonté les empêchèrent de paraître en leur temps. Cependant la nouveauté du livre n'y perdra rien, par la raison que les idées qu'il expose sont aussi peu connues, aussi inédites qu'à l'époque où il fut écrit. Son actualité, qui plus est, n'aura fait que gagner à ce retard, la situation présente lui donnant malheureusement plus d'à-propos qu'il n'en aurait eu il y a trente et quelques années.

On m'avait conseillé de remanier entièrement ce travail, assez décousu, pour le rendre plus compacte, lui donner plus d'unité, et surtout pour le *mettre au courant*, pour le rajeunir. Après réflexion, je me suis décidé à l'offrir tel quel, je vais dire pourquoi.

Différer encore la publication d'un ouvrage depuis si longtemps en souffrance, c'était témérairement l'exposer, vu l'âge de l'auteur, à mourir avec lui avant d'avoir vu le jour. Or ma vieillesse s'est imposé un devoir pieux envers ma maturité : publier son œuvre posthume.

Mais j'ai été déterminé en outre par une autre considération mieux faite pour toucher le lecteur. Dans l'exposé de mes vues sur divers points d'esthétique et de morale, j'eus l'occasion de mettre en cause les doctrines et les écrivains du jour appartenant à la sphère de mon sujet. Ces doctrines et ces écrivains sont passés de mode, sinon complètement oubliés, et la place notable faite aux uns et aux autres dans mon écrit, à l'exclusion de ceux d'aujourd'hui, est ce qui le vieillit. Cependant est-il juste, est-il opportun de mettre aux oubliettes un passé philosophique d'hier ou d'avant-hier? Je soutiens le contraire, je soutiens que ce passé est nécessaire pour expliquer le présent, et qu'il n'est pas inutile de remonter jusqu'à lui pour chercher le mot des terribles énigmes proposées à la génération actuelle. Et c'est pourquoi j'ai pensé que des discussions où, me plaçant à un point de vue nouveau, je prenais à partie des champions ayant nom Cousin, Proudhon, Littré, Renan, Taine, etc., pourraient intéresser les esprits de ce temps et même profiter à leur instruction.

∴

Dans notre chère et belle France — pour nous contenter en ce moment de voir la poutre qui est dans notre œil — le désarroi, la débâcle de l'opinion sur la question du beau et du bien, c'est-à-dire sur la question souveraine des règles de conscience, de goût et de bon sens devant diriger notre conduite publique et privée, touche déjà, de l'avis unanime, aux dernières limites ; et tout le monde paraît être également d'accord que ce trouble sans exemple de l'âme nationale menace le pays d'une catastrophe prochaine et suprême au point de vue moral et au point de vue matériel tout à la fois.

D'où nous vient un si grand mal, et comment y remédier s'il n'est déjà irrémédiable ? La chose vaut la peine d'être examinée.

.·.

Jusqu'à ces derniers temps, et en dépit des révoltes violentes de la libre pensée, au dernier siècle, en dépit de l'explosion terrible et sublime de la Révolution, la nation française, ceci est incontestable, vivait entièrement sur la morale de l'Eglise. C'est tout au plus si, depuis la fin de la Restauration, la philosophie éclectique avait réussi à usurper sur le dogme la direction d'une élite des consciences fort restreinte, tout en se gardant bien de rompre avec la religion, en se ménageant au contraire avec elle un *modus vivendi* très courtois, et en lui laissant tout son vieil empire sur la femme et l'enfant, c'està-dire sur la famille, pour se contenter de quelques prosélytes isolés parmi les hommes. Et ce qui encore est bien important à noter, c'est que, si le catéchisme laïque de l'éclectisme méconnaissait la révélation, ce n'est guère que par là, et non par les maximes, qu'il différait du catéchisme de l'Eglise. De celui-ci, en effet, il conservait les bases essentielles : Dieu, l'immortalité de l'âme et le libre arbitre.

Depuis, un troisième larron est entré en scène, le positivisme, bientôt suivi, renouvelé et renforcé par le transformisme et le « struggle-for-lifisme », qui le débarrassaient des rêveries altruistes et pseudo-mystiques d'Auguste Comte, pour lui communiquer une allure franchement, nettement et radicalement subversive de tous les principes établis. Devant ce nouveau prétendant, un prétendant de cette taille, l'éclectisme eut vite fait de rentrer sous terre, et il ne s'est plus trouvé dès lors en présence que les deux adversaires vraiment sérieux : le catholicisme, avec sa vieille dogmatique intégrale, compacte, immuable, tout entière assise sur la foi, — et le positivisme ou néo-positivisme, lequel, s'arrogeant la qualité d'organe de la science, nie en son nom tout ce que l'Eglise affirme, non pas seulement en ontologie et en théologie, mais encore en morale.

L'éclectisme, avons-nous dit, s'accordait foncièrement avec le catholicisme sur la métaphysique et sur l'éthique, et son ambition discrète se limitait à régner sur un petit cénacle animé d'un zèle purement platonique. D'humeur conservatrice et aristocratique, il ne visait aucunement à convertir les foules, qu'il estimait au contraire vouées à l'éternel esclavage de l'ignorance et de la superstition. *Odi profanum vulgus et arceo* était en quelque sorte sa devise.

L'Eglise jouissait donc d'une existence paisible à côté de l'éclectisme inoffensif, et continuait à régir souverainement les consciences. Avec le positivisme, tout a changé ; il s'est mis en guerre ouverte avec la foi catholique, et a déclaré bien haut sa résolution de lui arracher à tout prix le gouvernement des âmes. Et de même qu'autrefois l'Eglise avait eu largement recours au bras séculier pour extirper l'hérésie, pareillement le positivisme, arrivé au pouvoir à la suite du parti républicain, a voulu à son tour s'imposer par la force, et le fanatisme religieux a trouvé son pendant dans le fanatisme de l'irréligion. Une foi sincère et vive, qu'elle soit religieuse ou antireligieuse, peut-elle ne pas être intolérante ?

.·.

Cependant le positivisme s'engageait par là dans une impasse. Détrôner la religion et la morale régnantes, c'est creuser un vide immense, et ce vide doit être comblé. En effet, il est évident que les hommes ne peuvent vivre en société sans se reconnaître certaines obligations les uns à l'égard des autres, et sans être dominés plus ou moins par des motifs d'ordre supérieur les sollicitant à remplir ces obligations. En d'autres termes, une société ne peut vivre sans un code de lois morales nous enseignant que ceci est *bien*, que cela est *mal*, et qui nous donne des raisons déterminantes pour faire le bon choix.

Et maintenant, en échange du code de la vieille morale religieuse, quel est celui que le positivisme nous apporte? Il n'en apporte aucun, pas l'ombre d'un. Et cela est si vrai que, devenu, par suite des événements politiques, l'arbitre de l'éducation nationale, il s'est vu dans la nécessité ridicule de faire remplacer le catéchisme des évêques par des *manuels* où sont exhumées toutes les vieilleries déistes et spiritualistes de l'ancien éclectisme universitaire. Et vraiment il est heureux qu'il se soit résigné à cette humiliante transaction : où en serions-nous si l'irréligion et l' « a-morale » positives et soi-disant scientifiques étaient professées dans toute leur nudité par l'instituteur primaire !

Il est évident que la culture de l'homme ne doit pas se limiter à son intelligence, et qu'elle doit s'étendre à son moral. Et certes l'état d'inculture et de sauvagerie morales n'est pas pour nuire à l'individu et à la société à un degré moindre que la simple friche intellectuelle.

Il existe des *guides* de l'agriculteur, du viticulteur, du sériciculteur, de l'apiculteur, du pisciculteur, etc. :

je demande en vain au Positivisme son *guide* de l'hominiculteur, et particulièrement du cultivateur de la conscience et du caractère.

Tout aussi évidemment, le moral de l'homme est, comme son intelligence, sujet aux deux états contraires de santé et de maladie. Où donc, dans quel livre, du haut de quelle chaire, le Positivisme nous enseigne-t-il les lois de la santé et de la maladie morales, les signes auxquels on les distingue l'une de l'autre? et les règles d'hygiène à suivre pour conserver et fortifier la première et pour éloigner la seconde? et les recettes thérapeutiques destinées à combattre celle-ci et à rétablir celle-là ?

Le Positivisme trouve ces questions indiscrètes; il n'y répond pas, et pour cause.

**

Encore une fois, le positivisme n'apporte que des solutions négatives. Il plonge la conscience dans l'obscurité la plus noire, et lâche la bride à la bête humaine sans se soucier de ce qu'il en adviendra. Habile et ardent à démolir, ne laissant rien debout, quand il s'agit de réédifier il se montre d'une incapacité navrante. Avec le *Deutéronome*, il peut bien dire : *destruam*, mais il lui est interdit d'ajouter : *et ædificabo*. Ah ! qu'on ne compte pas sur lui pour nous construire la société nouvelle, bien fou qui s'y fierait.

**

De son côté, l'Eglise, au lieu de reculer devant les assauts de son nouvel ennemi, sent qu'elle a sur lui l'avantage décisif du pis aller ; elle se sent forte de l'impuissance du démolisseur à élever quoi que ce soit à la place de ce qu'il renverse, et, loin de lui faire des concessions, elle lui jette un suprême défi à la face : elle outre encore l'irrationalité, le *credo quia absurdum*, de son dogmatisme, par l'institution de dogmes nouveaux du caractère le plus excessif, et met le monde en demeure, ou de lui immoler tous les droits de la raison par un dernier sacrifice pour prix d'une factice quiétude — celle de l'autruche, qui ferme les yeux au danger pour y échapper —, ou de sauter dans le gouffre béant de négation et de désolation où le positivisme l'attire.

.·.

Nous voilà donc tiraillés entre ces deux appels contraires, tous deux également impérieux, et fort peu tentants l'un comme l'autre.

La discipline catholique est diamétralement l'opposé de tout ce qui est nécessaire pour préparer les peuples et les individus à faire bonne figure, à ne pas se laisser battre et détruire, dans la lutte générale pour l'existence, qui devient aujourd'hui la lutte pour le progrès humain. Il nous faudrait des cordiaux, elle ne nous sert que des débilitants. En effet, tous les mobiles de la vertu et du bien agir sont rabaissés par elle à la crainte servile d'un maître capricieux et cruel ; elle nous représente le travail comme un châtiment ; elle nous enseigne que c'est péché de compter avant tout sur notre énergie, sur notre effort personnel, pour obtenir les biens du corps et de l'esprit, et que c'est de la prière, c'est-à-dire de la faveur et du bon plaisir d'un Dieu sensible à nos implorations et à nos dévotions, qu'il faut les attendre.

Cette conception antique répondait sans doute à la mentalité de peuples enfants, pour qui l'impératif catégorique de Kant eût été bien trop peu concret, et dont on ne pouvait rien attendre que par la contrainte de la peur. Mais aujourd'hui, sans être entièrement sorties de cette primitive enfance, les âmes réclament une alimentation plus substantielle.

De l'autre côté, le positivisme cru et brutal des savants nous offre un non moins insuffisant viatique. Piqué au jeu, il va à son tour aux extrêmes, et s'efforce d'exagérer les conclusions antireligieuses et antimorales que la science, prise dans son état actuel — qui assurément n'est pas son état parfait et définitif — semble autoriser. Par son athéisme, son matérialisme, son déterminisme et son struggle-for-lifisme mal digérés — et que l'on pourrait considérer peut-être comme des fruits de bonne sorte, mais encore aigres et malsains pour être loin de leur maturité — il nourrit les esprits et les cœurs d'un vrai poison, qui éteint la volonté et le courage, le goût et la force de l'action, et ne laisse subsister que la sensation — qui se satisfait de jouissances paresseuses et fiévreuses. Coupant le pied à tous les sentiments supérieurs, c'est-à-dire collectivistes, il tend à rendre toute association humaine impossible, et à nous faire revenir à l'individualisme et à l'antagonisme absolus, à l'*insocialisme*, des premiers âges. C'est lui qui nous a inoculé le microbe de cette étrange asthénie morale ou misère psychologique qu'on appelle du nom bien trivial mais si expressif de *je-m'en-fichisme*.

Le positivisme enfin est le véritable et seul coupable de la « banqueroute » qui a été reprochée à la science.

En résumé, le Catholicisme et le Positivisme ne sont en mesure, ni l'un ni l'autre, de nous armer et de nous munir pour les grandes luttes de l'époque ; et la guerre qu'ils se font entre eux achève de nous épuiser, de nous détraquer et de nous disloquer.

.·.

Allons au-devant d'une objection : Voyez, va-t-on me dire, voyez à côté de nous les peuples de souche germanique. Quel contraste entre leur état et le nôtre ! Chez eux, quel mouvement, quelle sève, quelle vie robuste, quelle saine agitation de travail et de production ! Et le progrès intellectuel, moral et social, qui y va de pair avec le progrès de la richesse ! car si ces Tudesques sont avides de s'enrichir de guinées, de dollars ou de thalers, ils ne le sont pas moins d'accroître la valeur intrinsèque de leur personne jusque dans ses plus nobles attributs. Le *self improvement* est une expression de leur langue qui leur appartient en propre ; elle n'a pas d'équivalent dans nos langues latines. Et pourtant l'irréligiosisme scientifique a eu chez eux ses apôtres, non moins que chez nous, plus que chez nous peut-être : Moleschott, Louis Büchner, Carl Vogt, Hæckel, ne sont-ils pas des Allemands ? Darwin, Huxley, Spencer, des Anglais ?

En effet, ce douloureux contraste est un problème, et il nous importerait de le résoudre. Essayons de l'élucider tant soit peu.

.·.

Les peuples germains (Anglo-Saxons, Allemands, Scandinaves) qui prennent si hardiment la tête de la civilisation scientifique, qui s'emparent du rôle de civilisateurs et organisateurs du globe, et menacent de réduire nos Latins à la condition de sujets ou de pupilles à l'égal des barbares, ces peuples dominateurs sont protestants. Or c'est un effet de cette circonstance qu'il y a eu là comme un tampon pour amortir le choc de la rencontre entre la religion établie et l'invasion positiviste ; et ce tampon providentiel, c'est l'inconséquence même, ou, si l'on veut, l'absurdité du système protestant qui l'a ménagé.

Le protestantisme est né d'une révolte de la raison contre le despotisme spirituel de l'église romaine ; il est donc libre-penseur de naissance ; et si, après avoir proclamé le droit au libre examen, il a ensuite mis à ce droit des bornes arbitraires, il n'en est pas moins resté imprégné de l'esprit d'indépendance et de liberté individuelle qui dérive de ses origines, et cet esprit-là a pénétré profondément l'âme des peuples qu'il a élevés. Et, d'un autre côté, cette religion bâtarde, hétéroclite mixture de raison rebelle et de foi obéissante, a fourni à ces populations une morale acceptée, indiscutée, qui a maintenu solidement chez elles le lien social tout en laissant son plein essor à l'individu.

Et si la critique positiviste a respecté chez les protestants les fondements religieux de cette morale, c'est qu'elle n'a pas rencontré dans leur dogmatisme le tout ou rien, le *non possumus*, le *sim ut sum aut non sim* de la foi catholique ; c'est qu'elle n'a pas trouvé derrière cet antagoniste d'ordre spirituel un antagoniste politique, derrière cette doctrine théologique un plan de domination théocratique ; c'est encore que le protestantisme n'est pas un mais divers, et qu'il sait revêtir différentes formes pour s'accommoder aux multiples degrés et modes de développement des différents esprits ainsi qu'aux différentes circonstances d'époque et de lieu.

En résumé, il n'y avait pas matière à duel entre le protestantisme et le positivisme ; aussi ont-ils jugé expédient pour le bien commun de se ménager l'un l'autre, de se faire des concessions mutuelles. C'est ainsi qu'on a vu Darwin concéder à la théologie, à l'entier mépris de la logique, que sa théorie de la création des espèces par voie de transformation exceptait de cette loi l'espèce humaine. C'est encore ainsi que le moniste Hæckel biaise et équivoque sur les questions de Dieu et de l'immortalité d'une façon si étrange et avec une préoccupation si manifeste de ménager les susceptibilités religieuses.

Voilà comment les nations protestantes tirent des progrès de la science tout ce qu'on peut leur faire rendre de pratiquement utile, ferment les yeux sur les conclusions troublantes et décourageantes autant que prématurées que prétend en tirer le positivisme, et continuent à puiser dans la religion une direction morale et un soutien qui, loin de briser les volontés et les initiatives, viennent accroître leur ressort, et font des caractères solides et virils.

.·.

Et maintenant est-ce là un exemple dont nos Latins puissent profiter, qu'ils puissent imiter? Hélas! non. Le protestantisme durera plus ou moins, avec ses qualités et ses défauts, sur le terrain qu'il occupe; mais si ce compromis bizarre entre la raison et la foi a pu s'établir empiriquement à une époque relativement peu éclairée, et se maintenir jusqu'à ce jour par la force de l'habitude et ses avantages sociaux, il ne saurait aujourd'hui supplanter le catholicisme là où celui-ci s'est cantonné depuis la Réforme; car il ne pourrait plus tenter l'entreprise qu'au nom de la science moderne, et celle-ci ne se prononce pas avec moins de rigueur contre l'hérésie que contre l'orthodoxie. Le protestantisme ne saurait donc se faire de la science une arme contre le catholicisme; cette arme se tournerait d'abord contre lui.

La condition de nos malheureux Latins est-elle donc

désespérée? Sont-ils donc voués à une déchéance irrémédiable, à une ruine finale et prochaine? C'est ce que nul ne peut dire, car le cas japonais (unique, il est vrai, dans l'histoire) est là pour autoriser tous les espoirs de relèvement et de quasi-résurrection pour un peuple. Cependant je ne vois pour nous qu'une chance sérieuse de remonter le courant qui nous entraîne vers l'abîme; je la vois dans une solution véritablement et largement scientifique du problème religieux, du problème moral et du problème social. Hors de là, à mes yeux, pas de salut.

Mais, direz-vous, ce triple et illusoire desideratum n'est-il pas déjà réalisé, autant qu'il peut l'être, par le positivisme? Non, vous répondrai-je, non, mille fois non. En métaphysique, en religion, en éthique et en sociologie, le positivisme se montre exclusivement — et j'ajouterai *grossièrement* — critique et négatif, et parfaitement vide de toute solution organique. Il est purement destructeur.

Il s'autorise de la science, mais cette prétendue science se résout en sciences spéciales et partielles qui, en outre qu'elles n'ont pas encore atteint tout leur développement respectif, et qu'elles sont loin d'avoir consommé leur synthèse, n'ont par leur objet propre qu'un rapport indirect et plus ou moins éloigné avec les trois ordres de questions dont il s'agit ici. Les thèses philosophiques du positivisme se réduisent alors à des inductions tirées — par les cheveux — de ces sciences physiques, par des spécialistes ne possédant guère que leur spécialité, et qui, étrangers par éducation et par prévention à la philosophie, saisissent mal les problèmes qu'elle pose, ou, à vrai dire, n'en comprennent pas même l'énoncé, et par conséquent sont de tous points incompétents pour les résoudre. Et quant au vulgaire des adeptes, pour lui, positivisme signifie guerre à la religion, guerre aux « curés », et rien de plus.

..

Mais les sujets de métaphysique, de religion, de morale et de sociologie se prêtent-ils à un traitement véritablement scientifique dans toute l'acception du mot ? Oui, certes, on n'en saurait douter. La science étant la découverte et la démonstration de la vérité, dire qu'elle n'a rien à voir à de tels sujets, c'est dire qu'ils sont fermés à tout jamais à la lumière. Et sur quoi, s'il vous plaît, se fonderait-on pour avancer une proposition pareille ? Uniquement sur ce fait que la cognée et la pioche de la méthode scientifique, occupées ailleurs, ne se sont pas encore portées sur ce terrain vierge pour le défricher et le mettre en culture. Mais n'en fut-il donc pas de même jusqu'à une certaine époque de chacun de ces domaines que la science exploite aujourd'hui avec tant de fruit, et qu'elle a rendus si admirablement féconds ? Eux aussi, durant de longs siècles, languirent stériles sous la brousse de l'empirisme et de l'hypothèse, attendant leur tour de voir arriver le pionnier et le laboureur; et cela n'est pas vrai seulement des sciences d'observation et d'expérimentation, mais des mathématiques elles-mêmes. Dès lors, n'est-il pas souverainement arbitraire et illogique de prétendre que ces sciences en herbe, sciences empiriques et conjecturales appelées religion, morale et politique, ne se développeront pas à leur tour, ne passeront pas de l'état de pseudo-sciences à l'état de vraies sciences, pour s'imposer alors à l'intelligence humaine, non plus par telle ou telle autorité extrinsèque, mais par leur seule clarté ?

Préparer cette évolution est une tâche glorieuse qui

me semble incomber principalement à nos philosophes français ; car aucun autre pays n'offre en ce moment ce que possède le nôtre (c'est sa seule revanche), une jeune génération d'esprits d'une haute et intégrale culture qui, après s'être rompus au maniement des idées générales et de l'abstraction transcendante, ont voulu s'initier successivement à chacune des sciences spéciales dites positives, et y sont passés maîtres. Ce sont là les « Intellectuels » de la bonne marque, en qui m'apparaît le dernier espoir de la France. A eux la mission trois fois sainte de préparer notre relèvement moral, social et national.

***

Dans un petit livre qui vaut beaucoup plus que son pesant d'or, et que l'auteur a intitulé (je ne vois pas bien pourquoi) *Le nouveau mysticisme*, M. Paulhan nous parle ainsi :

« Nous sommes de plus en plus convaincu que toute effusion sentimentale qui ne s'accompagne pas de connaissances précises, court grand risque de rester sans efficacité ; la science, l'esprit scientifique, la précision dans les faits, la minutie dans l'analyse, la rigueur dans la synthèse, sont pour nous les seuls moyens d'arriver à des résultats sérieux, soit en théorie, soit en pratique. »

Combien M. Paulhan n'a-t-il pas raison ! Si nous voulons nous refaire des mœurs (nous n'en avons plus), retremper nos caractères, qui sont bien quelque peu détrempés, et refondre dans un nouveau moule notre société, qui tombe en morceaux, disons-nous que c'est là une œuvre de réfection plutôt que de destruction, une œuvre de théorie et de technique, une œuvre d'étude et de travail fructueux, et non pas seulement de critique, de polémique et de « chambardement » ; qu'enfin ce n'est pas sur les prestiges de l'éloquence et sur l'entraînement des passions, celles-ci fussent-elles les plus généreuses et les plus justes, qu'il faut tabler principalement pour atteindre un pareil résultat.

Ce qu'il faut encore, c'est de ne plus traiter les questions de philosophie en motifs littéraires ou oratoires, par des phrases, mais avec le sérieux et l'application qu'un homme sensé apporte dans une affaire où tous ses intérêts sont engagés ; en un mot, c'est de les traiter de façon à en tirer des lumières nouvelles, utiles et pratiques. C'est de cet esprit positif — mais non positiviste — que j'ai tâché de m'inspirer dans tous mes essais philosophiques, et tout particulièrement dans une étude récente sur la science générale des classifications, qui a eu le bonheur rare de se voir unanimement approuvée par les connaisseurs. Les articles détachés que j'ai groupés pour en former ce nouveau volume portent la marque des mêmes préoccupations de méthode, mais je ne puis compter qu'ils obtiennent la même faveur. En traitant de la taxinomie j'étais sur un terrain neutre et froid ; aujourd'hui je marche sur un terrain brûlant — *incedo per ignem* —, et je crains de n'y rencontrer que des adversaires. Car, ici, autant d'opinions contraires, autant de camps ennemis ; et comme je ne suis affilié à aucun parti et que je dis à chacun son fait franchement sans avoir égard aux conséquences, je ne puis manquer d'indisposer beaucoup de monde sans être sûr d'être agréable à personne. Cependant il y a partout des cœurs sincères : c'est à eux que je me recommande comme leur appartenant, car « Cecy est un livre de bonne foy, lecteur. »

Arsac (Aveyron), avril 1899.

I

PSYCHOLOGIE, PHYSIOLOGIE, PHYSIQUE

1. La haute question à l'examen de laquelle le présent mémoire est consacré est de celles qui font le mieux ressortir les inconvénients pour la science et pour la philosophie de marcher isolées l'une de l'autre. Il n'en est point en effet dont la persistante obscurité tienne d'une manière plus manifeste à l'impuissance philosophique des savants et à l'insuffisance scientifique des philosophes.

⁂

2. Se dispenser de fixer préalablement la valeur des termes sur lesquels doit rouler soit tout un enseignement, soit toute une discussion, alors que l'acception usuelle de ces mots est vague et ambiguë, n'a rien de précis, n'est-ce pas méconnaître la logique dans ce qu'elle a de plus élémentaire et de plus obligatoire ?

De telles omissions pourtant sont habituelles dans la didactique de nos sciences spéciales. Un traité de physique récent [1] et des plus favorablement accueillis, le bel ouvrage de MM. les professeurs Boutan et d'Almeida [2], le croirait-on, s'abstient complètement de définir la *lumière*, le *son* et la *chaleur*. Les auteurs ont-ils jugé par hasard que ces termes soient tellement clairs

---

1. Ceci s'écrivait en 1864.
2. *Cours élémentaire de physique*, par A. Boutan, professeur de physique au lycée St-Louis, et Ch. d'Almeida, professeur de physique au lycée Napoléon, Paris, 1862.

par eux-mêmes qu'une définition ne saurait ajouter à l'évidence de leur signification ? Une telle explication n'est pas admissible : ces professeurs distingués le savent trop bien, et d'ailleurs tous leurs devanciers ont eu le soin de le faire observer, les trois expressions dont il s'agit sont particulièrement entachées d'équivoque. Au fond, rien de plus indéterminé, scientifiquement parlant, que le sens que le vulgaire y attache. Et, quant aux savants, ils ont pour eux deux significations radicalement différentes et diamétralement opposées, mais sans qu'ils sachent en faire le départ exact : l'une se rapportant à quelque chose qui est en nous, qui est une manifestation de notre âme même, de notre moi ; l'autre, visant quelque chose qui est hors de nous, qui est du domaine de l'objectif, de la matière.

On ne peut dès lors faire qu'une supposition, c'est que les deux habiles professeurs, frappés de l'insuccès de tous ceux qui avant eux avaient essayé de donner une définition satisfaisante des trois objets de l'optique, de l'acoustique et de la thermique, auront désespéré de pouvoir mieux faire. Impuissants à s'acquitter d'une tâche néanmoins rigoureuse, ils auront pris le parti de ne le point tenter.

∴

3. Il faut en convenir, un pareil aveu d'impuissance est une humiliation pour la science spéciale et une confirmation éclatante de ce jugement de M. Littré : « L'insurrection à laquelle l'esprit moderne est en proie, écrit cet illustre penseur, est la lutte contre l'ascendant des idées générales et d'une philosophie qui soit la régulatrice des idées et des sciences particulières. Il se parque obstinément dans les compartiments des connaissances spéciales, et l'on doit voir en cet état sa maladie

la plus manifeste et la plus grave. » (*Auguste Comte et la philosophie positive*, par Émile Littré, 2ᵉ édit., p. 560.)

Nous apprécierons maintenant les tentatives qui ont été faites par de plus hardis pour triompher de la difficulté devant laquelle MM. Boutan et d'Almeida ont reculé. Je prendrai à cette fin un autre traité de physique également récent, qui se rencontre sous ma main. C'est celui de M. Forthomme, docteur ès sciences, agrégé des sciences physiques, et professeur de physique au Lycée impérial de Nancy.

Je le cite :

I. « Nous appelons *lumière* la cause, quelle qu'elle soit, qui produit en nous la sensation que nous percevons avec l'organe de la vue, avec les yeux, la cause qui rend les objets visibles. » (*Traité élémentaire de physique*, t. 1ᵉʳ.)

II. « Le *son* est la sensation que nous percevons par l'organe de l'ouïe : il est toujours produit par l'action d'un corps extérieur qu'on appelle corps *sonore*. Le mot *son* s'applique aussi au phénomène particulier que produit le corps sonore, à ce qui détermine en nous la sensation de l'ouïe, et c'est dans cette dernière acception que nous le considérons ici. C'est alors un phénomène physique dont l'étude fait l'objet de l'acoustique. » (*Op. cit., ibid.*)

III. « Tout le monde sait ce que l'on appelle corps *chauds*; ce sont ceux qui produisent sur nos organes cette sensation particulière qu'on éprouve en approchant d'un foyer allumé, d'une barre de fer rougie au feu, d'un verre plein d'eau bouillante, etc. Cette sensation est due à une cause déterminée qu'on appelle la *chaleur*. » (*Ibid.*)

*
* *

4. Avant d'aller plus loin, je tiens à faire observer que je n'entends aucunement discuter ici une œuvre particulière au point de vue de son mérite comparatif.

Le livre que je prends pour texte de mes réflexions est d'ailleurs un travail qui, quant à la science et au talent, ne le cède pas à ses rivaux, et que, pour ma part, je serais disposé à placer au-dessus de certains d'entre eux, dont la renommée est plus grande. Qu'il soit donc bien compris que ce n'est pas tel ou tel physicien qui est ici en cause, mais la physique elle-même.

Nous pouvons d'ailleurs ajouter que si, au lieu de prendre pour texte de cette critique doctrinale les pages d'un savant qui n'est pas de ceux dont on dit qu'ils *font autorité*, nous eussions choisi les autorités les plus incontestées et les plus imposantes, nous aurions à gémir bien plus encore pour les lois violées, outragées de la méthode. Que l'on consulte par exemple le *Dictionnaire de médecine* si renommé de MM. Littré et Ch. Robin, aux articles *Lumière, Couleur, Son, Chaleur, Odeur, Saveur*, et l'on jugera combien sont encore plus boiteuses, plus incohérentes, plus inacceptables, les définitions formulées par ces deux éminents maîtres de la philosophie scientifique[1].

*
* *

5. Les trois définitions que je viens de retracer, exa-

---

[1]. Le *Grand Dictionnaire universel* de Larousse définit la *chaleur* : « Etat de ce qui est chaud ». Et comment définit-il le *chaud* ? Il le définit : « Ce qui a, qui donne, qui produit de la chaleur » ! Le même dictionnaire définit encore la chaleur : « Agent particulier qui produit par sa présence l'élévation de la température ». Et la *température*, il la définit à son tour : « Degré de chaleur » !!

minées une à une et comparées entre elles, témoignent, non moins éloquemment que la réserve de MM. les professeurs Boutan et d'Almeida, de la plaie scientifique signalée par le chef de l'école positiviste. Aujourd'hui le besoin le plus pressant de la physique n'est-il pas de se donner des principes synthétiques pour arriver à retrouver l'unité et l'harmonie de son domaine, pour arriver à en réunir, remanier et coordonner les incohérentes parcelles, et mettre fin à un morcellement qui fait obstacle, si je puis ainsi dire, à la grande et scientifique culture de la science ? Cependant la Physique a dédaigné à tel point les lumières de la Philosophie, qu'elle se heurte sans les voir à ces principes régénérateurs dont elle reconnaît pourtant la nécessité.

Les définitions citées ci-dessus nous frappent d'abord par une prolixité embarrassée et un manque de précision qui tranchent sur le fond de l'ouvrage, généralement écrit d'un style net et concis. Sous ces taches exceptionnelles on entrevoit que la pensée de l'auteur, forcé de quitter pour un instant le terrain familier de la spécialité professionnelle, s'agite dans l'obscurité, et fait de vains efforts pour trouver sa voie, qu'aucune lueur de méthode ne lui découvre. Mais un examen soigneux de cette infructueuse tentative conduit à une observation qui constitue une découverte précieuse. La voici :

Les trois définitions n'ont entre elles aucune analogie de formule, et l'on semble même s'être étudié à les rendre le plus disparates possible. Et pourtant il saute aux yeux qu'elles comportaient une uniformité générale d'expression. Chacune des trois peut, en effet, rien qu'en changeant les différences spécifiques, s'appliquer indifféremment au sujet de chacune des deux autres, et tout aussi exactement qu'à son propre sujet lui-même.

Prenons par exemple la définition de la Lumière :

I. « Nous appelons *lumière* la cause, quelle qu'elle soit, qui produit en nous la sensation que nous percevons avec les organes de la vue, avec les yeux, la cause qui rend les objets visibles. »

Nous transportons ce même type de définition à la définition du son et à celle de la chaleur, et nous obtenons les deux expressions suivantes, qui n'ont assurément ni plus ni moins d'exactitude que leur modèle :

II. Nous appellerons *son* la cause, quelle qu'elle soit, qui produit en nous la sensation que nous percevons avec l'organe de l'ouïe, avec l'oreille, la cause qui rend les objets *sonores* (ou audibles).

III. Nous appellerons *chaleur* la cause, quelle qu'elle soit, qui produit en nous la sensation que nous percevons par l'organe (encore anatomiquement indéterminé) du sens thermique, la cause qui rend les objets *chauds*.

On pourrait maintenant opérer de même sur les deux autres définitions de notre auteur, celle du Son et celle de la Chaleur, et nous nous convaincrions que chacune de ces deux formules s'applique également bien, de même que la précédente, à chacun des trois objets à définir proposés.

Ainsi les trois définitions, jusqu'ici incohérentes et disparates, se rapportant à trois des principaux sujets de la physique, sont réductibles à l'unité de formule générale, au même paradigme.

Tous les physiciens philosophes m'accorderont, je pense, que cette réduction est déjà un résultat de quelque valeur acquis à la méthode de cette science.

∴

6. Ce serait encore trop peu, toutefois, que d'intro-

duire dans les définitions la simplification et l'uniformité qu'elles comportent, si on n'y faisait pas pénétrer en même temps l'exactitude. Les trois spécimens de définition consignés dans l'ouvrage classique précité : celui relatif à la lumière, celui relatif au son, et celui relatif à la chaleur, sont discordants entre eux et individuellement entachés de vice. Prendre l'un d'eux comme type commun des trois définitions, et y conformer les deux autres, c'est déjà supprimer l'un de ces défauts ; mais, l'unité substituée à la disparate, il reste à mettre l'exactitude à la place de l'incorrection. Or les considérations qui amènent notre esprit à opérer le premier de ces deux amendements lui suggèrent aussi le second. Je vais dire de quelle manière.

Reconnaître que chacune des trois formes de définition dont il s'agit est également applicable à chacun des trois sujets, Lumière, Son, Chaleur, c'est par cela même reconnaître en sus qu'elles expriment toutes trois un rapport général commun. Arrêter les termes d'un tel rapport et leur valeur réciproque, et à ce rapport abstrait, après l'avoir entièrement dégagé et nettement précisé, assigner une expression adéquate, c'est résoudre la difficulté en cause, c'est donner aux trois définitions spécifiques proposées (celle de la lumière, celle du son, celle de la chaleur) une formule à la fois uniforme et juste.

Or le rapport fondamental dont nous parlons, et les termes abstraits qui le constituent, sont aisés à démêler, dans nos trois formules empiriques disparates, au moyen d'un examen comparatif. L'analyse de chacune de ces formules nous donne successivement : 1° un *agent spécial* (c'est le terme de genre embrassant les trois termes d'espèce à définir, c'est-à-dire la *lumière*, le *son*, la *chaleur*), lequel a la propriété de provoquer 2° une *sensation spéciale* (terme de genre s'étendant à ces trois termes d'espèce : *vision, audition, sensation de chaleur*) en agissant sur 3° un *sens spécial* (terme de genre commun pour les trois termes d'espèce : *vue, ouïe, sens thermique*) par l'intermédiaire de 4° un *organe spécial* (terme de genre pour les trois termes d'espèce : *œil, oreille, organe du sens thermique*).

.·.

7. Nous possédons maintenant les éléments essentiels de la relation abstraite qui doit servir de commune base, de commun paradigme, à notre triple définition.

Mais ici notre esprit est arrêté par un embarras singulier. Nous venons de l'apprendre, les définitions de la Lumière, du Son, et de la Chaleur, consistent dans la traduction analytique de ces trois substantifs en une seule et même série de termes génériques auxquels on ajoute, pour chacun de ces trois cas séparés, un attribut spécifique et différentiel distinct.

Or, il est maintenant à observer que cet attribut spécifique est lui-même son propre sujet, c'est-à-dire que le nom qui le désigne se confond avec le nom à définir. Et ce n'est pas tout : ce sont deux sujets distincts qu'il a pour homonymes.

En effet, les mots *lumière, son, chaleur*, désignent respectivement tout à la fois : 1° l'*agent spécial* d'une certaine sensation spéciale ; 2° cette *sensation spéciale* ; 3° l'*attribut spécifique* de l'Agent spécial, de la Sensation spéciale, et, enfin, des deux termes complémentaires de la série, le Sens spécial et l'Organe spécial.

Écoutez notre professeur de physique : « Le son, nous dit-il, est la sensation que nous percevons par l'organe de l'ouïe... » Et il ajoute : « Le mot *son* s'applique aussi à ce qui détermine en nous la sensation de l'ouïe ».

De ce que nous venons de voir, faut-il donc conclure que la définition de la lumière, du son ou de la chaleur ne puisse être autre chose qu'une absurde tautologie, ce qui reviendrait à dire qu'elle est impossible ? Certes, à ces questions : « Qu'est-ce que la lumière ? Qu'est-ce que le son ? Qu'est-ce que la chaleur ? » on ne trouve pas de réponse qui ne revienne à dire : « La Lumière, c'est l'agent de la Lumière, c'est-à-dire la cause extérieure qui provoque en nous la Lumière ou sensation de Lumière en agissant sur le sens de la Lumière par l'intermédiaire de l'organe de la Lumière ». Et pareillement : « Le Son, c'est l'agent du Son, c'est-à-dire la cause externe qui provoque en nous le Son ou sensation du Son, en agissant sur le sens du Son par l'intermédiaire de l'organe du Son ». Et de même pour la Chaleur.

De telles propositions nous font l'effet d'une logomachie non moins insupportable au bon sens qu'à l'oreille. Et pourtant comment se soustraire à ce cercle vicieux, qui semble inévitable et sans issue ? Ce n'est pas toutefois impossible, nous allons le montrer.

.˙.

8. Il est un des quatre termes généraux — l' « agent spécial », la « sensation spéciale », le « sens spécial » et l' « organe spécial » — sur lesquels roule chacune de nos trois définitions particulières — celle de la lumière, celle du son et celle de la chaleur — , mais *un seul*, qui, lui, n'a aucun besoin d'être défini, qui est défini par soi, parce qu'il est primordial, et qui par cela même peut servir à définir les trois autres, parce qu'en lui et lui seul réside essentiellement, intrinsèquement et entiè-

rement, et que de lui dérive primitivement tout entière, la spécificité qui caractérise toute la série.

J'en avertis le lecteur : en ce moment, sans qu'il s'en doute peut-être, nous sommes en marche pour faire l'ascension de l'un des plus hauts sommets de la métaphysique. De cette sublime hauteur un spectacle incomparable s'offre à la vue de l'esprit, l'un des plus admirables dont l'œil du philosophe puisse se repaître, et dont se condamne à rester à jamais privé celui qui s'emprisonne dans les étroites vallées du spécialisme. C'est comme une première échappée de vue sur la Terre promise de la Science, c'est-à-dire sur la synthèse universelle des idées, des connaissances et des choses.

Je reprends. Les quatre termes généraux qui concourent à la définition de la lumière, à celle du son, à celle de la chaleur, autrement dit l'Agent spécial, la Sensation spéciale, le Sens spécial et l'Organe spécial, peuvent être ramenés à deux termes plus généraux et plus abstraits encore : un *effet* et une *cause*, lesquels sont : la sensation spéciale, et *ce* qui produit la sensation spéciale.

Le Dr Lélut a dit avec non moins de justesse que de concision énergique : « Sentir, c'est sentir ». Nous sommes en droit d'ajouter : « Voir, c'est voir ; ouïr, c'est ouïr ; avoir chaud, c'est avoir chaud. »

Ceci revient à dire que la sensation spéciale, ainsi que la sensation en général, est une chose qui est, se connaît, se démontre et se définit entièrement et uniquement par elle-même. C'est un fait premier et irréductible sur l'existence et la nature duquel il ne saurait y avoir ni doute ni désaccord. « Nous ne sommes sûrs » — écrit encore l'auteur sagace de la *Physiologie de la pensée* — « ce qui s'appelle sûrs, *clamante conscientia*,

c'est le cas de le dire, que de notre propre sensibilité. »
(*Physiologie de la pensée*, par le Dr Lélut, membre de
l'Institut, t. 1er.) J'eusse préféré : « que de nos propres
sensations ».

Et, cela dit, la cause de la sensation, qu'est-elle?
Comment qu'on la conçoive, et quelle dénomination
qu'on lui donne, elle ne peut être pour nous qu'une vérité de raisonnement et non une vérité d'expérience.
Elle est une dérivation logique du fait positif de sensation, lequel se transforme dans notre esprit en une idée
d'effet, qui implique alors la nécessité rationnelle d'une
cause.

Ainsi, des deux termes corrélatifs *sensation spéciale*
et *cause de la sensation spéciale*, celui qui est connu
primitivement, immédiatement et par lui-même, qui est
donné, c'est le premier ; celui qui ne peut être connu et
déterminé qu'après et par l'autre, qui est *cherché*, qui est
inconnu, c'est le second. Nous poserons donc la Sensation Spéciale en principe absolu, en fait positif primordial ; et nous désignerons ses différences spécifiques
par des dénominations quelconques purement conventionnelles qui — pour nous renfermer dans les trois cas
déjà pris pour exemples — seront les suivantes : *voir*,
ouïr, *avoir chaud* ; ou bien, pour employer une forme
substantive : la *vision*, l'*audition*, la *sensation de chaleur*.

Ces dénominations fondamentales une fois convenues, nous nous trouvons en état de désigner méthodiquement les *causes* des sensations spéciales ainsi nommées. Nous aurons : la *cause de la vision*, la *cause de
l'audition*, la *cause de la sensation de chaleur*.

De telles expressions seront ainsi la traduction explicite et méthodique, c'est-à-dire la juste définition, des noms implicites et empiriques qui en tiennent lieu dans la langue usuelle.

Il s'agit maintenant d'analyser la Cause de la sensation spéciale en général ; il s'agit de savoir ce que cette idée renferme, et d'en séparer les éléments constitutifs.

∴

9. La Cause de la sensation se décompose logiquement en une cause active, cause externe, objective, — et une cause passive, cause interne, subjective. En troisième lieu, nous constatons la présence, entre la cause active et la cause passive, d'une cause intermédiaire et neutre ou moyen de rapport entre les deux autres.

Ces trois éléments constituants de l'entière cause de la sensation spéciale, l'analyse métaphysique nous les donne tels que nous les avions déjà trouvés dans trois définitions empiriques formulées par les physiciens. Les voici dans leur ordre de succession, en allant du subjectif à l'objectif, du moi au non-moi :

I. Le *sens spécial* ; II. l'*organe spécial* ; III. l'*agent spécial*.

Cela posé, il devient facile de ramener les dénominations empiriques du Sens, de l'Organe et de l'Agent spéciaux, dans tout cas concret, à des symboles méthodiques, et de les définir rationnellement. Par exemple, la *lumière*, l'*œil* et la *vue* seront rapportés tous trois à un même fait originel, primordial et irréductible, d'une valeur certaine, et défini par soi, qui leur sert de caractéristique commune et de lien commun, c'est-à-dire au fait psychique de la *sensation de Voir*, à la *Vision*.

La Vue, l'Œil et la Lumière se convertiront respectivement en Sens, Organe et Agent de la *Vision*, ou, avec la forme adjective, en sens, organe et agent *Visuels*. Et semblablement des trois facteurs de l'Audition et de la Sensation de Chaleur : le Son et la Chaleur, de même que la Lumière, seront, génériquement, des Agents Spéciaux, et leur attribut spécifique respectif sera emprunté à un principe primordial, autonome et psychique, qui, pour l'un, sera l'*Audition* ; pour l'autre, la *Sensation de Chaleur*.

10. L'intelligence du lecteur ne m'aura pas attendu pour conclure. Déjà sans doute il entrevoit les vastes et admirables conséquences dont sont gros les résultats qui viennent d'être acquis.

L'analyse de quelques alinéas d'un traité élémentaire de physique nous aura conduits d'abord à constater que les mots *lumière, son* et *chaleur* sont les termes homologues de trois relations semblables, c'est-à-dire de trois relations particulières qui ne sont que trois applications, que trois variantes spécifiques, d'une seule et même relation générique.

Nous avons réussi ensuite à dégager cette relation abstraite dans sa formule la plus vraie, la plus simple, la plus pure. Nous avons trouvé qu'elle est entièrement constituée par deux éléments : 1° un *effet*, la sensation spéciale ; 2° une *cause*, la cause de cette sensation spéciale. Et ce deuxième membre s'est divisé à son tour en ces termes : le sens spécial, l'organe spécial, et l'agent spécial.

Que le vrai philosophe s'arrête à considérer cette série d'idées corrélatives et solidaires : son esprit n'en sera-t-il pas illuminé d'une clarté éclatante, ne sera-t-il pas frappé de ce que cette chaîne logique qui réunit étroitement ensemble le sujet et l'objet, l'âme, l'organisme et le monde extérieur de la matière, réunit par cela même en une systématique et compacte unité la Psychologie, la Physiologie et la Physique, ces trois grands tronçons de la science jusqu'ici séparés, épars et languissants ?

Dans la pensée bornée de nos physiciens, qu'est-ce que l'Optique, qu'est-ce que l'Acoustique, qu'est-ce que la Thermique ? Ce n'est que la science d'un agent spécial de sensation. Une telle science n'est plus pour nous désormais une science entière, elle n'est qu'un membre de science, elle est simplement l'une des trois mères branches d'un même arbre qui est la connaissance de la loi génératrice d'une sensation spéciale, de la Vision, par exemple, c'est-à-dire la connaissance une et triple du *sens* de la vision, de l'*organe* de la vision, et de l'*agent* de la vision.

Et alors l'Optique (pour nous en tenir à un seul des exemples qui nous occupent), ou science du Voir, ne consistera plus pour nous uniquement dans la connaissance de l'agent visuel; son programme embrassera à la fois les trois facteurs mutuellement complémentaires de la Vision. Et alors, pour caractériser différentiellement et dénommer méthodiquement les trois grandes divisions correspondantes de l'Optique, ainsi envisagée, nous les distinguerons en Optique *psychologique*, ou science du Sens visuel (et par conséquent de ses modifications ou sensations propres); Optique *physiologique*, ou science de l'Organe visuel (comprenant, avec l'œil proprement dit, tout l'appareil cérébral de la vision); et Optique *physique*, ou science de l'Agent visuel.

On fera sans peine l'application de la même règle à l'Acoustique et à la Thermique.

.·.

11. Précisons le dernier résultat que cette étude vient

de nous donner; nous considérerons ensuite les nouveaux aperçus philosophiques qui se découvrent du point que nous venons d'atteindre.

Nous avons constaté que les modes radicaux de sensation appelés la vision, l'audition et la sensation de chaleur, sont individuellement le point de départ d'une science qui s'étend aux trois grands ordres d'objets de la connaissance humaine, l'ordre psychologique, l'ordre physiologique et l'ordre physique, et qui les relie étroitement l'un à l'autre. Or le raisonnement et l'observation nous font voir qu'une telle loi ne s'applique pas seulement aux sensations spéciales dont il vient d'être question, mais qu'elle s'étend sans exception à tous les modes de sensation et de sentiment, ou, pour mieux dire et ne rien omettre, à toutes les modifications spécifiques de l'être subjectif, du moi, de la conscience.

Ainsi, de même que voir, ouïr, avoir chaud, pareillement *odorer*, *goûter* et *toucher* ont chacun un domaine scientifique qui se partage suivant les trois grandes coupes de la science générale, c'est-à-dire en un département psychique, en un département physiologique, et en un département physique. En effet, l'Olfaction suppose un sens spécial, un organe spécial et un agent spécial ; et pareillement de la Gustation et de la Taction.

Mais ce que nous venons de dire des sensations ne serait-il pas vrai aussi de ces autres espèces de modifications subjectives que nous appelons des *émotions* et des *sentiments*? Celles-ci peuvent-elles donc se produire, tout au moins normalement, en dehors du triple concours d'une cause intérieure subjective, c'est-à-dire d'une faculté spécifique de l'âme, et d'une cause extérieure objective exerçant son action par l'intermédiaire du mécanisme cérébral, ou, pour être plus exact, du mécanisme nerveux ? Les modifications subjectives que nous essayons de distinguer par les appellations d'*amour*, de *haine*, de *plaisir*, de *peine*, d'*admiration*, de *mépris*, etc., etc., supposent évidemment en nous, en notre âme, le pouvoir, la propriété, la faculté d'aimer, de haïr, de ressentir le plaisir, la peine, l'admiration, le mépris. En même temps elles impliquent l'existence en dehors de nous de quelque chose qui suscite en nous ces diverses manières d'être ; et tel est bien le fait que nous constatons et affirmons toutes les fois que nous appliquons à un objet un qualificatif tel que les suivants : *aimable, odieux, agréable, désagréable, admirable, méprisable*. Enfin nous savons également que ces causes déterminantes de nos sentiments, et les facultés mentales sur lesquelles elles opèrent, entrent en conflit par l'intermédiaire du système nerveux.

Un principe admirablement fécond se dégage donc des considérations qui viennent d'être exposées, et je crois que nous pouvons le formuler dès à présent sans témérité comme une vérité bien établie, définitivement acquise. Ce grand principe, le voici :

TOUTES LES MODIFICATIONS SUBJECTIVES, C'EST-A-DIRE TOUT CE QUE L'ON COMPREND SOUS LES APPELLATIONS ENCORE TROP VAGUES DE SENSATION ET DE SENTIMENT, SONT RÉGIES PAR UNE COMMUNE LOI : TOUTES SUPPOSENT UNE FORCE SUBJECTIVE MODIFIABLE, PLUS UNE FORCE OBJECTIVE MODIFICATRICE, PLUS UN INSTRUMENT OU ORGANE DE RAPPORT.

*
* *

12. Des propositions ci-dessus il résulte que Sensations et Sentiments peuvent et doivent être considérés en bloc comme le domaine total d'une grande science abstraite,

qui se divise en trois sections générales : la science de la *Faculté* ou force subjective *spéciale* ; la science de l'*Organe spécial* ; la science du *Modificateur* ou *Agent objectif spécial*.

Cette science générale constituant un genre très naturel de l'ordre scientifique, ayant un objet propre et entier qui est nettement délimité, et l'utilité de la distinguer étant dès lors incontestable, elle doit être classée, et il faut par conséquent lui assigner d'abord un nom. Mais commettre un néologisme est réputé un acte grave auquel un écrivain ne doit se résoudre qu'à la dernière extrémité. Soit ; toutefois une conscience trop timorée en pareille matière pourrait avoir des inconvénients autrement sérieux que celui d'introduire dans la langue un barbarisme de plus. Combien, par exemple ne serait-il pas à déplorer que Lavoisier et ses associés eussent reculé devant des scrupules de grammairien quand ils formèrent le mémorable et immortel projet de doter la chimie d'une nomenclature méthodique ? Pour nous, en tout cas, il ne s'agira que d'innover à moitié.

Plus haut, me fondant sur l'étymologie des mots, j'ai étendu les dénominations d'*optique* et d'*acoustique* à la science tout entière dont ces noms, pris dans l'acception restreinte en usage, ne représentent qu'un des trois côtés. C'est ainsi que pour nous l'optique est maintenant, non plus seulement la science de l'agent objectif de la vision, mais la science du triple générateur de la vision, c'est-à-dire une science totale formée de la science partielle de la vue, de la science partielle de l'organe visuel, et de la science partielle de l'agent visuel, appelé *lumière*. Et mêmement de l'acoustique.

Eh! bien, le nom d'*esthétique* ne pourrait-il pas, en vertu du même raisonnement, convenir à la science totale de la *faculté*, de l'*organe* et de l'*agent* ou *modificateur objectif*, considérée dans l'universalité de son domaine ?

De même qu'*optique* et *acoustique* se rapportent étymologiquement, non à la lumière et au son, mais à la vision et à l'audition, pareillement le mot *esthétique*, à considérer sa signification originelle (αἴσθησις, sensation ; αἰσθητικὸς, sensible), devrait désigner sans restriction l'entière science de la sensation et du sentiment. Je demande donc à l'employer ici dans cette acception, acception légitime, dont il a été détourné par abus, un abus contre lequel d'ailleurs Kant avait protesté avant moi. Il a dit : « J'appelle esthétique transcendantale la science de tous les principes *a priori* de la sensibilité. » (*Critique de la raison pure*, traduction Tissot, t. 1ᵉʳ, p. 39). Il définit ailleurs l'esthétique : « la science des lois de la sensibilité en général » ; et il donne cette définition comme pendant à celle de la logique, qu'il appelle « la science des lois de l'entendement en général ».

13. Ainsi entendue, l'Esthétique devient un tableau qui, sous quelques grandes divisions et quelques titres sommaires, réunit, coordonne, et ramène à l'unité de principe et de système, une multitude d'études jusqu'ici incohérentes, disparates, éparses, n'offrant à l'esprit qu'un ensemble hétérogène et confus.

Le cadre de l'Esthétique générale se partagera d'abord dans son entier comme il suit :

I. *Esthétique psychologique*, ou science des causes subjectives de la sensation et du sentiment, et de leurs effets propres ;

II. *Esthétique physiologique*, ou science des causes

organiques de la sensation et du sentiment, et de leurs effets propres ;

III. *Esthétique physique* ou *objective*, science des causes objectives de la sensation et du sentiment, et de leurs effets propres.

.˙.

14. L'Esthétique générale ainsi divisée en premier degré d'analyse, il resterait à subdiviser chacune de ses trois grandes sections. Mais c'est de la troisième que nous avons surtout en vue de nous occuper dans cet essai. Nous allons donc passer directement à cette dernière ; et pour ce qui est des deux autres, nous nous bornerons à donner plus tard quelques courtes indications à leur sujet.

II

ESTHÉTIQUE OBJECTIVE

15. Si l'on considère que les causes externes d'où dépendent les différents états de notre moi sont pour nous par cela même la source de tout bien et de tout mal ; si, en second lieu, nous observons que l'action de ces causes se plie à la volonté de l'homme à mesure qu'il les connaît davantage, on reconnaîtra sans peine la plus haute importance au sujet de ce chapitre. Mais ce sujet est-il bien déterminé dans notre esprit, et le but qu'il s'agit d'atteindre est-il véritablement celui qui est présent en ce moment dans notre pensée ? N'avons-nous pas à redouter une illusion de perspective qui paralyserait nos recherches dès le point de départ en les égarant dans un champ qui n'est pas le leur ? En un mot, n'avons-nous pas à redouter de prendre pour les *objets* de la sensation et du sentiment une chose qui en réalité serait tout autre ? On va se convaincre qu'un tel danger n'est point chimérique, et que l'intelligence a le plus grand effort à faire pour s'y soustraire.

∴

16. Les personnes qui ont insuffisamment réfléchi sur les questions que soulève l'ontologie se persuadent qu'elles possèdent la connaissance de l'objet de leurs sensations ou de leurs sentiments par cela même et cela seul qu'elles savent distinguer les caractères sensibles par lesquels cet objet s'atteste à leur conscience. Oui, en vérité, ces

caractères nous sont connus, connus pleinement, et avec une entière et intime certitude, mais cette connaissance, c'est une connaissance de quelque chose qui est en nous, qui est entièrement et seulement en nous, faisant partie de nous-mêmes. Ces caractères sensibles sont en effet les qualités constitutives de notre sensation ou sentiment, et c'est par un renversement complet de la réalité qu'ils nous apparaissent comme appartenant à l'objet senti, comme étant ses propriétés intrinsèques. Par exemple, quand nous disons d'un objet qu'il est rouge, qu'il est sonore, qu'il est amer, qu'il sent le musc ou la rose, qu'il est froid ou brûlant ; qu'il est aimable, qu'il est beau, qu'il est admirable, ou bien qu'il est méprisable et odieux, nous nous imaginons avoir peint la chose, et nous n'avons peint que des états de notre moi. Notre esprit n'a eu en réalité devant lui que sa propre image ; mais, par l'effet du prestige d'une illusion innée, il ne se reconnaît point dans cette image, et il croit y voir la figure de la cause extérieure des modifications qu'il observe en lui.

Cette proposition, présentée sous sa forme purement abstraite, sera peut-être rebutante pour beaucoup d'esprits, qui n'y verront qu'une subtilité, qu'un jeu métaphysique. Ce n'est du reste pas autrement sans doute qu'ils auront jugé cet aphorisme bien connu de Leibniz : *Externa non cognoscit anima nisi per ea quæ sunt in semetipsa.* Et le jugement suivant de Condillac, qui pourtant n'a jamais passé pour idéaliste, fera également l'effet d'une fantaisie bizarre à ces hommes positifs : « Soit que nous nous élevions jusque dans les cieux, soit que nous descendions dans les abîmes, nous ne sortons point de nous-mêmes, et ce n'est jamais que notre propre pensée que nous apercevons ».

Cependant aujourd'hui les sciences les plus positives, la physique, la chimie et la physiologie, arrivent à leur tour, par la seule force de leur évolution propre, à cette même conclusion de la spéculation métaphysique, dont les savants s'étaient si longtemps raillés ; et c'est eux-mêmes, physiciens, chimistes et physiologistes, qui viennent démontrer par des preuves expérimentales que la matière ne possède dans le fond aucune des qualités dont la conscience universelle des hommes l'a de tout temps dotée sur la foi du témoignage des sens.

Les phénomènes du rêve et ceux de la mémoire suffiraient pour établir que tous les modes de sensation et de sentiment peuvent s'éveiller en nous sans l'intervention actuelle de leurs objets normaux. Ainsi, quand nous rêvons, il n'est pas nécessaire, cela est de toute évidence, que des objets réfléchissent la lumière sur notre rétine pour que leur image se présente au sensorium. Les témoignages de l'expérimentation sont encore plus probants s'il est possible. L'étude des fonctions sensorielles a conduit les physiologistes à reconnaître que toutes nos sensations spéciales peuvent être déterminées banalement par l'action d'un seul et même agent d'irritation ; et que, à l'inverse, une multitude d'agents très divers sont aptes à faire naître chacune de ces espèces de sensations avec les caractères propres qui la distinguent.

Pour obtenir ces résultats, il suffit d'attaquer tout nerf spécial de sensation par une action excitatrice quelconque, pourvu qu'elle soit capable d'opérer un brusque changement mécanique dans l'organe. Ainsi, pour faire surgir la sensation de lumière, on n'a qu'à ébranler le nerf optique par un coup porté sur le globe de l'œil, ou même par une légère pression du doigt sur cette partie; ou bien encore il suffit de le faire traverser par un courant électrique. Certaines opérations chirurgicales pratiquées sur l'organe de la vue nous apprennent en outre que si on pince, pique, tord ou brûle le même nerf, ou si on le soumet à l'action d'un réactif chimique énergique, on provoque toujours et invariablement un mode identique de sensation, la sensation de lumière, et rien que la sensation de lumière.

Maintenant, si ces mêmes excitateurs de natures si diverses sont portés l'un après l'autre sur le nerf auditif, nous obtiendrons chaque fois la sensation de son, et nous n'en obtiendrons jamais d'autre. Et il en sera de même des autres nerfs sensitifs spéciaux.

.·.

17. En résumé et d'une manière générale, disons qu'il suffit de produire l'irritation d'un nerf spécial de sensation quelconque à l'aide d'un irritant quelconque, pour susciter une sensation qui sera invariablement de même espèce pour le même nerf.

La nature, le mode, le caractère essentiel et distinctif de la sensation spéciale résident donc entièrement en nous, en notre moi; et par conséquent les qualités sensibles des objets ne sont pour ainsi dire qu'un reflet, qu'une projection imaginaire des états de notre âme. Elles n'ont, en un mot, aucune réalité objective. Comprenons dès lors que pour envisager sainement l'étude des agents de la sensation et la mener à bonne fin, il est indispensable de commencer par faire abstraction absolue de tous leurs caractères sensibles, de toutes leurs « propriétés secondes », suivant le langage des scolastiques.

Les physiciens en sont arrivés de nos jours à réduire l'idée de la lumière et des couleurs, de la chaleur et du son, à celle d'un phénomène purement mécanique. Qu'ils poussent à fond les considérations d'où ils ont tiré cette conclusion, et ils reconnaîtront que la nature de tous les agents de sensation, quels qu'ils puissent être, est entièrement soluble en propriétés mécaniques.

* *

18. Au point où nous voilà parvenus, deux grandes difficultés s'offrent à l'intelligence. Elle a à se demander ce qui reste, ce qui peut rester des agents de la sensation une fois dépouillés de toute propriété sensible. Alors en effet ils semblent ne rien conserver de leur essence sur quoi notre observation puisse avoir prise, et se résoudre en un concept métaphysique, l'idée pure de *cause*, ou tout au plus en l'idée mathématique d'une *force* entrant en conflit avec une autre force dans l'espace et le temps.

Savoir que ces causes ou forces existent, ne serait-ce pas dès lors tout ce qu'il nous serait donné d'en jamais connaître ? Toute la connaissance que nous pourrions en espérer ne se bornerait-elle pas à celle de leur nécessité logique ? Réduits à cet état d'insaisissable abstraction, par quoi et par où l'analyse pourrait-elle mordre sur de tels objets ? Comment les étudier, comment déterminer leur identité, comment les distinguer les uns des autres dans cette commune privation de qualités ? Au premier abord, en effet, une pareille entreprise paraît se heurter à l'impossible.

Cependant, à côté de cette conclusion en apparence inflexible, il existe un fait que nous sommes bien forcés de reconnaître aussi. Ce fait, c'est que, à chacun de nos modes spécifiques de sensation, nous associons un certain agent spécial par une corrélation toute particulière, adéquate, et exclusive de tous autres agents, corrélation tellement étroite que son terme subjectif et son terme objectif se résolvent en une seule et même image, dans l'esprit, et n'ont qu'un seul et même symbole dans le langage. Ainsi la vision a son agent, l'audition a son agent, etc. Et pourtant nous sommes instruits d'autre part que tous les agents peuvent se montrer indistinctement aptes à faire apparaître toute sensation spéciale. Que faut-il donc conclure de ce rapprochement si contradictoire en apparence?

D'abord nous en conclurons que les agents diffèrent réellement entre eux, qu'ils sont divers, puisqu'il nous est donné de les distinguer les uns des autres; et nous en conclurons secondement qu'ils diffèrent autrement que par leurs qualités sensibles, puisque, sous certaines conditions de mise en rapport physiologique, ils sont tous capables de provoquer les mêmes sensations. Et, troisièmement, nous en conclurons enfin que leur nature possède des propriétés intrinsèques qui sont autres que leurs propriétés sensibles, c'est-à-dire qu'elle est formée d'éléments qui peuvent être perçus, appréciés et déterminés autrement que par les sens.

Revenons aux exemples.

. .
.

19. Si l'agent que nous nommons *lumière* n'était ce qu'il est, et n'était en possession du privilège de s'appeler, lui tout seul, *la* lumière, que parce qu'il fait sur nous l'impression lumineuse, il s'ensuivrait que le caustique appliqué sur le nerf visuel, que le choc électrique qu'il reçoit, que le coup de poing sur l'œil qui l'ébranle, sont, chacun et tour à tour, et tous à la fois, lumière, puisque toutes ces actions diverses donnent en effet la sensation de lumière. Et pourtant nous n'aurions jamais la pensée

de faire une pareille assimilation. Nous qualifions de lumineux le soleil ou la flamme d'une lampe, mais à qui viendrait donc l'idée de qualifier de cette sorte le soufflet brutal qui, suivant l'expression populaire, nous a *fait voir trente-six chandelles*? Un sinapisme appliqué sur la peau, du piment sur la langue, nous donnent la même sensation qu'une application d'eau bouillante ou celle d'un fer retiré du feu; et malgré cela nous nous garderions certes de dire, si ce n'est au figuré, que le piment et la moutarde sont des corps chauds, tandis que nous trouvons tout naturel d'attribuer la qualité de chaleur à l'eau bouillante et au fer rouge.

Ce contraste de faits soulève les deux questions suivantes, auxquelles nous essaierons de répondre :

1re Question. — Étant reconnu que des agents se manifestant par une même sensation spécifique diffèrent néanmoins entre eux d'une manière assez marquée pour qu'il ne soit pas possible de les confondre, et pour qu'on aperçoive entre eux une ligne de démarcation très nette, quelle est la nature des caractères qui nous permettent de les distinguer ainsi les uns des autres?

2e Question. — En vertu de quelle propriété un seul agent entre tous ceux qui sont aptes à provoquer une même sensation spécifique est-il considéré comme l'agent spécial de cette sensation?

.⁎.

20. Les divers agents qui ont la propriété de modifier notre moi sensitif d'une manière identique, peuvent aussi avoir la propriété de modifier les objets, mais chacun alors à sa façon ; de telle sorte que, semblables entre eux par leurs *effets subjectifs*, ils différeront entre eux par leurs *effets objectifs*. Et c'est alors par ces

derniers qu'il nous est donné de les distinguer et de les identifier.

Ainsi l'eau bouillante d'une part, et la farine de graine de moutarde ou l'*urtica urens* d'autre part, ont, l'une et l'autre, la propriété de nous causer une sensation intense de chaleur, ce qu'on appelle une sensation de brûlure. Mais, dans le premier cas, le principe caché, l'agent en soi inconnu, le je ne sais quoi enfin, qui exerce son pouvoir sur notre sens thermique, se manifeste concurremment en dehors de nous par toute une série d'effets concomitants d'une nature tout autre, et cette réunion particulière de manifestations parallèles ne s'observe aucunement dans le second cas. Par exemple, l'eau bouillante, en même temps, qu'elle nous donne sa vive impression de chaleur, détermine d'autres changements dans l'état des corps inertes qui l'avoisinent, tels que de faire monter la colonne liquide du thermomètre, de communiquer aux corps rapprochés sa propriété de produire sur nous la même sensation de chaud, et sur la matière brute la même action dilatante, et cela jusqu'à travers l'espace et au moyen de ce que les physiciens nomment un rayonnement, dont les rayons peuvent être réfléchis par un miroir, etc. Or le sinapisme, même le plus énergique, comme aussi l'urtication la plus violente, est impropre à produire par lui-même aucun de ces phénomènes d'ordre purement physique ; et c'est cette différence de propriétés objectives qui nous permet de caractériser et de discerner l'agent producteur de la sensation de chaleur présent dans l'eau bouillante, et de le différencier de l'agent, également cause déterminante de la sensation de chaleur, qui réside dans la pâte de moutarde noire ou dans la liqueur âcre de l'ortie.

Telle est ma réponse à la première question proposée ; passons maintenant à la seconde.

∴

21. Une fois établie d'une manière générale la base de la distinction et de l'identification des agents de sensation, il reste à trouver la caractéristique de l'agent spécial et légitime pour le distinguer des agents accidentels et anormaux. En d'autres termes, il s'agit maintenant de déterminer à quoi il tient qu'un tel agent est réputé seul spécial et seul propre à l'exercice de telle ou telle fonction sensorielle entre tous ceux qui sont concurremment aptes à faire naître la sensation correspondante. L'examen de ce point va nous introduire dans un nouvel ordre de considérations des plus intéressants ; mais une attention soutenue est plus que jamais nécessaire pour bien saisir l'enchaînement des idées dans l'exposé qui va suivre.

∴

22. Toute sensation spécifique n'est pas seulement une source de plaisir et de peine ; elle a une autre attribution encore. C'est de nous communiquer certaines notions, ou de nous pousser à certains actes, volontaires ou automatiques, qui sont appelés à jouer un rôle dans l'économie vitale. Les agents qui répondent à cette dernière fin naturelle de la sensation, en même temps du reste qu'à la première, sont les agents spéciaux et normaux, les agents proprement dits de la sensation spécifique.

Ainsi, pour ne prendre qu'un exemple, la sensation lumineuse sert à nous donner la connaissance de ce qui se passe à distance et au loin, c'est-à-dire à nous *faire voir*, dans l'acception active de ce verbe. Or, de tous les agents pouvant produire la sensation lumineuse, un seul est capable de mettre celle-ci en état de remplir ce rôle physiologique. Un tel agent devient ainsi l'agent normal, le véritable agent de la sensation de lumière; et à lui seul par conséquent il appartient de s'appeler *l'agent de la lumière*, ou simplement *la lumière*.

∴

23. Nous venons de voir que l'agent spécial vrai, l'agent légitime, peut être discerné, et comment il peut l'être. Mais savoir simplement reconnaître une chose parmi d'autres n'est pas en posséder la science; c'est ne la connaître pour ainsi dire que par l'étiquette. Toutefois cette première et superficielle connaissance est déjà importante: une fois déterminée l'identité d'un agent, c'est-à-dire le rapport de concomitance constante existant entre ses effets subjectifs et ses effets objectifs, il devient possible de constater la présence de cet agent et d'obtenir la mesure de son énergie actuelle sans éprouver son action directe sur nous-mêmes. Exemple: Nous savons que l'ébullition de l'eau et l'incandescence du fer sont des manifestations objectives de l'agent de la chaleur dans un état d'intensité où la sensation spécifique lui correspondant acquiert une acuité très douloureuse et où son action matérielle sur notre corps est désorganisatrice.

Cette corrélation constante nous étant connue, nous saurons nous garder de l'action nuisible des corps chauds sans que la sensation de brûlure soit nécessaire pour que nous soyons avertis du danger.

Et toutefois ce n'est pas encore assez que d'avoir appris à deviner la présence de l'agent de la sensation et le degré actuel de son énergie sans avoir à en faire sur nous l'expérience directe; il nous reste à apprendre à le diriger et à l'utiliser pleinement, car, moins bien traités à cet égard que les espèces animales inférieures, nous ne pouvons guère compter sur notre instinct pour régler notre conduite vis-à-vis des forces ambiantes au mieux de nos intérêts. L'homme n'obtient presque de la nature que ce qu'il lui arrache en dévoilant ses lois et en les obligeant à opérer pour lui au moyen des applications utiles auxquelles il réussit à les soumettre. Or, pour atteindre entièrement ce résultat, ne connaître les agents que par leurs effets apparents ne saurait suffire, il faut par notre intellect en pénétrer l'essence même.

Constater la corrélation liant entre eux deux groupes d'effets collatéraux d'une même cause n'est pas assez; cette cause demande à être analysée dans son mécanisme intime, qu'il faut démonter, pour ainsi dire, pour en étudier ensuite une à une toutes les pièces. Telle sera la condition *sine quâ non* à remplir pour que les agents du dehors se plient complètement à nos besoins et déploient pour nous toute l'utilité dont ils sont capables.

Avoir observé que telles conditions objectives accompagnent ordinairement les sensations lumineuses ou thermiques, a pu suffire pour amener l'homme primitif à découvrir la lumière artificielle et le feu; mais pour que le génie humain soit parvenu à la découverte prodigieuse de ce que les physiciens nomment les lois de l'optique et de la thermique, et à tirer de ces lois des applications tout aussi merveilleuses; pour que, par exemple, la science soit arrivée à décupler, et à décupler cent fois la puissance de l'œil humain en ouvrant à ses contemplations deux mondes également immenses, l'un, immense de grandeur, l'autre, immense de petitesse, le monde du télescope et le monde du microscope, qui tous deux lui étaient fermés; et à renouveler la face du globe par la vapeur; c'est dans leur nature intime, c'est *en soi* que les deux agents lumière et chaleur ont dû se dévoiler à nous.

*
* *

24. Essayons maintenant d'indiquer d'une manière générale par quel *modus agendi* l'agent spécial opère sur nos facultés pour provoquer en elles les modifications qui le caractérisent. Nous aurons ensuite à rechercher dans quels principes constitutifs essentiels il puise le pouvoir d'exercer une telle action.

*
* *

25. Les agents de la sensation n'agissent sur le sensorium que d'une manière médiate; leur action immédiate atteint tout au plus l'extrémité périphérique des nerfs sensitifs, et l'effet propre de cette action sur ces derniers se réduit, ainsi que nous l'avons noté précédemment, à leur imprimer une modification mécanique, ou une modification physique ou chimique équivalente. La spécificité de l'agent spécial ne repose donc pas sur un rapport direct et essentiel entre lui et la faculté correspondante du sensorium. La corrélation n'existe par le fait qu'avec l'organe nerveux de cette faculté; il importe maintenant de voir comment elle est établie, c'est-à-dire de quelle coadaptation de propriétés réciproques entre le nerf de la sensation et son excitateur propre elle résulte.

L'examen anatomique nous découvre que la corrélation en question tient entièrement à un rapport d'appropriation mutuelle existant entre les propriétés mécaniques, physiques ou chimiques de l'agent excitateur et les dispositions mécaniques, physiques ou chimiques, de l'*organe différentiateur* ou organe de réception ajusté à l'extrémité périphérique de tout nerf sensitif spécial.¹ C'est ainsi que l'agent spécial de la sensation de lumière ou sensation visuelle, est en relation directe, non pas avec le sensorium, non pas avec le sens de la vue, mais uniquement avec le bout externe du nerf de la vue. Et maintenant comment ce rapport s'établit-il, et à quoi tient-il que les deux termes de ce rapport soient unis ensemble par un mariage exclusif?

Autrement dit, comment se fait-il que, dans les conditions normales, la lumière soit l'excitateur privilégié du nerf optique, et que, d'autre part, elle ne puisse exciter que ce seul nerf ?

Cela est dû, et totalement, à la coadaptation ménagée entre les dispositions structurales de l'œil et les propriétés physiques (et aussi ses propriétés chimiques probablement) de la lumière. Autrement dit, cela est dû, d'une part, à ce que l'instrument récepteur placé en avant du nerf de la vue ne donne accès qu'à la lumière et oppose une barrière à tout autre agent; d'autre part, à ce que les organes différentiateurs des autres sens, l'oreille, les papilles du goût et du tact, etc., protègent leurs nerfs respectifs contre la lumière, de même que l'œil préserve le nerf visuel de l'action du son, de l'action des saveurs, des odeurs, etc.

---

1. La notion de l' « organe différentiateur » appartient à ma théorie générale de l'Organe et de la Fonction, exposée dans de nombreux écrits, auxquels je me permets d'adresser le lecteur. Les principaux sont, par ordre de date: *Electro-dynamisme Vital* (sous le pseudonyme de *Philips*), 1 vol. in-8°, Paris 1855 ; *Essais de Physiologie philosophique*, 1 vol. in-8°, Paris 1866 ; *La Philosophie physiologique et médicale à l'Académie de Médecine*, 1 broch. in-8°, Paris 1868.

Les propriétés de l'agent spécial d'une espèce de sensation qui constituent son privilège de provoquer cette sensation d'une manière élective et exclusive ne sont donc autres, répétons-le, que ses propriétés matérielles communes, et le mode d'action suivant lequel ils affectent nos organes est foncièrement identique à celui qu'ils suivent quand ils affectent les corps en général. C'est ainsi, par exemple, que la lumière se comporte vis-à-vis de l'œil tout comme elle se comporte vis-à-vis de la chambre obscure d'un appareil photographique; et il serait gratuit et irrationnel de supposer que l'image formée sur la rétine affecte cette glace impressionnable autrement que par le moyen de l'action physico-chimique des rayons lumineux qui la produisent.

*
* *

26. L'action que l'agent spécial de sensation exerce sur le sens correspondant a été ramenée de l'action sur le sens à une action sur l'organe externe du sens; et enfin cette dernière action a pu être identifiée à l'action commune de l'agent sur la matière inerte. Reste maintenant à examiner cette dernière action, à la décomposer en ses éléments formateurs.

*
* *

27. Il est certain que les éléments esthétiques (c'est-à-dire de sensation. Voir ci-dessus § 12) diffèrent entre eux objectivement, puisqu'ils se manifestent par des pouvoirs différents. Cependant nous avons vu, et ceci est une vérité qu'on ne saurait contester, que toutes les propriétés sensibles des objets doivent être éliminées par la pensée, qu'il en doit être fait abstraction complète, pour concevoir leur nature dans sa pure réalité. Mais

que restera-t-il donc de la substance des agents après une telle soustraction, quel en sera le résidu pour nous rendre compte de leur action, d'abord, et puis de la différence de leurs modes d'action ?

Nous répondrons :

Toutes les qualités sensibles (ce que les métaphysiciens appellent *qualités secondes*) supprimées, il reste des qualités qui ne sont tributaires d'aucune sensation spéciale, et celles-ci nous suffisent pour concevoir et clairement comprendre les causes objectives de nos sensations, leur diversité, ainsi que la variété de leurs mécanismes, de leurs processus et de leurs effets. Ces qualités, ce sont les propriétés relatives aux idées de *force*, d'*espace* et de *temps* ; ce sont les propriétés que j'appellerai *mathématiques* (les *qualités premières* des métaphysiciens).

Que l'on y regarde de près, que l'on pèse les conclusions peu suspectes de la science expérimentale, et les propriétés mathématiques (ou, si on veut, géométriques et mécaniques) nous apparaîtront avec évidence comme les seuls éléments irréductibles, résistant à l'analyse rationnelle, de ce que nous nommons les *agents matériels* et les *corps*. Et voici la conclusion pratique de cette vérité : c'est que le développement de la science objective doit être cherché dans la réduction progressive de toutes les propriétés physiques (au sens le plus large, c'est-à-dire physiques et chimiques) aux propriétés mathématiques. Cette réduction extrême consiste en effet à ramener le *sensible* au *conceptible*, ce qui est incontestablement le but final et la consommation de toute science.

La théorie de la lumière aujourd'hui universellement acceptée, qui ne voit dans cette force organoleptique (pour employer l'expression de M. Chevreul) qu'une ondulation de l'éther, c'est-à-dire un pur mouvement, et la doctrine de jour en jour plus accréditée de l'équivalence ou convertibilité réciproque de toutes les forces de la matière, marquent la tendance du mouvement scientifique de l'époque dans le sens indiqué ci-dessus [1].

1. Ce morceau, écrit peu de temps après la publication de la traduction française de la *Corrélation des forces physiques* de Grove, porte l'empreinte de cet ouvrage.

III

ESTHÉTIQUE DU PLAISIR ET ESTHÉTIQUE DE L'UTILE

28. Nous avons eu déjà l'occasion de faire observer que toute sensation est apte à deux sortes d'effets ou phénomènes, toutes deux prévues et combinées dans le plan de l'économie. La première consiste à réaliser l'état de plaisir et l'état de souffrance avec leurs nuances intermédiaires; la seconde, à servir de véhicule à certaines connaissances venues du dehors, et à être le ressort au moyen duquel la nature imprime certaines impulsions à nos désirs, à notre volonté et à nos actes. Nous savons d'un autre côté que la sensation ne peut produire son effet secondaire, son *effet utile*, qu'autant qu'elle-même est le produit de l'agent spécial.

Il sera dès lors entendu que tout agent spécial a à remplir à la fois les deux destinations suivantes:

1° Susciter une certaine espèce de sensation qui, toujours identique à elle-même quant à sa *nature*, est susceptible de se manifester à l'état de *plaisir* ou à l'état de *peine*, ou encore à un état intermédiaire, l'état neutre ou *indifférent*;

2° Communiquer au sujet, par l'intermédiaire de cette espèce de sensation et de ses différents états, certaines notions et certaines impulsions destinées à concourir aux fins naturelles de notre être.

29. La première de ces deux sortes d'opérations de l'agent spécial sera nommée sa *fonction « sensuelle »*; et la seconde pourra être appelée sa *fonction « usuelle »*.

Ces expressions, que nous empruntons à la langue commune pour représenter des concepts nouveaux, reçoivent, dans cette application spéciale, une valeur de convention qui s'écarte plus ou moins de leur acception vulgaire. Dans ce nouvel emploi, l'adjectif *sensuel* se rapportera à la sensation et au sentiment en tant que considérés sous le rapport de leurs états variables de plaisir ou de peine; et le sens particulier que nous donnons à l'adjectif *usuel* ne comporte pas l'idée d'*usage*, mais celle d'*utilité*, ce qui est d'ailleurs une des significations du latin *usus*. A ce propos, je demande à introduire ici un intermède philologique.

30. Le langage scientifique est forcé d'opter entre deux écueils: le néologisme grec et la dénaturation des mots de la langue commune. C'est ce dernier que le goût littéraire redoute le moins, et cette considération a décidé ici mon choix, non toutefois que j'aie cédé à un scrupule de puriste, mais parce que j'ai craint de m'aliéner le lecteur en prenant le parti contraire. J'ai déjà tant de néologismes à mon actif, et on me les a tant reprochés!

Cependant, à ne consulter que l'avantage de la précision et de la clarté, c'est sans doute le premier parti qui serait le meilleur, et c'est aussi l'avis de Port-Royal. Voici ce qu'on lit dans la *Logique* : « Le meilleur moyen pour éviter la confusion des mots qui se rencontrent dans les langues ordinaires est de faire une nouvelle langue et de nouveaux mots, qui ne soient attachés qu'aux idées que nous voulons qu'ils représentent. » Et ailleurs: « Les hommes ayant une fois attaché une idée à un mot ne l'en défont pas facilement, et ainsi leur ancienne idée, revenant toujours, leur fait aisément oublier la nouvelle que vous leur voulez donner en définissant ce mot; de sorte qu'il serait plus facile de les accoutumer à un mot qui ne signifierait rien du tout, comme qui dirait: j'appelle *bara* une figure terminée par trois lignes, que de les accoutumer à dépouiller le mot *parallélogramme* de l'idée d'une figure dont les côtés opposés sont parallèles, pour lui faire signifier une figure dont les côtés ne peuvent être parallèles. »

A ces réflexions, justes *in abstracto*, un auteur peut objecter que, dans la pratique, il y a à tenir compte de l'aversion du public pour un *grécologisme* scientifique qui sévit aujourd'hui à outrance. Cela dit, je reprends ma démonstration au point où je l'ai interrompue.

.·.

31. Le dernier résultat analytique auquel nous venons de parvenir nous permet de voir distinctement le but de notre entreprise, et de mesurer de l'œil l'intervalle qu'il nous reste encore à parcourir. En effet, une division naturelle des fonctions de l'agent spécial nous trace et nous expose dans ses grandes lignes le programme de l'Esthétique Objective.

Nous avons déjà signalé ce qui, dans cette étude, est préliminaire et fondamental. Ces principes de notre méthode consistent, rappelons-le, premièrement, à déterminer l'identité propre de l'agent par ses manifestations objectives; secondement, à poursuivre, par un examen raisonné de ces manifestations objectives, la décomposition de son action sur le sensorium ; et, troisièmement, à analyser sa constitution intime pour parvenir à la comprendre, et arriver par là à saisir l'enchaînement et la raison de ses effets.

32. Après ces questions premières viennent les questions secondes que voici : Il s'agit de déterminer pour chaque agent spécial ce qu'il offre de particulier et de caractéristique dans sa fonction « sensuelle » et dans sa fonction « usuelle » respectivement.

Occupons-nous d'abord du premier point.

On commencera par établir la gamme des états de plaisir et de peine que l'agent est apte à produire. Cela fait, il y aura à déterminer les effets parallèles de son action objective, qui deviendront les indices révélateurs des effets parallèles de son action subjective. En troisième lieu, il s'agira de fixer les modifications d'*action* qui correspondront à ces modifications de *produit*.

En ce qui concerne la fonction « usuelle », nous avons à suivre une marche semblable. Il faudra d'abord la caractériser d'après l'agent spécial particulier proposé, et la caractériser sous le triple rapport : 1° de son but et de son résultat, c'est-à-dire des notions et des impulsions que l'agent est appelé à nous communiquer. 2° des conditions objectives auxquelles ces notions et impulsions particulières correspondent respectivement ; et 3° de son mode d'action.

Pour faciliter l'intelligence de ces principes nous allons en faire l'application à un cas particulier.

Soit la Chaleur l'agent spécial que nous nous proposons d'étudier sous l'un et sous l'autre aspects de sa double fonction.

Nous nous fixerons d'abord sur ce qu'il y a de fondamental dans ses effets objectifs, dans son *modus agendi*, et dans sa nature. Nous serons amenés de la sorte à reconnaître que cet agent se manifeste objectivement, d'une manière générale, par la dilatation des corps soumis à son action, et nous aurons dès lors, dans ce phénomène matériel, un signe pour constater la présence latente de la chaleur en tant qu'agent spécial de la sensation de ce nom. Après cela nous découvrirons que son action se propage en ligne droite par rayonnement, qu'elle se réfléchit sur certaines surfaces sous un angle égal à celui de son incidence, etc. etc. Et finalement nous serons conduits à concevoir la qualité constitutive essentielle de notre agent sous la forme d'une espèce particulière de vibrations, c'est-à-dire d'un mode spécial de mouvement.

La détermination de ces conditions fondamentales une fois obtenue, nous devons chercher la loi de leurs différentes modifications.

La Chaleur n'engendre pas seulement la sensation de chaleur, elle la produit plus ou moins vive, elle la produit *agréable, pénible, douloureuse* ou *indifférente*. Resterait à former la gamme de ces *tons thermo-esthétiques*.

Bornée à la Chaleur, une telle analyse donne un résultat peu compliqué, tandis que, étendue au Son, elle nous ouvre tout un vaste champ de distinctions, distinctions de *ton*, de *timbre*, d'*accord* et de *discordance*, etc. Toutes les nuances de la sensation de chaleur peuvent se ramener aux deux états opposés de plaisir et de souffrance, ce dernier s'offrant à son tour sous deux formes contraires que l'on distingue par les appellations de *chaleur brûlante* ou *étouffante*, et de *froid*.

Étant données ces diverses modifications subjectives de la chaleur, demandons-nous quelles sont les modifications correspondantes de son effet objectif, la dilatation des corps. Nous les trouverons comprises entre certaines limites d'élévation et de dépression de la colonne thermométrique.

Ce point une fois réglé, nous aurons à déterminer la triple modification que doit subir l'activité intime de l'agent Chaleur pour causer respectivement, d'une part, la sensation de chaleur agréable et l'élévation moyenne du thermomètre ; d'autre part, la sensation thermique douloureuse, sensation de brûlure ou de froid, et l'élévation excessive ou l'abaissement excessif du thermomètre. Et nous trouverons que ces trois modifications distinctes du principe d'action de la chaleur consistent dans trois modifications correspondantes (encore imparfaitement déterminées par la physique) du mouvement ondulatoire qui constitue cet agent.

Et maintenant, quelle est la fonction esthétique *usuelle* de la chaleur, autrement dit quelles sont les notions et impulsions que cet agent a pour mission de nous communiquer par l'intermédiaire de la sensation spécifique qui porte son nom ?

Comme véhicule d'information, la Chaleur a des attributions restreintes, tandis que, pour certains autres agents, ces attributions sont prédominantes et ont une immense sphère d'action : tels la Lumière et le Son. Ces deux agents nous instruisent au moyen d'une impression neutre, c'est-à-dire d'une sensation qui n'est nécessairement ni pénible ni agréable, et à l'aide d'un mécanisme *ad hoc* en rapport avec la précision merveilleuse et l'étendue indéfinie des connaissances que nous leur devons. Mais la Chaleur, et avec elle la Saveur et l'Odeur (sauf, pour cette dernière, en ce qui concerne le chien et d'autres espèces animales chez qui l'odorat le dispute à la vue et à l'ouïe comme informateur), a pour tout moyen d'information les impressions distinctives du plaisir et de la peine, et toute l'information qui nous vient par ce canal se réduit à être avertis que la même cause du dehors d'où résulte la sensation agréable ou désagréable qui est en ce moment présente à notre conscience, produit en même temps sur la matière de notre organisme une altération plus ou moins considérable de nature favorable ou nuisible.

Le plaisir nous révèle le bien et nous attire vers sa source ; le déplaisir nous dénonce la présence du mal, et nous en éloigne. Aussi ce que nous appelons une douce chaleur est pour nous une révélation instinctive que, conjointement à cette impression flatteuse sur notre sensorium, une action bienfaisante, quoique non sentie, non perçue, opère sur l'ensemble de notre économie. Ressentons-nous au contraire une impression de brûlure, c'est le signal d'un danger de destruction pour notre corps, et c'est en même temps une répulsion soudaine qui nous éloigne de ce danger. Le bon goût des mets qui nous sont servis nous engage à les accepter comme une nourriture saine et réparatrice, et il aiguise pour eux notre appétit.

Cependant, ainsi que nous l'avons déjà fait remarquer, les révélations et les sollicitations de l'instinct par lesquelles les espèces inférieures sont presque uniquement guidées dans leur conduite à l'égard du monde ambiant, ne sont pour l'homme qu'un guide suspect, et même parfois réellement trompeur et positivement dangereux, aussi longtemps que les lumières acquises par son labeur intellectuel, autrement dit aussi longtemps que la Science n'est pas intervenue pour interpréter, compléter, et au besoin corriger, les leçons de ce mentor intérieur. Un malade a la fièvre ; ses sensations thermiques ne peuvent que l'induire en erreur sur l'état de la température ambiante. Jugeant cette température d'après ses sensations actuelles, il déciderait qu'il fait objectivement très froid, qu'il gèle à la glace autour de lui, quand il a le frisson ; et il se croirait plongé dans une fournaise durant le stade de chaleur.

La sensation ne peut donc se passer d'un critérium objectif capable de rectifier, en cas de besoin, son témoignage. Ce critérium, dans le cas que je viens de considérer à titre d'exemple, c'est le thermomètre.

La Lumière, en tant qu'agent de sensation, a pour fonction *usuelle* de nous faire apprécier la grandeur, la forme, la position relative et l'état de mouvement ou de repos des objets, et, dans la plupart des circonstances, il suffit de se confier à ses indications pour être fidèlement renseigné. Mais aussi il est des cas où cette confiance peut devenir pour nous une source de sérieux mécomptes. En nous faisant connaître les lois de la réfraction, la science nous signale et nous explique les illusions d'optique et nous met en garde contre elles.

Il est inutile de prolonger cette énumération d'exemples, passons à la conclusion.

33. Pour que la fonction esthétique *usuelle* des agents s'exerce pleinement, normalement, et avec pleine efficacité, il est indispensable que leurs conditions objectives correspondantes nous soient connues. Or, comme nous l'avons constaté en ce qui concerne tous les agents, sauf une réserve pour ceux de la vision, de l'audition et

de la taction, les opérations de la fonction usuelle ne sont qu'une conséquence, qu'un effet consécutif des opérations de la fonction sensuelle. En d'autres termes, le plaisir et la peine, et leurs nuances et combinaisons diverses, sont les seuls inspirateurs des notions, et les seuls instigateurs des actes, que les agents ont pour office de nous suggérer. Il suit de là que les conditions objectives sur lesquelles repose la fonction usuelle d'un agent se confondent avec celles de sa fonction sensuelle, d'où cette conséquence qu'il nous suffira de connaître celles-ci pour connaître en même temps celles-là.

Sans doute, la lumière et le son s'écartent en un point de cette règle, puisque la sensation par laquelle ils nous informent n'est le plus souvent qu'une sensation à l'état neutre, c'est-à-dire une sensation qui n'a par elle-même ni le caractère du plaisir, ni le caractère opposé. Néanmoins ces deux agents ont une fonction sensuelle qui même, chez l'un d'eux, est fort étendue, et l'analogie rend très probable que cette fonction sensuelle, si richement dotée en ce qui concerne le son, et qui est loin de l'indigence chez la lumière, a une fonction usuelle pour pendant.

Ainsi la lumière et le son ont une fonction usuelle indépendante des états de plaisir et de peine. Elle consiste, dans le premier cas, à nous renseigner, directement, sur la dimension, la place, la distance et le mouvement des objets, et, indirectement, sur leurs autres propriétés concomitantes et leur valeur comme signes convenus ; dans le second cas, cette fonction est de nous avertir de la présence de certains phénomènes de la nature environnante qui se dérobent à la vue, ainsi que de nous dévoiler certaines dispositions morales des êtres animés qui nous entourent ; et, immensurablement élargie par l'institution du langage, elle devient le principal véhicule du commerce des idées, et assure la conservation des conquêtes de l'esprit humain. Mais, je le répète, aussi vaste que soit le rôle enseignant de la lumière et du son, ce rôle ne met en jeu que des sensations à l'état neutre, les significations du plaisir et de la peine n'entrant pour rien dans son procédé. Or, à côté de cette fonction d'utilité, le son a un vaste et merveilleux domaine sensuel, l'admirable domaine de la Musique. Et de son côté la lumière a aussi sa musique, la musique des couleurs, dont nous devons le rudiment à un illustre chimiste philosophe, M. Chevreul.

Et, cela dit, les charmes, les ravissements de la mélodie et de l'harmonie seraient-ils donc dépourvus de tout effet consécutif *usuel*, et par exception seraient-ils à eux-mêmes toute leur raison d'être ? Non, car la musique mérite d'être considérée comme un important auxiliaire du langage. Sans doute, elle n'a rien à dire à l'intelligence, mais elle parle au cœur, aux entrailles ; au gré de l'artiste, elle met en jeu le clavier de nos sentiments, de nos émotions, de nos passions. Elle est sœur de l'éloquence et, comme elle, constitue un puissant levier d'action de l'homme sur l'homme. «.... je sens que la musique touche dans les profondeurs de mon âme des cordes que nulle autre puissance ne fait vibrer ; j'en éprouve un plaisir qui ne ressemble à aucune autre sensation. Rien ne paraît plus mystérieux, plus inexplicable, » W. E. CHANNING [1].

Mais, dans l'harmonie des couleurs, me demandera-t-on, où voyez-vous l'utile servir de compagnon à l'agréable ? Après avoir cherché, je rencontre là comme ailleurs

---

[1]. *W. E. Channing, sa vie et ses œuvres*, avec une préface de M. Charles de Rémusat, Paris, 1857, p. 214.

cette heureuse compagnie du beau et du bien. L'action utile de l'harmonie des couleurs paraît se rapporter en particulier au bon fonctionnement et au bon entretien de l'organe nerveux de la vision. Les couleurs formant accord étant les couleurs mutuellement complémentaires, leur concours fait passer d'une manière alternative tous les éléments chromatiques de la rétine de l'action au repos et du repos à l'action [1]. Il résulte de ce fait, d'abord, que ces éléments contribuent tous pour leur part à la dépense totale de force nerveuse supportée par l'organe visuel, ce qui maintient ses énergies en équilibre ; et il en résulte, en second lieu, que, chaque élément pouvant réparer ses pertes à fur et mesure à la faveur des intervalles d'inaction, son activité ne s'épuise pas.

. *.

34. En résumé, certains agents de sensation ont sans doute des « fonctions *usuelles* » indépendantes de leurs « fonctions *sensuelles* », mais on peut affirmer comme étant une loi commune à tous que le plaisir et la douleur ne sont pas destinés, en règle générale, à se produire uniquement pour eux-mêmes, sans autre but qu'eux-mêmes, et que, sous chacun de ces deux états opposés d'une sensation spécifique, il convient toujours de chercher un but éloigné que la nature a en vue d'atteindre à l'aide de ce moyen. D'un autre côté, il est un point incontestable, c'est que toutes les *espèces* de la Sensation — et nous pouvons ajouter : toutes les espèces du Sentiment — comportent les deux états de plaisir et de peine.

1. Voir ma théorie de la composition trichromatique de la fibre optique intégrante, dans *Electro-dynamisme vital*, Paris, 1855, et dans *Essais de physiologie philosophique*, Paris, 1866.

Le Plaisir et la Peine peuvent, puisqu'il en est ainsi, fournir la matière d'une étude distincte et autonome applicable à toutes les espèces de la Sensation et du Sentiment. Une telle étude ne constituera pas, à proprement parler, une *branche* de l'Esthétique ; ce sera plutôt une coupe transversale de tout ce vaste domaine, comme serait par exemple une coupe de la Botanique qui partagerait l'entier règne végétal en une dichotomie d'espèces vénéneuses et d'espèces non vénéneuses, ou bien encore de plantes ligneuses et de plantes herbacées.

Cette division *artificielle*, comme diraient les naturalistes, de la science totale de la Sensation, a accaparé jusqu'à ce jour pour elle-même une dénomination que je revendique avec Kant, et au nom de l'étymologie et de la méthode, au profit du grand ensemble naturel dont cette division idéale n'est qu'un des aspects.

*
* *

35. Il résulte des principes précédemment posés que l'étude du Plaisir, comme l'étude de la pure sensation, présente trois côtés : le *subjectif*, ou *psychologique*; le moyen, ou *physiologique;* et l'*objectif,* que nous pouvons aussi appeler *physique*, en élargissant l'acception habituelle de cette expression. Notre attention va se concentrer sur le dernier de ces trois points.

*
* *

36. On comprendra que les règles de l'Esthétique Objective générale, telles qu'elles se sont dégagées progressivement des considérations qui précèdent, sont également applicables à l'Esthétique Objective *sensuelle* ou du Plaisir. Le programme de celle-ci se résumera dès lors pour nous dans les questions suivantes :

1° Déterminer et expliquer les conditions objectives

auxquelles il est normalement dévolu de susciter le Plaisir ;

2° Préciser l'effet utile que ces conditions normales sont appelées à produire d'une manière consécutive par l'intermédiaire du Plaisir.

Ces deux faces de l'Esthétique Sensuelle Objective n'ont donné lieu jusqu'à présent, ni l'une ni l'autre, à aucune investigation systématique générale. La première toutefois est devenue l'objet de recherches approfondies en ce qui concerne le son. Un art merveilleux est né de cette étude spéciale, et les physiciens ont poussé assez loin sur ce point l'analyse des causes objectives du plaisir pour en exprimer la loi en des formules numériques. Leur première découverte, dont les autres n'ont été que le développement, a été que le son objectif consiste dans un état vibratoire du corps sonore et des milieux de propagation. On distingue dans chaque son, au point de vue subjectif, trois qualités essentielles, qui sont : l'intensité, la hauteur et le timbre.

Or, il a été démontré que chacune de ces qualités subjectives du son correspond à une qualité objective particulière de l'onde sonore qui le produit, soit, respectivement, à son amplitude, à sa vitesse et à sa forme. Voilà donc les *qualités* du son ramenées à des propriétés purement géométriques ou mécaniques. Ce n'est pas tout : le physicien étant parvenu à mesurer exactement la vitesse du mouvement vibratoire qui correspond à chaque hauteur de son, c'est-à-dire à chaque note de la gamme, cela en comptant le nombre des vibrations accomplies dans un temps donné, il a pu par cela même se passer de l'ouïe pour déterminer la valeur musicale de chaque son et de toute combinaison de sons ; il lui a suffi de consulter des yeux le « compteur acoustique ».

Le compteur acoustique devient ainsi le thermomètre du son. Le thermomètre et le compteur nous font connaître par voie objective, c'est-à-dire sans que nous l'éprouvions directement et dans sa spécificité, le pouvoir d'un phénomène donné de caloricité ou de sonorité d'agir sur notre sens de la chaleur ou sur celui du son de telle ou telle manière, et à tel ou tel degré.

∴

37. Nous l'avons dit, la musique des Couleurs a été introduite dans la science par les curieux travaux de M. Chevreul. Mais il reste beaucoup à faire, et presque tout pour ainsi dire, je ne dirai pas pour élever celle-ci à la hauteur de la musique des Sons, mais pour lui donner tout le développement qu'elle comporte.

Que dirons-nous de la musique des Odeurs et de celle des Saveurs? Ce sont là deux champs qui ne méritent pas moins peut-être d'être cultivés que leurs voisins. Délaissée, dédaignée par la science, la dernière a été abandonnée jusqu'ici à l'art, déjà très appréciable sans doute, mais encore tout empirique, des Vatel et des Carême. Certes le jour viendra où le laboratoire culinaire égalera en dignité scientifique l'officine du pharmacien de même qu'il l'égala de tout temps par l'utilité de ses services.

∴

38. Pour ce qui est du second point de vue de l'Esthétique sensuelle objective, il a été aperçu, mais n'a été que superficiellement considéré, par les hygiénistes, et encore seulement en ce qui touche au goût et à l'odeur. Relativement au son, il a été entrevu dans l'influence de tout temps reconnue de la musique sur le

moral ; et les physiciens sont parvenus à formuler par des nombres proportionnels de vibrations les caractères objectifs de deux catégories de sons curieusement distinctes par leur action sur l'âme, les uns soulevant les émotions violentes ou joyeuses, les autres évoquant la tendresse ou la pitié.

En résumé, l'Esthétique objective du Plaisir n'a été constituée, dans l'ordre des sensations simples, c'est-à-dire des sensations relatives aux différents sens spéciaux prises isolément, que pour le son seulement, par la théorie fondamentale de la musique, et par la théorie à peine ébauchée de la correspondance des différentes modifications et combinaisons du son avec les différentes manières dont l'âme émotive peut être affectée par cet agent.

Les recherches des esthéticiens ont principalement porté sur le domaine de la sensation composée et plus ou moins mêlée de sentiment, et sur le domaine du pur sentiment, c'est-à-dire des émotions procédant des facultés affectives et imaginatives, en dehors de la sensation proprement dite. Mais, me demanderai-je ici avec tous ceux qui se sont heurtés à la difficulté capitale qui se présente en ce moment, comment serait-il possible de jeter les bases de l'Esthétique objective des Sentiments tant que les facultés de l'âme dont ils relèvent (de la même manière que les sensations spéciales relèvent des sens spéciaux correspondants) ne seront pas déterminées, différenciées et classées ?

Certes, une classification naturelle des facultés *passionnelles* de l'âme, venant s'ajouter à celle de ses facultés *sensationnelles* ou sens, répandrait un jour fécondant sur le sujet dont il s'agit ; mais ce résultat si désirable, qui semble encore bien éloigné, ne constitue heureu-

ESTHÉTIQUE DU PLAISIR ET ESTHÉTIQUE DE L'UTILE 67

sement pas la condition *sine qua non* d'une incursion fructueuse sur le terrain de l'esthétique objective du Plaisir *sentimental*.

.˙.

39. Que le lecteur prête son entière attention à ceci : Toutes les fois que pour formuler notre jugement sur une chose nous qualifions cette chose par un mot impliquant l'affirmation d'un plaisir ou d'une peine, c'est-à-dire indiquant qu'elle a la propriété de nous faire éprouver l'un ou l'autre de ces deux états contraires, nous pouvons affirmer qu'il y a là matière à Esthétique Objective.

Ainsi, quand nous appliquons les qualificatifs suivants : *harmonieux, discordant, suave, exquis, délicieux, rebutant,* bene olens, male olens, *gracieux, disgracieux, aimable, détestable, beau, joli, charmant, laid, vilain, noble, ignoble, sublime, honorable, glorieux, honteux, infâme, superbe, admirable, magnifique, adorable, méprisable, vil, abject, affreux, horrible,* etc., ce sont autant d'états de notre moi, autant d'états subjectifs divers qui s'accusent, et qui tous se rattachent à l'une ou à l'autre de ces deux catégories : le Plaisir, la Peine. Et si nous appliquons de tels qualificatifs à des choses qui sont en dehors de nous, en réalité c'est uniquement pour désigner ces choses comme les *causes objectives* déterminantes des *modifications subjectives* caractérisées par ces mots. Quand nous disons d'un corps qu'il est chaud, cela veut dire, strictement parlant, que ce corps a la propriété de réveiller en nous certain état de conscience qui est la sensation de chaleur. Et de même, quand nous disons qu'un breuvage est exquis, qu'un édifice est magnifique, qu'une femme est belle, qu'une action est noble, que les actes de tel individu sont méprisables, etc., au fond nous n'affirmons rien autre que certains états de plaisir ou de peine éprouvés par nous, en rapportant ces effets subjectifs à des causes déterminantes objectives qu'ils servent à distinguer et à caractériser.

Ce sont ces circonstances, ces conditions excitatrices externes, ces causes objectives, en un mot, qu'il s'agit de déterminer et d'analyser. Mais pour les considérer en elles-mêmes, pour définir leurs propriétés intrinsèques et absolues, nous avons appris qu'il faut commencer par faire entière abstraction de tous leurs caractères sensibles, c'est-à-dire des caractères extrinsèques empruntés par ces causes aux manières d'être qu'elles suscitent en notre âme.

Ainsi, quand nous proclamons que la Vénus de Milo est admirablement belle, nous attestons qu'une certaine cause à nous extérieure produit en notre moi un certain état spécial de plaisir. Pour apprécier et définir cette cause dans ce qui lui appartient intrinsèquement et constitue son essence, il faut l'envisager dépouillée du caractère de l'émotion qu'elle nous procure, et cela sous peine de nous enfermer dans un cercle vicieux. Le problème à résoudre devient alors une question physiologique et géométrique, elle cesse d'être une question de sentiment.

*
* *

40. Pour traiter l'Esthétique objective du Plaisir en général, il est nécessaire de comprendre sous une commune et générale expression tous les différents qualificatifs exprimant les modes spécifiques particuliers de plaisir et de peine. Par exemple, de même que nous désignons par la commune appellation de *sonore* tout ce qui

suscite en nous les diverses modalités possibles de la sensation de son, et par celle de *sapide* tout ce qui nous donne la sensation de saveur, quelle que soit la variété de chacune de ces deux sensations spécifiques ainsi provoquées, il conviendrait de même d'embrasser sous le couvert d'une seule et même désignation générique tous les objets du Plaisir et tous les objets de la Peine. Mais où prendre ces dénominations nouvelles ? Le mieux sera, je crois, de les demander à une extension de la valeur, d'ailleurs encore assez mal arrêtée dans le langage philosophique, des deux termes suivants : le *Beau* et le *Laid*.

Je ne perds pas de vue que le mot *beau*, pris dans son acception la plus habituelle, sert à distinguer l'une des espèces du genre à la désignation duquel je propose de l'affecter. Mais les classificateurs les plus accrédités nous ont enseigné depuis longtemps un artifice de nomenclature qui permet de multiplier l'application d'un mot sans créer pour cela d'équivoque. Il est habituel en effet aux naturalistes d'étendre au genre lui-même le nom consacré d'une de ses espèces prise pour type. Le nom ainsi généralisé ne perd pas pour cela sa signification spécifique ; promu pour ainsi dire à une fonction supérieure, il conserve néanmoins son ancien petit emploi, il cumule. Le nom de l'espèce Chien, par exemple, a été étendu au genre correspondant ; après quoi, quand c'est ce dernier qu'on veut désigner, on dit simplement *Canis*, et s'il s'agit au contraire de l'espèce, le mot se redouble et fait *Canis Canis*. Ne peut-on pas recourir à un expédient analogue pour lever la difficulté qui nous arrête ? La métonymie a des inconvénients, mais le néologisme a aussi les siens.

Nous avons vu que l'on peut se proposer pour sujet d'étude l'Agent spécial de la Sensation, celle-ci étant considérée génériquement, c'est-à-dire abstraction faite de ses différentes espèces particulières. De même le Beau, pris en général comme agent normal du Plaisir, devient le domaine d'une science distincte. Dès lors le *beau*, au sens restreint, le *joli*, le *gracieux*, le *magnifique*, le *sublime*, l'*exquis*, le *suave*, le *délicieux*, l'*harmonieux*, l'*honnête*, l'*honorable*, le *vénérable*, etc., seront des termes spécifiques congénères appartenant tous à l'extension d'un même terme générique, le Beau.

⁂

41. Après avoir satisfait ainsi de notre mieux à la nécessité logique de commencer par donner un nom à la chose dont nous avons à traiter, et après avoir rempli l'obligation non moins impérative de préciser nettement la valeur de ce signe représentatif, de telle sorte qu'il ne puisse être le sujet d'aucune confusion ni obscurité, nous allons passer à l'examen de la chose elle-même.

IV

LE BEAU

42. Le *Beau* fait la matière de l'Esthétique objective du Plaisir comme l'*Agent de Sensation* fait la matière de l'Esthétique objective en général.

Nous n'avons pas oublié que l'Agent *normal* se distingue des autres en ce qu'à lui seul appartient le pouvoir de rendre la sensation ou le sentiment apte à exercer une *fonction* « usuelle ». Le Beau *normal* sera pareillement celui qui, à la propriété de faire naître en nous l'état de plaisir, joint celle de rendre ce plaisir fécond, c'est-à-dire productif d'utilités ultérieures.

Le Beau normal une fois constaté et déterminé, et ses deux fonctions, la « sensuelle » et l' « usuelle » (29), une fois précisées dans leurs attributs, reste à connaître les propriétés objectives au moyen desquelles il réalise son double effet.

Nous avons déjà eu l'occasion d'appliquer cette règle dans ce qui a trait au son. Nous avons reconnu que le Beau, dans le Son, correspond à un concours de mouvements vibratoires qui sont entre eux dans un certain rapport de vitesse déterminé. Nous avons cru pouvoir constater ensuite que le son musical a pour « fonction usuelle » de servir de complément au langage, d'être, à vrai dire, un langage du cœur au moyen duquel l'artiste de génie fait communier l'âme de tous dans les transports cachés de son inspiration, et met en vibration des cordes humaines qui n'eussent jamais vibré sans lui.

En outre, l'observation nous a appris que, réglée d'une certaine manière, l'action sonore soulève les passions fortes, viriles, héroïques, ou rend joyeux ; et que, soumise à une modification différente, elle a la propriété de nous porter à la tendresse, à la volupté, ou à la pitié. Et le physicien, venant se joindre à l'artiste, nous a appris à quelles conditions précises d'objectivité ces deux sortes opposées de modifications subjectives peuvent se rapporter respectivement : il a mis sous nos yeux deux échelles de nombres proportionnels de vibrations sonores dans l'unité de temps, l'une correspondant à la *gamme majeure*, l'autre à la *gamme mineure*.

.·.

43. Appliquons la même méthode d'analyse à quelques autres cas de « beauté ».

Quelle est l'utilité qui se cache sous la beauté d'un édifice ? et quelles sont les raisons objectives de ce genre de beauté ? Ici le beau correspond objectivement à certains rapports géométriques de forme et de grandeur dont l'un des principaux est celui qu'on nomme la *symétrie*. Or la symétrie est une condition fondamentale d'équilibre. Elle est en outre l'expression première de la grande loi de l'Unité dans la Variété, et de l'ordre le plus parfait dans la diversité la plus étendue, c'est-à-dire de cette haute loi de distribution grâce à laquelle l'énergie, le temps et l'espace sont le mieux aménagés et le mieux utilisés.

Les qualités que nous aimons dans le corps de la femme, ces formes que nous sentons et proclamons belles, sont en même temps des conditions de sa structure qui la rendent apte à l'accomplissement de sa mission sexuelle. Une gorge opulente est-elle donc sans profit pour l'allaitement ? Et le développement du bassin caractéristique de la forme féminine, qui communique aux hanches et aux fesses leur relief harmonieux et voluptueux, n'est-il pas en rapport manifeste avec les besoins de la gestation ? Le beau, dans ce cas, a donc un office d'utilité incontestable ; cet office est de guider les préférences de l'homme dans le choix de l'organisation appelée à concourir avec la sienne à l'œuvre de la reproduction. Une femme chez qui l'âge a ravagé les formes du corps et les traits du visage, éloigne chez l'homme le désir sexuel, loin de l'exciter. Considérée au point de vue de l'union des sexes, elle fait sur lui une impression de laideur, c'est-à-dire de répugnance, et il est rationnel, il est normal qu'il en soit ainsi. A la physiologie il appartiendra, dans l'un et l'autre cas, de justifier l'impression de beauté et celle de laideur, et en même temps de nous donner leur norme objective ; c'est-à-dire de nous faire connaître les caractères matériels par lesquels ces deux causes opposées de plaisir et de déplaisir sont constituées en elles-mêmes et sont scientifiquement appréciables.

*
* *

44. « Le jugement du goût n'est pas un jugement de connaissance, il n'est pas par conséquent logique, mais esthétique (relevant de la sensibilité), c'est-à-dire que le principe qui le détermine est purement subjectif. » KANT. (*Critique du jugement*, traduction française de M. Jules Barni, t. 1ᵉʳ, p. 66.)

Cette appréciation est inexacte. Sans doute la détermination de notre esprit qui nous fait déclarer qu'une chose est belle ou qu'elle est laide à première vue, ne se produit pas en nous comme conséquence d'un syllogisme, ce n'est pas le fruit d'un raisonnement, c'est une impression spontanée, c'est une sensation, c'est un sentiment. Mais ce phénomène de sensibilité, cet acte *esthétique* et non *logique*, mérite-t-il bien d'être appelé un jugement ? Ce mot contient une équivoque par laquelle Kant s'est laissé tromper. Si par *juger* de la beauté d'un objet on entend simplement reconnaître, discerner, constater sa présence par l'impression qu'elle fait sur nous, on est fondé à dire que le jugement du goût n'est pas un jugement de connaissance. C'est alors un jugement purement esthétique, comme celui que nous exprimons en disant : le soleil brille, il fait chaud. Mais il ne s'ensuit aucunement que ce qui peut être jugé par la sensation, par une soudaine impression esthétique, ne puisse pas être en même temps justiciable de l'intelligence, faire l'objet d'une analyse rationnelle. Soutenir le contraire, c'est nier que le *sensible* soit réductible à l'*intelligible*, et c'est nier la science, dont l'œuvre tout entière est d'opérer cette réduction.

Quand, soumis à une impression de chaud ou de froid, je juge qu'il fait chaud ou qu'il fait froid, c'est par ma sensation que je juge, c'est-à-dire c'est une sensation, c'est un état subjectif que j'affirme. D'après le principe posé par Kant, il faudrait conclure de là que « le jugement de la *chaleur* n'est pas un jugement de connaissance, qu'il n'est point par conséquent logique, mais esthétique, c'est-à-dire que le principe qui le détermine est purement subjectif ». Et la conséquence pratique d'une telle appréciation serait forcément de déclarer vaine et sans objet la science de la chaleur considérée comme quelque chose d'extérieur à nous, comme quelque chose d'objectif. Cette dialectique conduirait pareillement à supprimer la physique de la lumière et la physique du son.

En poussant le principe de Kant à toutes ses conséquences, on en rend la fausseté évidente et palpable.

V

ADAPTATIONS ET RÉCIPROCITÉS ESTHÉTIQUES

45. Le Beau sert à nous révéler la présence du Bien et à nous faire tendre vers lui ; mais là ne se borne pas toujours son influence : lorsque l'*objet* du beau, au lieu d'être une chose inanimée, est un être doué d'intelligence et de sentiment avec qui son *sujet* est en commerce moral, l'action esthétique du premier sur le second réagit et revient, par une sorte de choc en retour, de celui-ci sur celui-là.

Exemple : La beauté de la femme agit sur l'homme, et cette action se manifeste chez lui extérieurement par la démonstration de l'admiration. Cette admiration, excitée en l'homme par la femme, opère à son tour sur celle-ci, et devient pour elle un stimulant puissant à soutenir et à rehausser encore sa beauté.

Dans certains cas de cette action esthétique à double effet, de cette récurrence sur l'objet, de l'impression que celui-ci a faite sur le sujet, c'est à l'effet récurrent seul que l'utilité du beau semble attachée ; cependant, en y regardant de près, le plus souvent on peut se rendre compte que l'effet direct aussi est utile. Prenons un autre exemple, qui est presque la reproduction du précédent avec renversement des rôles. Le courage, l'héroïsme sont beaux aux yeux de la femme ; ce sont des qualités qu'elle admire, qui l'impressionnent vivement. Or cette beauté-là, de quelle utilité est-elle donc pour l'être qui la ressent ? On comprend, au point de vue de la théorie, qu'une femme admire un homme jeune et bien conformé, puisqu'il est dans la logique des choses qu'elle fasse choix d'un tel objet pour l'accomplissement d'un important devoir de sa nature ; mais on découvre difficilement en quoi le héros serait plus propre qu'un autre à remplir les conditions d'époux et de père. Nous allons tâcher de résoudre cette difficulté.

L'admiration naturelle de la femme s'adresse à l'homme jeune, jusque là rien à dire ; mais cette admiration féminine s'allume en même temps pour toutes les qualités caractéristiques de la jeunesse virile, alors même que ces qualités n'intéressent aucunement la fonction génératrice, au moins d'une façon directe. Un tel fait n'est-il pas en désaccord avec le principe de l'utilité du beau ? Il ne l'est point, on va s'en convaincre.

L'homme et la femme s'admirent et se recherchent réciproquement, ce qui est clairement dans l'ordre ; mais il suit de là que chacun est avide d'être admiré par l'autre, et rencontre dans cette admiration un aiguillon qui le stimule à s'en rendre de plus en plus digne. Or le courage héroïque, attribut des jeunes hommes, est de grande importance pour l'intérêt social et pour l'intérêt familial, tout au moins dans les sociétés primitives, où la lutte armée est continuelle. La nature devait donc lui préparer un stimulant, et elle n'en pouvait trouver de plus puissant et de plus sûr que l'éloge de la femme. Ainsi, c'est en vue de ce but lointain et caché de protection de la femme que la bravoure de l'homme plaît à la femme.

Pourquoi, en revanche, le sexe féminin manque-t-il d'enthousiasme pour la prudence réfléchie, pour l'austérité des mœurs, pour l'intégrité, pour l'économie, pour la froide et rigide raison ? Ce sont là pourtant des vertus non moins utiles à la société que le courage. Sans doute, répondrons-nous, mais ces qualités peu brillantes sont l'apanage de la maturité et de la vieillesse; elles intéressent des fonctions sociales qui ne sont pas dévolues à la jeunesse, mais à une catégorie parvenue à cette période de la vie où le vœu de la nature éloigne l'homme du commerce sexuel, et partant doit, suivant sa logique, le rendre peu sensible au suffrage du sexe opposé en tant que tel.

Vraiment, la mécanique morale ne laisse pas que d'être admirable, même à côté de la mécanique céleste.

VI

DIVERSITÉS ET ANOMALIES DU GOUT

46. Il semble à première vue assez malaisé de concilier avec les principes théoriques qui viennent d'être exposés le fait de la *diversité des goûts*. Si le beau est en effet l'indice du bien, ne s'ensuit-il pas de là que ce qui est beau pour l'un devrait l'être aussi pour tous ?

Cette conséquence serait logique si ce qui est bon pour tel ou tel était bon également pour les autres. Or ceci n'est pas. Il est évident, pour rappeler une comparaison de Voltaire, que la crapaude est bonne pour le crapaud ; aussi est-elle belle à ses yeux, et c'est naturel. Mais la même crapaude est un objet de profond dégoût pour l'homme, et c'est encore rationnel, puisque le bien de l'homme, non plus que celui de cette créature, n'est pas qu'il se rapproche d'elle, mais qu'il s'en éloigne. L'herbe plaît à l'herbivore, et il la recherche ; elle est au contraire sans attrait pour le carnivore, qui la dédaigne. Et un tel contraste de goûts n'étonne personne ; on le sait en rapport avec le contraste des besoins de la nutrition que l'on constate parallèlement entre les deux cas zoologiques.

Chaque espèce, chaque sexe, chaque âge, chaque tempérament, chaque caractère, ont des besoins d'organisation particuliers, et par suite des goûts particuliers correspondants.

Cependant le sentiment du beau offre certaines divergences qui ne sauraient s'expliquer par une divergence corrélative dans l'ordre de l'utilité. Il s'agit ici de phénomènes esthétiques souvent très complexes ; nous allons en examiner quelques-uns en prenant parmi les cas les plus difficiles.

∴

47. Quand on aborde ces problèmes sans le critérium d'une méthode intégrale, on se croirait en plein chaos ; l'ordre n'apparaît nulle part, on n'aperçoit aucun lien d'ensemble pouvant rattacher les faits entre eux, aucun principe supérieur qui les coordonne et les éclaire de haut. Aussi d'éminents philosophes, et parmi eux M. Cousin suivi de toute son école, en sont venus à nier que le beau ait aucune corrélation naturelle avec l'utile. Et alors le beau constitue lui-même son entière raison d'être ; il est, dans la machinerie psychologique, un organe hors-d'œuvre qui fonctionne isolément, et dont l'action propre ne se combine en rien avec celle du mécanisme général.

Mais pourquoi ce mépris de l'Utile chez nos philosophes ? Pourquoi l'avoir écarté comme indigne de servir de compagnon au Beau et au Sublime ? A mon avis, c'est vouloir séparer contre toute raison ce que la nature a uni. Le spiritualisme classique croirait faire abdication de son principe en admettant que la beauté, au lieu d'être un attrait sans but, un vrai leurre, ait pour mission de nous attirer, à l'aide des émotions et des désirs qu'elle éveille en nous, dans les voies du bien, c'est-à-dire de l'utilité matérielle ou morale.

L'Utile, c'est ce qui nous profite, c'est ce qui sert à satisfaire les besoins de notre nature. Mais ces besoins, hâtons-nous de le dire, ne sont pas seulement les besoins du ventre et du bas-ventre ; il y a aussi ceux de la tête et du cœur. L'utile n'est donc pas ce qui profite à la matière (pour employer une formule consacrée, qui au fond est un non-sens et une absurdité),par opposition à ce qui profite à l'esprit : l'utile, c'est tout ce qui seconde les diverses fins de notre être, c'est tout ce qui aide à notre bien, à notre bonheur.

La réprobation dont l'utile a été frappé par nos philosophes tient à l'idée trop peu philosophique qu'ils s'en sont faite ; mais c'est peut-être aux utilitaires eux-mêmes qu'est due pour la plus grande part cette erreur. Ne comprenant, ne prisant et ne prônant que ce qu'on nomme les intérêts matériels, et paraissant faire peu de compte des intérêts moraux, ils ont réussi à rendre le nom de l'utile odieux aux meilleurs esprits. Il faudra revenir de cette impression erronée,et ne pas faire peser plus longtemps sur une cause juste la responsabilité des sottises de quelques malencontreux avocats.

Il est encore une autre méprise qui a contribué pour sa part à indisposer les philosophes contre l'utile ; c'est qu'ils ne l'ont envisagé qu'au point de vue de l'individu isolé, et que partant ils n'ont vu dans sa poursuite qu'une préoccupation égoïste et conséquemment d'ordre inférieur. Mais,en sus de ce qui n'est utile qu'à un seul, il y a ce qui est utile à tous, il y a, en un mot, l'utilité collective, l'utilité publique, et celle-ci, sans contredit, ne saurait être contemptible aux yeux les moins utilitaires.

.*.

48. Une chose trompe encore les esthéticiens de l'école spiritualiste. Cette proposition : *Le beau est utile*, est par eux mal comprise ; ils s'imaginent qu'on affirme par là que l'impression de beauté faite sur l'âme n'est point directe, primitive et spontanée, mais résulte d'une considération réfléchie de la prétendue utilité correspon-

dante ; qu'en un mot une chose n'est estimée belle qu'après et parce qu'au préalable elle a été estimée utile. On lit ce qui suit dans le classique ouvrage de M. Cousin, *Du Vrai, du Beau et du Bien* :

« ... Il arrive même quelquefois qu'après avoir admiré la beauté d'un objet, nous n'en pouvons deviner l'usage, bien qu'il en ait un. L'utile est donc entièrement distinct du beau, loin d'en être le fondement. »

Ces lignes répondent à ceux qui sont censés prétendre que, pour qu'un objet puisse nous frapper par sa beauté, il est indispensable d'avoir constaté d'abord son utilité par une enquête. Mais qui donc pourrait émettre une opinion aussi puérile, que l'expérience démentirait à chaque pas ? Qui ne voit pas, et qui oserait le nier, que l'émotion du beau est soudaine et irréfléchie tout comme la sensation de lumière, de son, de chaleur ou toute autre ? Oui, sans doute, cette émotion est indépendante de toute considération actuelle des avantages, pour nous ou pour autrui, dont elle peut être l'avant-coureur. Mais de ce que le beau se sent immédiatement et automatiquement, pour ainsi dire, comme on voit et comme on oit, et avant que nous ayons eu le temps de songer à l'utilité sous-jacente possible, cette utilité ne peut-elle pas néanmoins exister ?

Un attrait instinctif et aveugle pousse le mâle vers la femelle, et vice-versa. Attirés l'un vers l'autre par le charme de leur beauté réciproque, ces deux êtres obéissent en ce moment, sans aucun doute, à une grande loi d'utilité générale, la loi de la conservation de l'espèce ; et pourtant la conscience raisonnée de cette haute mission de l'amour n'est pas ce qui en allume en eux la flamme, ce n'est pas certes cette grave et solennelle considération qui, à l'instant où se consomme l'acte souverainement utile, est présente à leur esprit, et qui les rend si beaux l'un à l'autre. L'utile peut donc être le « fondement » du beau qui nous touche, sans que nous ayons de lui aucune connaissance, aucun soupçon, ou tout au moins aucune préoccupation distincte. Il en est comme du fondement d'un édifice, qui, enfoui dans le sol, se dérobe à la vue, mais qui pour autant n'en est pas moins réel, n'en est pas moins ce qui soutient, ce qui porte l'entière structure visible.

Après avoir nié que l'utile soit le substratum du beau, M. Cousin croit reconnaître que la condition objective du beau est *l'unité dans la variété*: « La plus vraisemblable théorie du beau, dit-il, est encore celle qui le compose de deux éléments contraires et également nécessaires, l'unité et la variété. » Et plus loin : « L'unité et la variété s'appliquent à tous les ordres de beauté. »

Je me demande comment la théorie dont parle ici l'illustre auteur, et qui a obtenu ses préférences, peut lui paraître en opposition avec celle qui fait de l'utile la raison finale du beau. Ainsi, de l'avis de M. Cousin, la beauté, en toutes choses, se réduit à l'unité dans la variété. C'est-à-dire que c'est l'unité dans la variété qui, en dernière analyse, est le véritable et unique objet du beau. Mais l'unité et la variété sont-elles donc choses inutiles? Je l'ai indiqué plus haut, et l'on ne saurait me contredire sur ce point, la variété, sériée et systématisée en unité, c'est le triomphe de l'ordre, c'est l'ordre même, c'est-à-dire la condition fondamentale de toute organisation, soit vivante, soit artificielle, ainsi que de toute économie au moyen de laquelle l'homme parvient à tirer le meilleur parti possible de l'énergie, du temps et de l'espace.

Je ne veux éluder aucune des difficultés de mon entrepriso. Des exemples qui semblent fort embarrassants sont invoqués en grand nombre à l'encontre de l'opinion que j'essaie ici de défendre; je vais continuer de discuter ces objections, mais il convient de rappeler d'abord quelques principes.

49. J'ai avancé que tout sentiment du beau, ainsi que tout sentiment et toute sensation quelconques, a une fonction d'utilité, c'est-à-dire qu'il a pour effet consécutif de nous suggérer certaines notions et certaines déterminations en rapport avec les besoins de notre nature, soit en tant que simples individus, soit en tant que membres de la famille humaine. Mais cette règle, comme je l'ai exposé longuement dans un autre chapitre (22), s'applique uniquement aux sensations ou aux sentiments actuellement suscités par leur excitateur normal, par leur objet légitime.

La sensation de chaleur a pour rôle « usuel » de nous avertir des conditions hygiéniques, favorables ou nuisibles, de la température environnante. Il est clair cependant que la sensation de chaleur ne possède cette utilité que moyennant qu'elle soit actuellement déterminée par son agent spécial, par la vraie chaleur enfin, et non, par exemple, par un état fébrile.

Cette distinction, dont la raison est saisissante dans l'analyse de la sensation pure, s'applique tout aussi exactement et tout aussi fructueusement à la critique du sentiment du beau. Pour que ce sentiment ait son utilité concomitante, il faut que son excitateur actuel soit le beau véritable, le beau normal. Car, de même que le sens de la chaleur et le sens de la lumière, le sens du beau est sujet à illusions, c'est-à-dire susceptible d'être sollicité, éveillé par un stimulus anomal, par un Beau de mauvais aloi. Aussi est-il d'une importance capitale de découvrir une mesure absolue du beau qui puisse nous mettre à même de discerner *objectivement* le beau véritable et sain du beau faux, fallacieux et pernicieux; une mesure rigide, impartiale, analogue au thermomètre ou au compteur acoustique, ou encore comparable au mètre, à la règle, à l'équerre, au compas, au rapporteur, au niveau, à la balance, qui viennent si heureusement en aide au sens de la grandeur et de la proportion, ainsi que de l'ouverture des angles, au sens de la mesure de l'inclinaison des plans et du rapport des hauteurs, et au sens de la pesanteur.

50. Il est un autre ordre de beauté qui, sans rentrer entièrement dans la définition du beau normal, ne doit pas être rejeté dans la catégorie contraire. Il s'agit du Beau *représentatif*. Il n'est pas en lui-même le beau objectif légitime, mais il peut en être l'image, et à ce titre il participe de ses propriétés et lui sert en quelque sorte d'auxiliaire. C'est ainsi que l'ordonnance d'une table servie suivant la bonne règle peut n'être en soi que d'une utilité médiocre; mais, flatteuse pour les yeux, elle satisfait en nous le goût de la régularité, de la proportion et de la juste mesure, de la symétrie et de l'unité dans la variété, qui, en toutes choses, sont les qualités fondamentales de toute distribution bien entendue, c'est-à-dire dont on peut obtenir le plus grand effet utile possible.

51. Enfin, à côté du beau Représentatif et du beau Anomal trouve place encore une catégorie importante; c'est celle du Beau *par association d'idées.*

Ici, le beau n'est pas dans l'objet que nous qualifions

de la sorte, cet objet n'est à vrai dire que le support occasionnel, fortuit, d'une idée de beauté préexistante en notre âme, et dont le véritable objet est ailleurs. Exilé au loin, le nostalgique montagnard de l'Auvergne ou de la Savoie entend-il retentir tout à coup les sons de la musette, il se sent frappé, attendri, ravi, il est délirant d'émotion. Est-ce à la mélodie monotone, nasillarde et sans expression de ce misérable instrument qu'est attaché un charme aussi merveilleux ? Oui et non. Ici, ce qui vient d'impressionner et d'exalter une âme, ce ne sont pas les accords d'une musique aigre et barbare ; ce qui a jeté cette âme dans cet indicible transport, c'est le mirage de la montagne lointaine et chérie que ces sons familiers ont évoqué tout à coup, c'est le passé qu'ils ont fait un instant revivre.

.·.

52. Examinons maintenant quelques-uns des faits objectés de préférence par les partisans de l'inutilité esthétique. Entre autres exemples ils nous citent la beauté des rochers abruptes et celle d'un buisson. « L'aspect d'un stérile rocher, ou d'un affreux précipice, voilà le sublime ; des lits de gazon, des fleurs, d'incultes buissons, etc., voilà le beau. » Ainsi parle M. E. Saisset dans son *Examen critique de l'esthétique française* (Paris, 1864, p. 105).

A quoi ces belles choses servent-elles donc? nous demandent messieurs les philosophes. Je répondrai d'abord que ces choses, pour eux si belles, sont loin d'apparaître telles à tous les yeux. C'est ainsi que les bonnes gens de la campagne ne manquent jamais de s'ébahir et de croire à une moquerie quand un professeur de philosophie ou tout autre citadin anémique, vient leur faire l'éloge d'un paysage aride et désolé ; ils n'y comprennent rien. Un buisson épineux se prélassant au beau milieu d'un champ ou d'une prairie n'a aucun charme, je vous le jure, pour le laboureur ou le faucheur qui le rencontrent sur leur route. Et l'inculte villageois ne sera pas seul à sentir ainsi, son sentiment sera entièrement partagé par un Mathieu de Dombasle, par un Gasparin. La vue de ce « beau buisson » produira le même effet sur ces deux éminents esprits que celui que ressentira le bibliophile en voyant une tache d'encre répandue sur la page d'un Elzévir de grand prix ; ou encore la même impression que celle d'un littérateur délicat en présence d'un grossier solécisme ; la même que celle d'un mélomane à l'oreille ultra-susceptible que viendra choquer une fausse note.

Il est facile de se rendre compte du jugement de l'agriculteur sur le mérite esthétique d'une saillie de roc qui se trouve sur le chemin de sa charrue ou de sa herse, et où ces instruments courent le risque de se briser, ou d'une malencontreuse touffe de ronces dont la faux ou la faucille devront faire le tour avec ménagement. Mais comment s'expliquer que les mêmes choses qui s'attirent les imprécations du paysan fassent l'admiration et les délices de M. le professeur Saisset et consorts ?

La raison en est toute simple. Ces derniers sont des citadins sédentaires épuisés par le travail de cabinet, anémiés par le manque d'exercice et le mauvais air, et las de contempler sans répit un implacable horizon de moellons. S'aventurent-ils un jour en pleine campagne, l'émotion qui les gagne est celle d'un prisonnier évadé. Les objets nouveaux qui frappent leurs regards leur paraissent d'autant plus beaux qu'ils s'éloignent davantage de tout ce qui ressemble à leur prison ; ils jugent tout ce qui est devant eux avec l'imagination d'un Robinson, et non avec le positivisme d'un économiste. Plus le site est sauvage, plus il semble qu'on est loin et à l'abri de la civilisation urbaine, de ses uniformités rigides, de ses règles imposées et de ses mille contraintes, et plus le tableau du désert est enchanteur. Le contraste ici fait tout l'attrait, fait toute la beauté, et il porte en lui en même temps son utilité, celle qui est propre à toute diversion salutaire.

.·.

53. On contestait que le beau, le vrai beau, le beau normal fût toujours utile, et nous venons de répondre de notre mieux aux partisans de cette manière de voir. D'un autre côté, on soutient que l'utile n'est pas toujours beau, et M. Saisset, dont la philosophie française honore la mémoire, citait en preuve certains échantillons de l'espèce porcine perfectionnée, d'autant plus laids, disait-il, que ces objets sont plus conformes à l'idée qu'on a de leur utilité. «... Et cependant le plus magnifique pourceau est laid, toujours laid, d'autant plus laid, si j'en juge par les produits de la dernière exposition d'animaux reproducteurs, que l'art de l'éleveur les ramène plus exactement à leur idéal. » (*L'âme et la vie, par E. Saisset*, Paris, 1864, p. 129.)

Ici encore notre philosophe a le grand tort de faire une loi générale de ce qui lui est personnel, ou du moins de ce qui est propre à des littérateurs de profession. Il juge du reste du monde d'après lui-même, suivant un travers qui nous est d'ailleurs commun à tous. M. Saisset aurait dû savoir cependant que ces monstrueuses boules de graisse, ces énormes lipomes à quatre pattes, qui sous les noms fameux de Berkshire, de Lincolnshire, etc., figurent avec tant d'éclat à nos concours d'animaux de boucherie, excitent une très sincère et très vive admiration chez les amateurs, c'est-à-dire chez tous ceux qui sont pénétrés de l'utilité de ces produits de l'engraissement. En face de ces êtres informes, qui pour un philosophe académicien sont tout bonnement des monstruosités hideuses, l'engraisseur, le boucher, le charcutier, éprouvent en leur âme un frisson d'enthousiasme intime, enfin une émotion du sens du beau tout aussi réelle que celle dont M. Saisset était saisi, j'imagine, devant les pages du *Phédon* ou devant le Jupiter Olympien de Phidias. La frugale austérité de nos philosophes concédera tout au plus la qualité de bon à un plat, à une boisson de leur goût ; mais, pour l'amateur, la bonne viande est de la belle viande, et les bons vins sont de beaux vins, de jolis vins. Ce n'est qu'avec horreur, ou tout au moins avec répugnance, que ces mêmes philosophes écoutent le récit d'un homicide ; mais le duelliste de profession parlera couramment d'un « beau coup d'épée », et avec une admiration non moins exaltée que celle éprouvée par M. Saisset à la vue de son buisson ou de son rocher. Est-elle donc moindre, moins vraie, la jubilation esthétique d'un commissaire de police à la pensée du « beau coup de filet » qu'il vient d'opérer sur un tas de malheureux garnements[1] ?

*
* *

54. La sagacité de mes contradicteurs ne manquera pas de me susciter une autre difficulté encore. Par exemple, on me dira : « La beauté que l'homme découvre dans

---

1. M. G. Clémenceau, dans un article de la *Dépêche* de Toulouse, du 28 avril 1896, a écrit ceci : « Nous avons une belle crise, comme diraient les docteurs, qui s'exclament sur un beau choléra. »
Qu'eût dit feu Saisset de ce *beau choléra* de M. Clémenceau ?

la femme a fonction d'utilité, on doit le reconnaître ; mais une belle femme n'est-elle pas belle aussi aux yeux d'une autre femme ? Or dans ce dernier cas quelle connexion avec l'utile peut-on assigner à l'impression de beauté ?

Nous répondrons : pour la femme, la beauté féminine est une beauté *sue* et non *sentie*. Soit par expérience, soit par instinct, une femme est instruite que certaines formes de son corps et du corps de ses pareilles ont le privilège de plaire à l'homme et de le captiver, et c'est en ce sens seulement qu'elle juge ces formes belles. Mais ces qualités du beau féminin ne lui font pas directement plaisir, ne l'émeuvent pas ; elles lui plaisent, oui, mais non pas au même titre qu'elles plaisent au sexe opposé ; elles lui plaisent comme tout avantage qui donne de la satisfaction, qui flatte l'orgueil ou excite l'envie ; elles lui plaisent comme plaît une fortune que l'on possède ou que l'on convoite. Ce n'est que par suite d'une anomalie, d'une dépravation des instincts naturels, que certaines filles d'Ève se sentent attendries et troublées par la beauté de leurs sœurs ; c'est alors du saphisme.

.·.

55. Je poserai encore quelques questions qui me paraissent dignes de provoquer l'émulation des psychologues. Cette fois nous allons nous occuper de la corruption du sens du beau et analyser la fausse beauté au moyen de quelques exemples.

Pourquoi certains orientaux se représentent-ils la beauté virile sous les traits d'un homme obèse, aux membres grêles et à l'abdomen démesuré, tandis que les Grecs la voyaient réalisée dans les proportions de l'Apollon du Belvédère ?

Les artistes grecs ont considéré le corps humain au

point de vue de sa destination naturelle, et principalement de ses fonctions musculaires, et aussi au point de vue de l'expression du moral par ses formes et ses attitudes. La gymnastique était très cultivée en Grèce et de pratique universelle et journalière ; rien dès lors de surprenant que les proportions normales de la forme humaine, que ses proportions *utiles*, aient été senties et comprises par un peuple d'ailleurs exceptionnellement doué, et que le sentiment de la perfection plastique se soit de plus en plus épuré en lui.

Un autre élément entrait encore dans la conception de la beauté humaine chez les Grecs ; c'est l'harmonie d'expression du type physique avec le moral, ce dernier étant considéré dans ce qu'il a de caractéristique pour chaque sexe, pour chaque âge et pour chaque individualité caractérisée. Le corps d'Hercule ne devait pas se contenter d'exprimer la force musculaire, il devait de plus respirer la force morale du héros. Le corps d'Achille, pour être beau, devait donner le sentiment de la vigueur et de l'agilité réunies, et en sus offrir l'expression de la bravoure fougueuse et de la fierté.

Et maintenant, comment nous expliquerons-nous que l'esthétique orientale soit éprise de l'obésité chez l'homme et chez la femme? Ce goût barbare est le fruit d'une association d'idées. Dans les pays où les grands se piquent d'oisiveté, un signe accusateur de fainéantise devient par cela même un titre de noblesse. L'embonpoint souvent monstrueux des pachas, des nababs et des mandarins est devenu, de même que les ongles prodigieusement longs de ces derniers, et les pieds difformes et infirmes de leurs femmes, un attribut distinctif de la grandeur humaine, qu'on a parfois étendu à la divinité. Et voilà par quel détour certaines idoles chinoises ou indoues, que nous trouvons si laides, et à juste titre, arrivent à faire l'admiration de leurs obscurs adorateurs.

Cette aberration du sens du beau plastique chez les peuples d'Orient résulte de leur ignorance et de la fausse opinion qu'ils se sont faite de ce qui constitue le plus noble usage de ces membres et de ces muscles dont la fonction normale est évidemment l'action utile, qui fortifie et développe, et non l'inertie stérile, qui atrophie.

Le beau éphémère que l'empire de la mode attache aujourd'hui à la forme d'un chapeau, à la façon d'une robe, lesquelles, de par une nouvelle mode, seront d'une laideur ridicule l'an prochain, vient aussi en première ligne dans cette catégorie du beau conventionnel qui gît tout entier dans un préjugé.

.·.

56. Le dégoût se produit souvent, de même que le plaisir, par voie d'association. Vous raffolez d'un mets, d'une boisson ; s'il vous arrive un jour d'en faire abus, et si l'estomac s'est trouvé fortement ébranlé par cet écart, vos souffrances vont s'imprimer profondément dans votre mémoire, et tout ce qui les rappellera sera odieux. Et qu'est-ce donc qui rappellerait plus vivement ces souffrances que la vue des *ingesta* qui y donnèrent primitivement lieu ? Aussi cette boisson et ce plat favoris de naguère seront dorénavant détestables. Et pourtant rien ne sera changé dans leurs qualités objectives, dans ce qui les constitue intrinsèquement. Aussi bien en réalité n'est-ce point ces choses jadis aimées que vous abhorrez actuellement : ce sont les pénibles sensations anciennes qu'elles font revivre par l'intermédiaire de la pensée, et derrière lesquelles s'effacent les sensations actuelles.

Une substitution semblable peut donner du charme à ce qui est répugnant en soi. C'est ainsi que l'odeur nauséeuse du marécage se change en un vrai parfum pour l'amateur passionné de la chasse au marais. Chaque bouffée de cet air infect, qui ne s'allie dans l'esprit du profane qu'à des idées de vase, de pieds mouillés et embourbés et de miasme fiévreux, fait revivre dans l'imagination du chasseur des scènes, des exploits, des épisodes dont le souvenir le délecte. Le site le plus trivial n'a-t-il pas une poésie ineffable pour le cœur auquel il rappelle une heure de lointain bonheur ?

*
* *

57. On le voit par ces exemples, la diversité dans les jugements du goût est presque toujours moins réelle qu'apparente ; en fait le plus souvent elle consiste en ce que le même objet n'est considéré par chacun de nous que sous l'un de ses aspects, qui ne sera pas le même pour les autres. Alors chaque jugement englobant le tout dans son énoncé, tandis que réellement il ne s'applique qu'à la partie, il en résulte un conflit d'appréciations, contradictoires dans la forme, qui peuvent être sans désaccord dans le fond. Tel admire don Juan jusqu'à la folie, et tel autre n'éprouve que mépris pour ce personnage. C'est du moins ainsi que les opinions se formulent, mais ces énonciations peuvent être inexactes. Il peut se faire qu'en réalité ce ne soit pas tout don Juan qui soit l'objet de ces deux sentiments contraires ; ce ne sont peut-être que deux côtés particuliers et différents de ce même objet. Pour le premier juge, notre héros de comédie ne sera qu'un brillant cavalier, plein de vaillance, d'élégance et de grâce ; c'est tout ce qu'il verra en lui, et comme ces qualités comportent en effet l'ad-

miration, il déclarera le héros charmant. Le second juge, au contraire, ne regardant la médaille que par le revers, ne verra dans le même caractère que les félonies d'un suborneur infâme, et don Juan ne sera autre à ses yeux que cet infâme.

Il pourra donc se faire que ces deux sentences du goût ne se contredisent que par la formule, et parce que cette formule est vicieuse de part et d'autre. Comme aussi encore — hâtons-nous d'ajouter cette importante réserve — il pourra se faire que les deux appréciations opposées dont il s'agit soient celles de deux observateurs qui, tout en ayant les yeux tournés du même côté, regardent à travers des lunettes fort différentes, les unes étant celles d'une âme douée d'un sens moral délicat, les autres celles d'un esprit dont la nature morale est inférieure, et qui sera incapable de distinguer le beau du laid en éthique, tout comme certaines organisations, peu favorisées à un autre point de vue, sont également incapables de faire la même différence en musique, et auxquelles l'opéra ne dit rien, tandis qu'un charivari fait leur bonheur.

.·.

58. Les variations continuelles de ce goût factice qui ne reconnaît que la loi de la mode, rentrent dans l'explication ci-dessus, nous l'avons déjà dit. Encore un mot à ce sujet. « Pensez-vous, disait une femme du monde, que nous nous intéresserions à ces chiffons (il s'agissait de dentelles) s'ils n'étaient pas si coûteux et si tout le monde pouvait en porter? » Ce que l'on admire dans ces chiffons, pour répéter le mot de la grande dame, ce n'est pas quelque chose qui soit beau en soi et par soi, car cette même chose serait jetée aux ordures comme une guenille si on ne considérait point l'importance de convention

que la mode y attache. Le vrai motif de l'admiration qu'une certaine catégorie de gens (ce ne sont pas seulement des femmes) éprouvent pour un magnifique point d'Alençon, c'est la rareté et le haut prix de la marchandise, c'est le certificat de richesse ou de naissance dont ce colifichet tient lieu à celle qui le porte.

Et la beauté de ces vieux tessons et de ces pots fêlés de porcelaine ou de faïence si avidement recherchés et collectionnés de nos jours par tant de monde, n'est-elle pas aussi, du moins pour la majeure part, une beauté de même acabit?

Et tel est bien encore le beau au culte duquel le plus grand nombre de nos amateurs d'objets d'art se sont consacrés. Ici peut se rencontrer une beauté essentielle, ce n'est point à nier; mais est-elle bien celle dont nos prétendus connaisseurs sont touchés en réalité? Pour eux, au fond, toute la beauté d'un tableau réside dans la signature d'un grand maître, et toute leur esthétique se réduit en définitive à celle d'un commissaire-priseur.

59. Toute divergence en matière de goût qui ne peut s'expliquer par des différences de point de vue, a nécessairement pour cause des différences dans les dispositions esthétiques d'un sujet à l'autre. Il en est du goût artistique, du goût littéraire et du goût moral, comme du goût proprement dit, du goût des saveurs : ils sont multiples et divers suivant les gens; à cet égard comme à l'autre, chacun a ses aliments préférés, chacun a son genre d'appétit particulier. Mais, ne l'oublions pas, il est des appétits dépravés, et dans ce cas l'attrait de l'aliment appété — que ce soit un aliment pour la satisfaction des sens, ou pour la satisfaction de l'esprit et du

sentiment — cessera d'être l'indice révélateur de la vraie bonté, de l'utilité.

Il en est encore, sous un autre rapport, de la nourriture de l'esprit comme de celle de l'estomac: la satiété l'affadit, et la privation rend l'insipidité même savoureuse. Le lecteur a probablement fait cette observation comme moi: on savoure une idée, on s'en repait avec délice comme d'un mets exquis, et l'on est pour le moment indifférent à toute autre. Qu'une distraction vienne à interrompre ce penser et en briser le fil, c'est alors comme si le morceau nous tombait de la bouche. Avec quels cuisants regrets et quelle ardeur fiévreuse l'esprit se met alors à la poursuite de l'idée fugitive, et à fouiller tous les coins et recoins de la mémoire pour la ressaisir et la ramener s'il en est temps encore! Et cette même idée, dont nous nous sommes délectés durant quelques minutes ou quelques heures, finit par nous rassasier d'elle, et alors nous la laissons volontiers pour passer à une autre, qui aura à son tour le même sort.

*
* *

60. Ce qui est vraiment et légitimement beau en soi peut se montrer fort laid s'il n'est pas en harmonie, soit avec son milieu objectif, l'ensemble dont il fait partie, soit avec le milieu subjectif, c'est-à-dire avec l'état mental du sujet, de l'être sentant. C'est là pour le goût une abondante source de variations et de contradictions.

Une symphonie d'opéra, des airs de ballet, éclatent tout à coup dans un sanctuaire: l'assistance mondaine est charmée, mais celui qui est venu en ce lieu pour y goûter le recueillement de la prière se sent l'âme douloureusement froissée. Les sentiments de piété dont cette âme est actuellement toute pénétrée, et qui s'accordent d'ailleurs pleinement avec l'affectation du local, repoussent l'aliment esthétique inopportun. Les accents graves et pénétrants de l'orgue lui auraient plu, ils auraient été à l'unisson de l'état et des besoins présents de son âme ; la musique profane jure au contraire avec une telle disposition morale et ne produit que du malaise.

Il est convenu d'admirer sans réserve le *Jugement dernier* de Michel Ange. Pour moi, la célèbre fresque de la Chapelle Sixtine m'a toujours fait l'effet d'un révoltant contresens. Je ne puis goûter cette sournoise vengeance de l'art païen contre le christianisme. Affranchi par la Renaissance, et redevenu le maître après des siècles de proscription, il se donne pour mission d'insulter à la foi ennemie en travestissant sa divinité, toute spiritualité, miséricorde et sacrifice, en dieux charnels du paganisme, et en polluant les murs de ses temples, sous le prétexte menteur de représentations sacrées, de véritables scènes orgiaques d'un Olympe tout sensuel. Ce luxe pictural débordant de musculatures athlétiques, de chairs plantureuses et de nudités insolentes, forme un contraste pénible avec le caractère du lieu, et plus encore avec le caractère du sujet.

Non, cela n'est pas beau, car l'œuvre est en criant désaccord avec la donnée. Elle est digne de plaire à qui ne voit dans l'art que la plastique ; elle ne saurait satisfaire le goût de l'homme de bon sens et de sens moral.

La religion du Christ, c'est l'amour tendre des malheureux et la haine de la puissance oppressive ; elle pleure avec ceux qui pleurent, elle souffre avec ceux qui souffrent. La religion esthétique de la Renaissance, c'est un débordement de luxe et de jouissance, c'est le triomphe égoïste et insultant des heureux.

61. Cette observation m'amène à signaler une autre catégorie du beau qui est loin d'être la moins importante. Il s'agit du Beau *par persuasion, par suggestion, imitative ou autre, et par préjugé*. C'est ici le cas de rappeler les moutons de Panurge. C'est trop peu que de dire que l'immense majorité des humains ne sait opiner que du bonnet et ne pense que d'après autrui ; il faut ajouter qu'il en est de même de sa façon de sentir. Qu'il s'agisse de cuisine ou de littérature, qu'il s'agisse d'art musical ou de morale, de danse ou de politique, ce qui est bon, ce qui est bien, ce qui est beau, c'est ce que l'opinion a sacré tel. On vous verse de la piquette d'un vieux flacon incrusté de sable et tapissé de toiles d'araignées, et vous vous figurez boire du Lacryma Christi. En présence d'une toile qu'on vous dit être de Raphaël, vous tombez en extase ; vous y découvrez beauté sur beauté, tout vous y semble parfait, admirable ; mais voilà que quelqu'un vous détrompe, vous apprend que ce n'est qu'un faux Raphaël, enfin *une indigne croûte*, et votre enthousiasme tombe alors à plat, et vous vous éloignez dégoûté et confus. Lisez-vous une page qu'on vous donne pour du Bossuet, vous y constatez toutes les qualités du grand écrivain, et votre goût littéraire se repaît de ce morceau avec béatitude. Mais il y avait méprise, l'auteur se trouve n'être qu'un écrivain sans importance, et tout honteux vous rejetez le livre.

On peut rappeler à ce propos cette boutade de Béranger :

> Et vous, gens de l'art,
> Pour que je jouisse,
> Quand c'est du Mozart
> Que l'on m'avertisse.

62. L'habitude qui, suivant qu'on peut la dire bonne ou mauvaise, accroît la puissance de nos organes et de nos facultés, ou bien les dévie, les surexcite ou les paralyse, exerce également ses influences opposées sur le goût : elle l'affine et l'épure, ou bien le pervertit et l'émousse. Qui donc est arrivé à aimer le tabac sans avoir lutté plus ou moins longtemps contre la répugnance innée que chacun éprouve d'abord pour la pipe, le cigare ou l'ignoble chique ? C'est ainsi que l'habitude est capable de créer une multitude de goûts et de besoins factices qui peuvent être avantageux, nuisibles ou indifférents.

63. Résumons ce chapitre et concluons en disant que le sens du beau (et, dans notre théorie, le beau, quelqu'autre nom d'ailleurs que l'usage lui donne, ce sera tout ce qui produit la sensation de plaisir, unie ou non au sentiment d'admiration) est sujet à cent sortes d'illusions et d'hallucinations, et que conséquemment pour opérer le tri difficile du vrai beau d'avec le beau de mauvais aloi, le Beau doit être déterminé en soi, dans ses qualités objectives, ainsi qu'il convient, comme nous l'avons vu plus haut, pour tous les agents de sensation spécifique, lumière, son, chaleur, etc.

VII

L'ESTHÉTIQUE DE M. TAINE.

64. L'important manifeste par lequel le nouveau professeur d'esthétique de l'Ecole des Beaux-Arts[1] vient d'inaugurer son enseignement, m'a suggéré certaines réflexions que je ne crois pas déplacées ici.

M. Taine se hâte de prévenir ses élèves que son dessein n'est pas de les guider : « Je n'ai pas à vous guider, a-t-il dit, j'en serais trop embarrassé. » (*Revue des Cours littéraires*, numéro du 4 février 1865.) Pour quelle fin l'éminent écrivain a-t-il donc été appelé à cette haute chaire instituée pour former le goût de nos artistes ?

« La nôtre (il s'agit de l'esthétique) est moderne, et diffère de l'ancienne en ce qu'elle est historique et non dogmatique, c'est-à-dire en ce qu'elle n'impose pas des préceptes, mais qu'elle constate des lois. » Ces paroles sont encore de M. Taine (*op. cit.*).

Cette déclaration de principes accuse une grave lacune dans la synthèse philosophique de l'esthéticien novateur qui l'a formulée. Il est visible que la notion générale de l'*art* considéré en opposition avec la *science* lui fait totalement défaut. Il semble ignorer absolument que *la science d'observation*, à laquelle il attache une importance exclusive, n'a de raison d'être et de véritable utilité que par les applications techniques auxquelles elle est susceptible de se prêter. Les « lois » naturelles nous

---

[1]. Ceci s'écrivait en 1865.

importeraient en effet assez peu si sur les connaissances spéculatives dont elles font l'objet nous ne pouvions établir des « préceptes » pratiques, qui par cela même seront rationnels, sans doute, mais qui néanmoins seront *artificiels*.

L'éminent philosophe aime à prendre ses arguments dans le domaine des sciences physiques ; ne craignons pas de le suivre sur ce terrain. Il s'est exprimé de la manière suivante :

« De même qu'il y a une température physique qui par ses variations détermine l'apparition de telle ou telle espèce de plantes, de même il y a une température morale qui, par ses variations, détermine l'apparition de telle ou telle espèce d'art. Et de même qu'on étudie la température physique pour comprendre l'apparition de telle ou telle espèce de plantes, le maïs ou l'avoine, l'aloës ou le sapin, de même il faut étudier la température morale pour comprendre l'apparition de telle ou telle espèce d'art, la sculpture païenne ou la peinture réaliste, l'architecture mystique ou la littérature classique, la musique voluptueuse ou la poésie idéaliste. Les productions de l'esprit humain, comme celles de la nature vivante, ne s'expliquent que par le milieu. » (*Op. cit.*)

Jusqu'ici rien que de plausible ; mais où commence l'erreur, l'erreur grave, c'est à affirmer que la philosophie de l'art doit se borner à le considérer dans son histoire et dans les circonstances de milieu sous l'influence desquelles il s'est développé jusqu'à ce jour. A ce propos, le professeur nous a cité l'avoine et le maïs ; est-ce donc à dire que les agronomes, pour s'acquitter dignement de leur métier, seraient uniquement tenus de signaler les caractères botaniques des plantes et les conditions géologiques ou climatologiques de leur habitat ? Certes des renseignements aussi limités seraient d'un mince profit pour l'agriculteur. Que lui importe, s'il vous plaît, de savoir que le maïs est une graminée monoïque, indigène de l'Amérique du Nord, où elle végète du mois de mai au mois de novembre ? C'est pourtant à ces pures notions que la science d'observation se réduit sur le compte de cette précieuse céréale. Heureusement qu'on ne s'en est pas tenu à l'observation là-dessus : on y a joint l'expérimentation.

Les expériences ont porté sur deux points essentiels :

1° Sur les propriétés nutritives de la plante, ce qui a conduit à reconnaître son utilité comme aliment de l'homme et des animaux ;

2° Sur le traitement cultural auquel il convient de soumettre cette plante alimentaire pour obtenir d'elle son *maximum* et son *optimum* de rendement.

L'agronomie que nous professe M. Taine à propos des beaux-arts se réduirait à considérer les caractères botaniques des végétaux, leurs habitudes, leurs habitats et leurs saisons dans l'état de nature, et elle s'interdirait scrupuleusement d'aller au delà ; elle s'interdirait par exemple de s'enquérir si le chiendent qui pousse spontanément dans nos champs, à telle altitude, sous telle latitude, et dans telle période de l'année, DOIT y pousser, c'est-à-dire s'il convient, s'il est à propos qu'il y pousse, — ou si au contraire il ne serait pas mieux de l'en extirper et de l'y remplacer par telle ou telle espèce exotique qui nous serait indiquée par les « préceptes » de l'art agricole.

M. Taine regarde pousser le tableau de genre en Hollande au XVII° siècle, le roman de chevalerie en France et en Espagne à telle autre époque. Le savant esthéticien note avec un soin minutieux les circonstances politiques et sociales, c'est-à-dire, pour employer son langage, les conditions de « température morale » à la faveur desquelles ces plantes artistiques ou littéraires ont surgi et se sont développées, et le voilà pleinement satisfait : son enseignement agronomique des beaux-arts n'en réclame pas davantage !

Constater des lois, des lois naturelles, c'est-à-dire les modes suivant lesquels, et les circonstances à la faveur desquelles, se produisent spontanément les choses, soit dans l'ordre de la botanique, soit dans l'ordre des productions de l'esprit humain, tel est le but extrême, l'*ultima Thule* assigné à la science. Aller au delà, et se demander si, guidés par les préceptes d'un art rationnel, les hommes n'auraient pas dû faire la guerre à ces plantes adventices, à ces « produits naturels des circonstances », et les remplacer par d'autres, ou bien les modifier et les améliorer par une culture intelligente, sauf à faire violence par là à l'action naturelle et spontanée de ces circonstances ; ou bien se demander, qui plus est, s'il n'aurait pas été expédient de modifier ces circonstances elles-mêmes, comme cela est pratiqué journellement dans le monde physique par l'agriculteur et le jardinier au grand profit de l'un et de l'autre..., tout cela est condamné et réprouvé par la jeune école.

En un mot, d'après les principes si franchement, si carrément posés par M. Taine, le laboureur devrait se condamner à regarder croître le chiendent et la ronce, et se borner à observer la nature de ces deux végétaux et la loi des circonstances qui les produisent. Anathème sur nous si nous tentions de faire disparaître ces enfants chéris de la maternelle spontanéité de notre sol et de notre ciel, et si nous osions les supplanter par le maïs, la pomme de terre, la luzerne, et autres productions précieuses d'un autre climat et d'une autre terre, que nos circonstances géologiques et atmosphériques ne se fussent jamais avisées de nous donner !

* *

65. Ouvrons ici une parenthèse pour faire remarquer que la doctrine de M. Taine, prise pour règle de conduite par le médecin, aurait les conséquences que voici : En présence d'une invasion du choléra, la médecine s'empresserait de déterminer les circonstances de « température physique » ou autres avec lesquelles coïncide l'apparition du fléau, et elle s'interdirait de faire quoi que ce soit pour le combattre. S'agirait-il de la fièvre paludéenne, les pathologistes constateraient que les circonstances naturelles où l'homme est le plus exposé à contracter cette maladie sont les climats chauds et humides et les pays marécageux, et là ils s'en tiendraient rigoureusement, c'est-à-dire à l'expectation pure et stricte. Quant à chercher des spécifiques contre le mal, quant à vouloir atteindre ce mal dans sa source en conseillant le dessèchement des marais, le médecin n'aurait garde d'y songer, crainte de faire de la médecine « dogmatique ». Cependant à quoi servirait la médecine ainsi comprise ? Je répondrai : demandez à M. Taine à quoi sert son esthétique.

* *

66. Les divers genres de peinture, de sculpture, d'architecture, de poësie et de musique qui ont été cultivés jusqu'ici sur les différents points du globe et aux différentes époques de l'histoire, sont-ils du bon grain, ou sont-ils de l'ivraie ? Sont-ils des arbres aux fruits savoureux et nourriciers, succulents et sains, ou faut-il voir

en eux de méchants buissons ne portant que des baies chétives ou vénéneuses ? Une critique des beaux-arts qui ne se pose pas ce problème, et pour qui ce problème n'est pas le suprême but de toutes ses pensées, de toutes ses études, de tous ses efforts, manque du sentiment de sa mission, et sera fatalement stérile et pernicieuse. Mais continuons à deviser sur le thème analogique choisi par M. Taine.

* * *

67. Nous sommes tout disposé à reconnaître avec lui qu'à chaque région géographique correspondent des cultures particulières qui lui sont spécialement appropriées. Mais s'il est dans la nature des choses que les cultures diffèrent avec les différents pays, notre éminent professeur doit à son tour nous concéder que chaque pays peut avoir une bonne ou une mauvaise agriculture ; et, ce premier point admis, comment pourrait-on refuser de reconnaître que le devoir de l'agronome est de nous dénoncer les préjugés encroûtés et les vicieuses pratiques de l'une, afin que nous les abandonnions, et de nous instruire des méthodes rationnelles et fructueuses de la seconde, afin que nous les embrassions et nous y attachions exclusivement ?

Et de même pour la théorie de l'art : dévoiler à l'art son but légitime, son but naturel et normal, et lui faire connaître les meilleures voies pour l'atteindre, tel n'est-il pas son légitime objet, et pourrait-elle en avoir un autre [1] ?

---

1. Les fantaisies esthétiques et éthiques de Taine que je combattais il y a 35 ans, en écrivant ce chapitre, ces fantaisies à hautes prétentions philosophiques et scientifiques où la philosophie, la science et le bon sens étaient outrageusement méconnus, ces doctrines insensées, tranchons le mot, ne se sont pas impunément accréditées dans un public épris avant

Et maintenant, quelle est la mission de l'art lui-même ? Je n'hésite pas à répondre : c'est de nous révéler le Beau, le vrai Beau, c'est de l'exprimer, c'est de le faire sentir, c'est de le faire aimer ; c'est, par un effet consécutif, de nous marquer ce qui est Bon et ce qui est Mauvais, ce qui est Bien et ce qui est Mal.

Sans doute, ce que de pur instinct nous demandons à l'œuvre d'art, c'est de nous procurer une émotion recherchée, désirée, appétée, mais qui pour cela n'est pas nécessairement ce que dans un sens arbitrairement restreint, qui est le plus ordinaire, nous appelons le plaisir, car une telle émotion peut avoir précisément pour attrait caractéristique de faire couler les larmes. L'ouvrière parisienne qui vient d'assister à un drame de Dennery dit bien naïvement : « Oh ! que j'ai passé une bonne soirée, que je me suis donc amusée ! j'ai pleuré tout le temps. » Mais est-ce bien là du plaisir ? Oui, en rendant à l'acception du mot toute son ampleur logique. N'est-il pas vrai que cette émotion douloureuse, émotion de tristesse ou d'effroi, a été quand même la vive satisfaction d'un besoin, une *délectation* ?

Cette concession faite aux partisans de l'art pour l'art que la raison d'être première de l'art, et ce qui le constitue essentiellement, c'est de faire jouir l'âme, je reprends ma thèse utilitaire et je soutiens énergiquement que toutes les jouissances qu'il peut donner ne sont pas bonnes, qu'il en est de malsaines, de pernicieuses, comme sont pernicieuses et funestes celles que le vice demande à l'alcool, à l'opium, à la morphine, à l'onanisme, et que l'artiste, tout comme chacun, doit être fait

---

tout de brio littéraire. Je tiens Taine pour l'un des principaux artisans du détraquement actuel de l'esprit français.

responsable du mal qu'il cause ; que, loin d'avoir à lui tenir compte de son habileté à rendre le poison agréable, à rendre le mal attrayant, la société devrait au contraire mesurer sa responsabilité à son talent, et ne voir en lui qu'un malfaiteur d'autant plus dangereux qu'il est plus habile [1].

[1]. Malheureusement ceux qui sont aujourd'hui à la tête de la nation française ne l'entendent pas ainsi. L'infâme pornographie, soit artistique, soit littéraire, trouve des Mécènes jusqu'en nos ministres. Ses plus insignes protagonistes sont décorés et comblés de récompenses officielles de toute sorte. Et l'Académie française ne vaut pas mieux : mandataire de Monthyon pour la distribution de ses prix à la vertu, elle accueille dans son sein des écrivains dont le seul mérite est d'être des distillateurs quintessentiels du vice, et de posséder l'art de répandre la corruption en des phrases exquises et d'une séduction irrésistible.

Du reste, j'ose dénoncer ici notre gouvernement soi-disant républicain comme le grand fauteur de la dépravation publique sous ses principales formes. Il encourage directement, ou tolère avec un scandaleux mépris de la loi, ce qui est presque pire, l'excitation à la débauche, l'alcoolisme, le jeu, la haute filouterie financière, et cette passion sanguinaire de la tauromachie — le seul art que l'Espagne cultive encore — que nos lamentables voisins du Sud-Ouest s'efforcent, hélas ! non sans succès, d'acclimater dans notre Midi, comme pour amener plus vite notre dégradation nationale au niveau de la leur. La boue et le sang, voilà ce qu'on s'applique à nous faire aimer.

VIII

IDÉALISME ET RÉALISME DANS LA LITTÉRATURE ET DANS L'ART

68. Bien avant que le brillant professeur de l'École des Beaux-Arts eût formulé les principes que nous venons d'examiner, ils étaient en pratique et en honneur au théâtre, dans le roman, et dans la peinture et la sculpture ; et ils y ont été poussés dans l'application jusqu'à des conséquences de nature à faire naître des réflexions graves dans l'esprit de ce téméraire théoricien lui-même.

La doctrine dont nous voulons parler est connue dans la littérature et les arts plastiques sous le nom de *Réalisme* [1] ; on l'oppose à l'*Idéalisme*.

Notons d'abord que ces deux dénominations n'ont aucunement, dans l'ordre d'idées dont il s'agit ici, la même valeur que dans le langage philosophique, auquel les critiques d'art semblent les avoir empruntées sans en saisir le sens exact.

Nous devons ensuite déclarer que le « réalisme » dont il va être ici principalement question est le réalisme français ou réalisme matérialiste, qui diffère du tout au tout, par son esprit et ses tendances morales, du réalisme anglais, dont M. John Ruskin nous a donné la théorie. Et pour prévenir à cet égard toute confusion, la citation suivante trouvera ici sa place. M. Milsand s'exprime

---

1. Le Réalisme d'il y a trente ans a changé de nom ; il s'appelle aujourd'hui le *Naturalisme*.

ainsi sur le compte du chef de l'école réaliste anglaise : « L'art lui apparaît comme une partie intégrante de l'histoire universelle ; son amour pour l'art est en quelque sorte composé de toutes ses affections et de toutes ses convictions. Bien qu'il s'occupe plus particulièrement des monuments et des tableaux, on sent qu'il n'est point exclusivement dominé par le désir des belles toiles et de la bonne architecture, mais que sans cesse il regarde à droite et à gauche vers tous les points de l'horizon humain, *et que son but principal, c'est d'élever l'homme dans tous les sens*, de rendre à la peinture le rôle qui peut le mieux la faire contribuer au perfectionnement de tout notre être.» (*L'Esthétique anglaise, étude sur John Ruskin*, par J. Milsand, Paris, 1864) [1].

*
**

69. Demandons-nous d'abord ce qu'on doit entendre par l'« idéalisme ». C'est, j'imagine — car les mieux informés sont en peine de répondre congrument à la question —, c'est, dirons-nous, une vue de l'art suivant laquelle l'artiste, pour mériter son nom, c'est-à-dire pour être plus qu'un simple ouvrier, doit s'inspirer d'un idéal.

Maintenant, qu'est-ce qu'un Idéal ? Je crois qu'on peut appeler de ce nom toute conception personnelle de l'artiste créateur dont l'expression réveille en nous des formes de sentiment correspondantes qui y auraient dormi à jamais sans lui ; qui fait passer les sentiments latents du potentiel à l'actuel ; qui par là nous émerveille, nous ravit, nous transporte, en nous découvrant

---

1. Pour être juste envers tout le monde, il faut citer à son tour le grand panégyriste de Courbet : « L'art, a dit Proudhon, est une représentation idéaliste de la nature et de nous-mêmes, en vue du perfectionnement physique et moral de notre espèce. » (*Du Principe de l'art.*)

dans notre propre âme des cordes d'émotion et de jouissance que nous n'y savions pas. « Phidias, ce grand artiste, quand il faisait une statue de Jupiter ou de Minerve, n'avait pas sous les yeux un modèle particulier dont il s'appliquait à exprimer la ressemblance ; mais au fond de son âme résidait un certain type accompli de beauté sur lequel il tenait ses regards attachés et qui conduisait son art et sa main. » Cicéron (*Orator*, II).

Un artiste qui ne peut rien extraire de vraiment inédit de son fond d'imagination et de sensibilité, n'est pas un véritable artiste, ce peut être tout au plus un habile artisan. On peut donc, à ce compte, dire que tous les grands artistes — poètes, dramaturges, romanciers, orateurs, prosateurs, peintres, sculpteurs, architectes, musiciens — furent de grands idéalistes, quel que soit le nom de l'école dont ils relèvent.

Cependant l'idéal a ses degrés et ses espèces. Il peut exceller par l'originalité et la puissance, et en même temps être inférieur sous le rapport de la *perfection*, c'est-à-dire par manque de goût, par manque d'unité, de justesse et d'harmonie. Enfin l'œuvre idéaliste peut réunir plus ou moins toutes ces qualités purement esthétiques, et être moralement mauvaise, c'est-à-dire nuisible, insalubre, malsaine, et par conséquent condamnable. Les « fleurs du mal » peuvent posséder une perfide beauté, mais elles sont vénéneuses, et elles exhalent un parfum mortel.

Certains adeptes de l'art eurent une préoccupation dominante : poursuivre en tout un idéal de perfection, sacrifiant au besoin l'abondance, la richesse et l'intérêt de l'idée à sa forme la plus heureuse, à une correction impeccable. Cette perfection idéale, les œuvres de la nature n'en offrent aucun modèle, et c'est alors en lui-même, en son âme, en ce qu'on appelle son *génie*, que l'artiste est réduit à chercher ce type irréalisé dont voici la marque distinctive : *Tout ce qu'il faut et rien de trop*‘.

Mais il est un redoutable écueil sur la route de cet idéalisme de la perfection : ses œuvres doivent être un achèvement des ébauches de la nature tout en restant rigoureusement conformes à ses lois, qu'il ne s'agit pas d'enfreindre, mais d'appliquer, mais de suivre mieux que ne le fait la nature elle-même. Là est la difficulté et le danger. En courant après la perfection, l'idéaliste s'expose à n'atteindre que la chimère.

Le réalisme a été une réaction contre ce péril des tendances idéalistes. Il a émis le principe que l'artiste devait avant tout fidélité et respect à la vérité. Jusque-là rien à objecter. Mais la vérité doit être cherchée dans les lois générales et essentielles de la nature, et non dans ses produits spontanés et sauvages. C'est ce que les théoriciens du réalisme n'ont pas compris, ils n'ont pas compris que le sculpteur qui a fait l'Apollon du Belvédère a été incomparablement plus vrai que ne l'a été la nature en formant Ésope.

Oui, l'art peut faire plus parfait que nature tout en restant dans la vérité, mais cette dernière condition est mal aisée à remplir, et y manquer constitue le juste grief du réalisme. Malheureusement, il ne s'en tient pas là ; il veut qu'on suive la réalité jusque dans ses défauts, et par là il interdit au génie d'exprimer l'idée de beauté supérieure qui est en lui seul, car le réel ne la réalise pas. Les femmes de Rubens sont vraies, mais elles le sont beaucoup trop ; par système réaliste ce danr artiste les tient toutes au-dessous du niveau de la beauté normale, de la beauté possible, et même de la beauté exceptionnellement réalisée. Ce sacrifice voulu de la beauté idéale à la vérité vulgaire dans la représentation de la femme décèle d'ailleurs chez Rubens une arrière-pensée aussi peu morale qu'esthétique, celle d'abaisser l'attrait des formes féminines à l'excitation du désir sexuel purement animal.

Quand nous parlons du réalisme de Rubens — comme nous parlerions de celui de Shakespeare ou de Victor Hugo — c'est d'un réalisme idéaliste qu'il s'agit, d'un réalisme puissamment observateur et puissamment imaginatif tout à la fois, d'un réalisme à idées, mais auquel l'idéal de la perfection d'équilibre, c'est-à-dire le sentiment de la mesure, de la justesse, de l'harmonie, fait essentiellement défaut. Après et bien au-dessous nous rencontrons le réalisme purement réaliste, le réalisme sans idées, qui, impuissant à créer, veut réduire l'art à copier la réalité banale, et qui, pour donner de la saveur à ses copies, spécule sur les appétits grossiers, bas et immondes qui sont le goût du grand nombre, et choisit en conséquence ses modèles dans ce que l'observation peut découvrir de plus laid, de plus impur et de plus brutalement sensuel.

..

70. Nous avons entendu M. Francisque Sarcey, un critique marquant qui est un des flambeaux de l'école réaliste, déclarer dans la salle de l'Athénée, devant une nombreuse assistance, et déclarer sans ambages, que *l'art ne relève pas de la morale, qu'il ne lui doit rien, et n'a aucun compte à régler avec elle. Le seul devoir de l'art,* assure-t-il, *c'est de rendre la réalité* [1].

1. Ceci s'écrivait vers 1865 ; depuis, M. Sarcey a eu le temps de réfléchir et de revenir à des sentiments plus justes. J'aime à croire qu'il n'y a pas manqué.

Voilà qui est franc, voilà qui est net, et après cela on sait au moins à quoi s'en tenir. Une doctrine aussi clairement formulée ne saurait prêter ni au doute ni à l'équivoque. Mais quoi, Monsieur Sarcey, nous sommes tous, vous et moi, responsables de nos actes vis-à-vis de la société en tant que membres de cette société, et il suffira que nous nous abritions derrière l'irresponsabilité de votre art pour que, couverts par ce paravent, nous puissions, tout à notre aise, tout commettre avec impunité et sans remords ! Etrange privilège de l'art.

.˙.

71. Pour nous reposer de M. Francisque Sarcey, prêtons l'oreille à la parole plus réconfortante d'un autre contemporain. M. Milsand, dans son *Esthétique anglaise*, p. 98, nous parle de « cette école positiviste qui met un tronçon de chou bien rendu au-dessus de toutes les pensées, de toutes les affections de l'âme humaine, et qui, j'en ai peur, dit-il, est bien moins inspirée par l'amour du vrai que par un sourd besoin de ravaler toute la partie morale de notre être par ce cynisme qui se plaît à proclamer qu'il ne s'agit point d'approuver ou de blâmer, de perdre son temps à se demander ce qu'on peut concevoir comme le beau et le bien, mais que la seule bonne chose est d'être un habile homme, de tout comprendre et de tout constater sans préférence et sans blâme, le mal comme le bien, le laid comme le beau, le laid et le mal surtout, qui sont :

> Comme un affront sanglant à la divinité.

En tout cas, on sait le programme de l'école, et comment il se réduit à étouffer dans l'art toute imagination, à demander que les tableaux n'expriment aucune pensée, et ne soient en rien une création de l'homme ».

72. Toutefois nous devons convenir que les tenants du réalisme n'ont pas tort tant qu'ils se bornent à reprocher à une certaine catégorie d'idéalistes, ou soi-disant tels, de n'être que de pâles et froids imitateurs de maîtres dont les chefs-d'œuvre, tout dignes soient-ils d'une admiration immortelle, ne représentent plus pour nous que des choses mortes, autrement dit un monde ou un temps qui n'est plus le nôtre, et qui, par conséquent, ne peut rivaliser d'intérêt avec l'actualité vivante et palpitante dont nos biens, nos corps et nos âmes font partie. Aussi protestons-nous contre l'habitude de ne faire qu'une classe de réalistes, et de confondre notamment avec ceux qui font du laid pour le laid — ou pour ce qu'il rapporte —, une école qui, toute réaliste qu'on la dise, a sa poésie intense et un haut idéal moral : intéresser aux petits et à ceux qui souffrent en découvrant leurs plaies, nous faire sentir tout ce que notre état social contient d'iniquité et de vice, pour amener une réforme de cette société. Le peintre Millet et Courbet lui-même, qui se parent du titre de réalistes, le sont sans doute, mais d'une façon tout autre que ceux dont le talent se vautre pour le plaisir qu'ils y trouvent ou pour l'argent qu'ils ramassent dans la boue.

73. Je m'entends dire : « Les peintres, sculpteurs et hommes de plume qui ont choisi la spécialité de rassembler et de mettre en étalage les ordures morales de notre civilisation dans une intention discutable, qui peut bien n'être pas précisément le zèle du bien public et de la vertu, n'en ont pas moins le mérite de documen-

ter richement l'histoire naturelle de nos mœurs. S'ils ne font pas directement œuvre de moralité, ils font du moins œuvre de science ; et en faisant la pathologie des mœurs ils préparent par là la thérapeutique et l'hygiène morales. »

Je réponds que cette prétendue pathologie ou tératologie des mœurs n'est pas en tout cas de l'art — pas plus que les chefs-d'œuvre du Musée Dupuytren ne relèvent de l'esthétique —, et que si elle peut instruire le médecin, c'est-à-dire ici le psychologue et le moraliste, c'est seulement à ceux-ci qu'elle devrait s'adresser, et qu'en s'adressant indistinctement à tous elle devient le plus actif agent de propagation des maladies et des difformités qu'elle se complaît à décrire.

Ce réalisme-là, je le tiens pour l'un des pires fléaux sociaux de notre temps. On alléguera peut-être en sa faveur qu'il a une utilité historique comme dissolvant d'un système d'idées, de mœurs et d'institutions qui aurait fait son temps et serait destiné à faire place à autre chose. Mais qu'on remarque bien ceci, c'est que ce n'est pas seulement à des conceptions du beau et du bien discutables qu'il s'attaque : en réalité, ce qu'il ruine, ce qu'il empoisonne, c'est le sens du goût et le sens moral eux-mêmes atteints dans leurs sources vives. Ce n'est pas seulement à un art et à une morale jugés et condamnés qu'il vient porter le coup de grâce, c'est l'existence d'une nation qu'il met en danger.

∗
∗ ∗

74. Nos réalistes outranciers font grand état de l'appui qu'ils prétendent trouver dans les sciences. Que je le leur dise : Apprenez à mieux connaître ces sciences positives dont vous êtes si prompts à vous réclamer ; sa-

chez mieux ce qu'est la physique, la chimie, la physiologie, l'histoire naturelle ; voyez-les toutes à l'œuvre, et puis dites-moi si elles ne vous apparaissent pas toutes préoccupées d'une même chose, et si cette préoccupation commune et dominante n'est pas la recherche de l'idéal. Dégager par la pensée les lois abstraites, les lois « idéales » qui sont incarnées dans le concret, et donner ensuite à cet idéal une expression générale, une formule qui le fixe pour le conserver et nous permettre de l'utiliser par des applications pratiques, n'est-ce donc pas là tout le soin et l'œuvre entière de la science expérimentale elle-même ?

Sans doute ce n'est pas en détournant ses regards du monde réel pour se renfermer entièrement en soi et s'y murer, que le génie, dans les sciences, réussit à rencontrer l'idéal ; et c'est pour avoir débuté par cette erreur, c'est pour avoir cherché l'inconnu à tâtons dans les ténèbres de l'imagination pure, au lieu de se faire éclairer dans cette recherche par une observation exacte des faits extérieurs, que la science resta si longtemps dans les limbes. Mais, revenue de cette illusion première qu'il fût possible d'atteindre à l'idéal des faits, c'est-à-dire à la découverte de leurs lois, sans passer par une étude patiente de ces faits eux-mêmes, elle se garda néanmoins d'un réalisme absolu : c'eût été son abdication, c'eût été confesser que son but supérieur — la connaissance de l'abstrait, son idéal — n'était qu'un rêve trompeur, et qu'elle n'était par conséquent elle-même qu'une utopie.

Toutefois, il faut bien convenir que la science contemporaine possède aussi, comme l'art, ses réalistes irréductibles, qui forment comme la contre-partie des idéalistes de la science scolastique ; ce sont ces partisans bizarres de *l'observation* et de *l'expérimentation pures*, qui ne veulent que des faits, et « sans mélange de raisonnement », suivant le précepte formel du fondateur de cette école, l'illustre Magendie. Une si énorme hérésie ne devait, ce semble, pouvoir trouver d'adeptes que parmi les manœuvres du chantier scientifique, et jamais parmi ses ingénieurs. Malheureusement, nous sommes forcés de le reconnaître, le spécialisme a tellement resserré l'horizon intellectuel de nos savants, que la plupart d'entre eux sont incapables de s'élever à la moindre vue philosophique. Ce sont les purs réalistes de la science ; avec les purs réalistes de l'art ils font la paire.

Non, la grande science, la vraie science n'a pas agi ainsi. Au lieu de se suicider en niant son véritable objet — la connaissance du général —, elle l'a affirmé bien haut. Mais, cette fois, pour l'atteindre elle a pris un chemin nouveau, elle a réformé sa vieille méthode, elle a compris que le travail des yeux et le travail de l'esprit sont tous deux stériles dans leur isolement, qu'ils se fécondent mutuellement étant étroitement unis. Pourquoi les lettres et les arts n'ont-ils pas imité la science, pourquoi ont-ils cru ne voir d'option possible qu'entre un idéalisme creux et sans vie et un réalisme abject? C'est là la grande erreur dont il faudra revenir.

.·.

75. Si l'art réaliste se targue de son incapacité à sentir et à traduire l'idéal du bien et du beau, il ne paraît pas avoir désespéré tout autant de ses moyens en ce qui a trait à l'idéal inverse. Trompés comme on l'est généralement dans le public sur le vrai sens et la vraie portée de l'hypothèse matérialiste, nos réalistes, qui naturel-

lement se sont classés dans cette école philosophique, mais sans savoir au juste sur quoi porte la querelle dans laquelle ils prenaient parti, ont été poussés par cette précipitation dans une lourde méprise. La philosophie matérialiste n'a point la folie de nier l'existence et la légitimité des faits intellectuels et moraux en tant que phénomènes ; elle se borne à prétendre que ces phénomènes subjectifs ont leur cause efficiente dans une propriété spéciale de la matière, à l'instar de tout phénomène objectif. Mais les matérialistes de l'art proprement dit et de la littérature n'y ont pas regardé de si près, et ont totalement négligé cette distinction capitale, qui était peu de leur compétence du reste. Ils ont confondu, avec le principe des actes intellectuels et moraux, qui, en tant que substance distincte, est controversable, les actes eux-mêmes, qui sont des vérités d'observation non moins incontestables qu'aucune autre. Ils ont donc fait un bloc de tout cela, et ont frappé le tout de condamnation comme idéalisme et spiritualisme ; pour eux, il n'y aura plus rien de réel que le sensible et le sensuel.

C'est pourtant la plus précieuse des prérogatives de l'homme qu'aux satisfactions des sens s'allient chez lui les plus nobles jouissances de l'esprit et du cœur ; il puise là un fonds de bonheur par lequel il l'emporte sur tout le reste de l'animalité non moins que par sa puissance. Où l'homme doit-il chercher dès lors son idéal de félicité si ce n'est dans la culture et l'exercice des facultés qui le font supérieur à tout le reste des animaux ? D'après nos réalistes il devrait le chercher dans l'exploitation exclusive de sa nature sensuelle, et par dessus tout dans les plaisirs que procurent les rapports sexuels. Quelle erreur ! De tout le règne animal notre espèce est bien l'une des plus médiocrement organisées pour cette fonction. Et dès lors compter principalement, pour s'arrondir son lot de bonheur, sur les joies que cette fonction procure, c'est se résigner d'avance à une quote-part des biens de la vie démesurément moindre que celle d'un coq de basse-cour, ou d'un pierrot, ou d'un bélier, ou d'un bouc, dont les facultés génétiques sont décuples ou centuples de celles du mâle humain le moins mal partagé. L'amour sexuel, il faut se le dire, est une fonction de la vie végétative, et qui par conséquent, pour être essentielle, n'en est pas moins d'ordre inférieur. Pour apprécier sa dignité hiérarchique on n'a d'ailleurs qu'à considérer la situation relative de ses organes et leurs avoisinements : la nature les a placés entre les deux grands égouts excrémentiels du corps humain.

Le réalisme, déclarant nul et sans valeur tout ce qui n'est pas la pure sensation, dépouille la sensualité elle-même de ce qu'elle a de plus délicat et de plus délicieux. Il ne voit, en un mot, dans l'homme que le pareil des animaux inférieurs, de ce que nous appelons, peut-être avec trop de mépris, la brute; et c'est à choyer la brute humaine, à caresser, à titiller ses instincts, afin de l'abrutir, afin de l'abaisser davantage encore, que la plume et le pinceau, le ciseau et l'archet devront s'employer : la mission de l'art est trouvée !

A quoi comparerai-je encore ce bas réalisme? Je le comparerai à une physiologie ignare et dépravée qui, prenant les tumeurs et les ulcères pour des organes, se figurerait y voir les parties les plus belles et les plus précieuses du corps humain, et ferait consister l'hygiène à entretenir soigneusement et à développer le plus possible ces productions hideuses de la maladie. Le réalisme ne fait pas autrement à l'égard des plaies morales de l'humanité.

..

76. La qualité la plus essentielle de l'œuvre d'histoire, c'est d'être vraie, c'est-à-dire d'être la peinture fidèle des événements et des caractères vécus qu'elle a pour dessein de faire revivre, la première condition d'un bon portrait étant de ressembler. Mais la poésie, et par ce mot j'entends ici d'une manière générale l'œuvre d'invention esthétique, qu'elle soit littéraire, picturale, sculpturale, architecturale ou musicale, la poésie poursuit un autre objet et suit par conséquent une autre loi. Ce n'est pas la nature réelle, une vérité réalisée quelconque, qu'elle se propose de nous représenter ; ce qu'elle se propose, c'est d'actualiser ce qui n'était encore qu'en puissance, c'est de donner un corps à une idée sans corps, en un mot c'est d'exprimer les conceptions révélatrices du génie esthétique.

Sans doute, pour rester dans la loi du beau, l'œuvre d'art doit s'astreindre rigoureusement à la loi de la vérité naturelle, sans quoi elle n'enfanterait que des monstres. Elle puisera donc tous les éléments de sa création dans le réel ; mais ces éléments comportent des combinaisons naturelles possibles que la nature n'a point réalisées, et, parmi ces combinaisons n'existant encore qu'en puissance, il s'en peut trouver, tout nous autorise à le croire, de plus parfaites, de plus achevées, c'est-à-dire de plus pleinement en harmonie avec leur objet, qu'aucune de celles *actuellement* existantes. Car, déclarons le bien haut ici, quoi qu'en ait dit Rousseau et quoi qu'on en pense encore généralement, la nature, comme nous l'avons déjà affirmé, ne produit que des ébauches, et soit dans l'ordre physique, soit dans l'ordre moral, tous les types qu'elle nous offre, même les meilleurs, présentent des imperfections incontestables que la science humaine sait reconnaître, ce qui démontre bien que nous portons en notre âme un idéal de perfection qu'elle n'atteint pas.

Ces types de perfection et de beauté, qui existent sans doute dans la logique ou possibilité des choses, dans le souverain *Logos*, mais que les forces naturelles n'ont pu traduire en faits concrets, c'est au génie humain de les tirer de leur virtualité latente, c'est au génie de les concevoir, et c'est à l'art de les manifester par ses productions.

.˙.

77. L'histoire et la portraiture ne laissent pas que de se prêter dans une certaine mesure à l'idéalisation ; la figure que le burin de l'historien ou les brosses du peintre sont appelés à reproduire possède toujours une certaine mobilité de physionomie et s'offre à l'observateur, suivant les moments et suivant les points de vue, sous un jour plus ou moins avantageux, plus ou moins saisissant, plus ou moins intéressant. Il est donc juste et il convient que le récit historique et le portrait jouissent de cette licence, qui n'est pas refusée à la photographie elle-même, de *saisir* le sujet à l'instant et dans l'attitude où il pose le mieux pour un bon tableau.

IX

MORALE POSITIVE ET MORALE NATURELLE

78. L'épithète de *positive* par laquelle nous distinguons ici une certaine morale, n'est pas prise dans le sens que donne à ce mot la philosophie d'Auguste Comte. Nous employons cette expression dans son acception courante : nous entendons par *morale positive*, à l'instar de « droit positif », la morale qui est établie par les lois et les coutumes humaines, et s'oppose à la *morale naturelle*, c'est-à-dire à celle qui serait fondée uniquement sur la nature même des choses.

* *

79. Le lecteur l'a déjà deviné sans doute, pour nous la Morale n'est qu'une branche de l'Esthétique, cette dernière étant la grande science qui a été précédemment définie et sommairement exposée dans ses grandes lignes. Voyons maintenant comment ce grave sujet d'étude, LA MORALE, dont l'obscurité seule égale son incomparable importance, peut s'éclairer à la lumière des principes dont les pages qui précèdent ont donné un premier aperçu.

* *

80. La Morale, c'est *le code des mœurs*, je ne puis en trouver une plus exacte définition. La conformité, l'obéissance et l'attachement à ses lois constitue ce qu'on appelle la *moralité*.

Une question s'élève aussitôt : Qu'est-ce que les mœurs,

ou autrement dit les bonnes mœurs ? Je réponds : c'est une façon de se conduire conforme à ce qui est prescrit par une société comme règle des rapports que ses membres ont entre eux, règle qu'elle leur impose pour sa conservation et dans l'intérêt collectif bien ou mal entendu.

Cependant qui dit société dit une multitude d'organisations sociales distinctes et fort différentes se succédant dans l'histoire ou se partageant le monde à un moment donné. Or chacune de ces formes locales ou temporaires de l'agrégation humaine diffère plus ou moins des autres, et quelquefois radicalement, par son organisme, par son esprit, par la nature de ses intérêts, par ses conditions d'existence. Elle en diffère donc aussi par ses mœurs, image et modèle de ses institutions, et conséquemment par sa morale, image et modèle de ses mœurs.

Ces considérations nous amènent à une conséquence que des faits sans nombre sont là pour corroborer. La voici :

La Morale, de même que la constitution sociale, varie suivant les temps et suivant les lieux. Ce qu'elle prescrit dans un siècle, dans un autre elle l'interdit ; ce qu'elle proclame le bien, la justice, le devoir, l'honneur, le mérite, en deçà de cette montagne ou de cette rivière, par delà c'est le mal, c'est l'iniquité, c'est le crime, c'est l'infamie. Mais un autre a déjà dit tout cela de la façon charmante et unique qui lui est propre ; cédons-lui donc la parole, le lecteur ne m'en voudra pas.

« Au demeurant, si c'est de nous que nous tirons le reiglement de nos mœurs : à quelle confusion nous rejettons-nous ? Car ce que notre Raison nous y conseille de plus vrai-semblable, c'est généralement à chacun d'obéir aux Loix de son pays, comme est l'avis de Socrates inspiré (dit-il) d'un conseil divin. Et par là que veut-elle dire, sinon que notre devoir n'a autre reigle que fortuite? La Vérité doit avoir un visage pareil et universel. La droicture et la justice, si l'homme en cognoissait, qui eut corps et véritable essence, il ne l'attacheroit pas à la condition des coustumes de cette Contrée ou de celle-là : ce ne seroit pas de la fantaisie des Perses ou des Indes, que la Vertu prendroit sa forme.

» Il n'est rien subject à plus continuelle agitation que les Loix. Depuis que je suis nai, j'ai veu et quatre fois rechanger celles des Anglois nos voisins, non seulement en subject politique, qui est celui qu'on veut dispenser de constance, mais au plus important subject qui puisse estre, à sçavoir de la Religion. De quoi j'ai honte et despit, d'autant plus que c'est une Nation, à laquelle ceux de mon quartier ont eu autrefois une si privée accointance, qu'il reste encore en ma maison aucunes traces de notre ancien cousinage. Et chez nous ici j'ai veu telle chose qui nous estoit capitale, devenir légitime : et nous qui en tenons d'autres, sommes à mesmes, selon l'incertitude de la fortune guerrière, d'estre un jour criminels de lese-Majesté humaine et divine, notre justice tombant à la merci de l'injustice ; et en l'espace de peu d'années de possession prenant une essence contraire. Comment pouvoit ce Dieu ancien (c'est Apollon, Xénophon, *Memorab. Socr.*, l. I, c. iij, S. 1) plus clairement accuser en l'humaine cognoissance l'ignorance de l'estre divin ; et apprendre aux hommes, que leur religion n'estoit qu'une pièce de leur invention, propre à lier leur société, qu'en déclarant comme il fit, à ceux qui en cherchoient l'instruction de son trepied, que le vrai culte à chascun, estoit celui qu'il trouvoit observé par l'usage du Lieu, où il estoit ?... Que nous dira donc en cette nécessité la philosophie ? que nous suivions les Loix de notre pays ? c'est-à-dire cette mer flottante des opinions d'un peuple, ou d'un Prince, qui me peindront la justice d'autant de couleurs, et la reformeront en autant de visages, qu'il y aura en eux de changement de passion ? Je ne peux pas avoir le jugement si flexible. Quelle bonté est ce que je voiois hier en credit, et demain ne l'estre plus : et que le traject d'une rivière fait crime ? Quelle vérité est-ce, que ces Montaignes bornent, mensonge au Monde qui se tient au delà ?

» Mais ils sont plaisans, quand pour donner quelque certitude aux Loix, ils disent qu'il y en a aucunes, fermes, perpétuelles et immuables, qu'ils nomment naturelles, qui sont empreintes en l'humain genre par la condition de leur propre essence ; et de celles-là qui en fait le nombre de trois, qui de quatre, qui plus, qui moins : signe que c'est une marque aussi doubteuse que le reste. Or ils sont desfortunez (car comment puis-je nommer cela, si non de fortune, que d'un nombre de Loix si infini, il ne s'en rencontre au moins une que la fortune et témérité du sort ait permis estre universellement receue par le consentement de toutes les Nations ?) ils sont, dis-je, si misérables, que de ces trois ou quatre Loix choisies, il n'en y a une seule, qui ne soit contredite et désavouée, non par une Nation, mais par plusieurs. Or c'est la seule enseigne vrai-semblable, par laquelle ils puissent argumenter aucunes Loix naturelles, que l'universalité de l'approbation : car ce que Nature nous auroit véritablement ordonné, nous l'ensuivons sans doute d'un commun sentement : et non seulement toute Nation, mais tout homme particulier, ressentiroit la force et la violence, que lui feroit celui qui le voudroit pousser au contraire de cette Loi. Qu'ils

m'en montrent, pour voir, une de cette condition. » MI-
CHEL DE MONTAGNE [1] (*Essais*, t. 5°, l. 2°, ch. 12°.)

.'.

81. Je pourrais me borner à la citation qui précède et
m'abstenir de m'étendre sur un thème ressassé. Il
convient pourtant de rappeler ici certains rapprochements qui, sans doute, se sont présentés aux esprits
observateurs et réfléchis, mais qu'il peut être bon de se
remettre encore sous les yeux pour en bien comprendre
la leçon et juger des difficultés énormes qu'y rencontre
la philosophie.

Ce n'est pas seulement entre civilisés et barbares que

---

1. C'est sciemment et de propos délibéré que j'écris « Montagne » et non
« Montaigne ». J'estime qu'il est aussi illogique et aussi ridicule d'écrire
dans notre français moderne le nom de l'auteur des *Essais* comme il s'orthographiait il y a trois ou quatre cents ans, qu'il le serait de s'astreindre
aujourd'hui, pour le tracer, à employer les caractères du XVIe siècle. Il n'y
a aucune raison pour que la loi d'évolution orthographique qui a fait passer
le vieux nom commun *montaigne* à l'état de *montagne* ne régisse pas le
même mot comme nom propre, et comme elle régit d'ailleurs tous les mots
analogues contemporains, tels que *Bretaigne*, *Champaigne*, *Limaigne*, de-
venus *Bretagne*, *Champagne*, *Limagne*, sans *i*. Mais ce qui est le comble
de l'erreur, c'est de donner au nom en question cette prononciation : *Mon-
tai-gne*, qui n'est d'aucune époque, et où l'immortel Périgourdin eût certes
refusé de se reconnaître. En effet, dans le vieux français, la nasale mouillée
que nous représentons aujourd'hui simplement par les deux lettres *gn*
s'exprimait par le groupe *ign*, dans lequel l'*i* était muet et n'altérait en rien
le son ordinaire de la voyelle précédente, soit *a*, soit *o*. On écrivait alors
Bourgoigne, *Gascoigne*, mais on ne prononçait pas *Bourgoi-gne*, *Gascoigne* ; on n'orthographiait pas mais on prononçait ces noms comme aujour-
d'hui. Laisser par exception à certains mots leur orthographe archaïque
n'a pas seulement l'inconvénient de créer une disparate orthographique, il
a encore celui beaucoup plus fâcheux de substituer une prononciation factice et fautive à la prononciation traditionnelle et vraie. C'est ainsi que
poigne, *poignet*, *poignard* donnent lieu à la vicieuse prononciation *poi-gne*,
poi-gnet, *poi-gnard*, formée d'après l'écriture ; c'est ainsi que le nom de
M. Cavaignac se prononce à Paris *Cavai-gnac*, tandis que dans le Quercy,
pays d'origine, il est prononcé *Cava-gnac*, de même du reste que le nom de
lieu similaire dont il provient, et qui s'écrit *Cavagnac*, après s'être écrit
jadis *Cavaignac*.

le désaccord existe sur les articles fondamentaux de la morale ; les civilisés, les chrétiens, les nations modernes les plus policées et les plus éclairées sont divisés aussi sous ce rapport par des abîmes. En France, l'esclavage est pour nous tous une iniquité révoltante, horrible ; en Amérique, chez un grand peuple qui semble déjà être en avance sur tous les autres, j'ai vu cette « institution » prônée et honorée comme l'arche sainte de la société, et protégée par une loi draconienne punissant de mort ceux qui oseraient l'attaquer, et étendant la même peine au crime d'initier l'esclave à la lecture. Là j'ai vu le clergé (protestant) mettre la religion au service de cette loi sociale, qui pour toute l'Europe chrétienne est une abomination, et la proclamer d'origine divine, lui donnant pour base la Révélation. Dans ce pays chrétien et bigot on pouvait voir des troupeaux d'hommes et de femmes, dont quelques-uns, remarquons-le en passant, avaient le teint entièrement blanc et avaient à peine quelques gouttes de sang africain dans les veines, mis en vente au marché comme se vendent ici bœufs et vaches. Il était fréquent que le vendeur de ce bétail humain, pour rehausser le prix de sa marchandise, assurât tout haut les acheteurs que toute la bande était sa propre progéniture : *J am the father of them all*, hurlait-il. Et, je le répète, la morale du pays — de ce grand et puissant pays — tant religieuse que civile, ne trouvait aucun blâme pour de telles horreurs, dignes du Dahomey. Ajoutons que cette même morale esclavagiste ne se targuait pas seulement de civilisation et de christianisme, mais, qui plus est, de « démocratie ».

Et puisque nous sommes sur le chapitre de l'esclavage, admirez comme la morale change d'opinion brusquement et radicalement, non pas seulement d'une zone ou d'un continent à l'autre, mais d'une heure à la suivante dans le même pays, selon que les circonstances l'exigent. Très énergiquement prononcées contre l'institution chère aux États du Sud, tant que les intérêts de la politique et du commerce s'accordèrent avec cette orientation vertueuse, la France et l'Angleterre ont vu osciller tout à coup la boussole de leur morale et son aiguille faire demi-tour, juste au moment où l'existence de l'esclavage américain était mise en péril par la guerre de Sécession.

.˙.

82. C'est encore peu que les morales locales se donnent de mutuels démentis, et que chacune d'elles tourne plus ou moins au vent des circonstances ; il y a plus, chaque morale, c'est-à-dire celle de toute société donnée, se met dans le même temps en contradiction flagrante avec elle-même, ayant à la fois deux poids et deux mesures, et même davantage. D'abord il est d'observation universelle qu'elle transige toujours avec la force, et n'est intraitable que vis-à-vis du faible. Le vol, la trahison, l'assassinat sont bien réputés crimes quand il s'agit d'un coupable ordinaire, et ces crimes lui impriment au front une tache qui passera à ses descendants, mais ils ne seront déjà plus que de simples fautes si le criminel a pour soi la circonstance atténuante du pouvoir. Ce n'est pas tout, le forfait le plus épouvantable devient un haut fait, un exploit glorieux, si la vanité ou les rancunes nationales d'un peuple trouvent à cela leur compte.

On est fondé à dire, d'une manière générale, que la morale absout et ratifie, dans l'ordre politique, à peu près tout ce qu'elle condamne dans les rapports d'homme à homme. Il y a plus encore : dans la même société, le même Etat, il existe, on peut le dire sans exagération, toute une multitude de morales spéciales correspondant aux diverses castes, professions, catégories sociales, et coteries de tout genre. Les hommes d'Etat ont leur morale, qui consiste à n'en avoir aucune. Les marchands ont la leur, qui autorise la tromperie dans la pratique commerciale, où un tel vice devient vertu. N'autorise t-elle pas encore, sous certaines formes, la fraude, le vol et l'empoisonnement du public sur une vaste échelle ? Quel est le marchand que ses confrères jugent immoral pour falsifier des denrées alimentaires, pour vendre l'opium aux Chinois ou les poisons alcooliques à ses concitoyens ?

Les militaires possèdent, eux également, leur morale professionnelle. Elle leur permet, que dis-je, leur fait un devoir de tuer, d'incendier, de piller, de dévaster, sans qu'ils sachent au juste pourquoi, et encore non pas les seuls étrangers, mais les nationaux eux-mêmes, si les chefs l'ordonnent. Les gradés ne demandent que la guerre, c'est-à-dire le meurtre de prétendus ennemis contre lesquels ils n'ont ordinairement aucun grief, et contre lesquels ils ne nourrissent d'ailleurs aucune animosité (mais il faut bien faire le métier aux dépens de quelqu'un), et, qui pis est, souhaitent de voir tomber des chefs et des camarades, à l'égard desquels ils n'ont peut-être que de la sympathie (cruelles rigueurs des lois de l'avancement). Appartiennent-ils à l'armée d'un pays pacifique, ils s'en vont prendre du service à l'étranger dans une armée en campagne, et là tuent et font tuer à cœur joie, sans remords comme sans haine, par pur amour de l'art, et sans que cette fois l'intérêt de la patrie couvre d'une ombre d'excuse cette pratique froide et réfléchie de l'homicide. Certes, ces gens ne se croient pas des assassins, et dans le commerce de la vie civile ils se montrent souvent des modèles de loyauté et d'humanité. Et pourtant c'est avec une façon de transport esthétique qu'ils ravagent les campagnes, brûlent les villages, égorgent les hommes, plongent dans la désolation, la détresse et le désespoir femmes, vieillards, enfants ; après quoi, les mains teintes du sang du laboureur et du père de famille, ils se disent avec orgueil qu'ils exercent la plus noble des professions. Écoutons Proudhon sur ce sujet :

« L'armée est aussi une église, église terrible, affranchie de tout droit et de tout devoir humain, dont le dogme, la religion, l'économie, le gouvernement, la morale, se résument dans ce mot, qui est sa raison d'État, la *consigne*. Le soldat ne connaît ni famille, ni amis, ni citoyens, ni justice, ni patrie : son pays est son drapeau ; sa conscience, l'ordre de son chef. » (*De la Justice dans la Révolution et dans l'Église*, t. 1ᵉʳ, p. 444.)

Chacun le sait, la morale de l'artiste est l'antipode de celle du « bourgeois ». Et vraiment elle est singulière, cette morale-là. Les médecins s'en font aussi une qui à certains égards leur est propre. Et les avocats ? et les journalistes ? Ah ! je m'arrête...

*
* *

83. Les lois de la morale positive nous offrent ainsi un chaos de contradictions et d'arbitraire en présence duquel il n'est plus permis de s'étonner que les esprits portés au scepticisme en arrivent à conclure que, la morale, *ça n'existe pas*, et que — pardon pour cette expression populaire — « elle n'est qu'une immense *blague* ». Et ils ne voient plus sous ce mot imposant qu'un croquemitaine à l'usage des grands enfants exploité par

les habiles de tous temps et de tous lieux pour se rendre les maîtres des imbéciles.

Cette ruine de la foi en la morale, venant s'ajouter à la ruine de la foi religieuse, nous prépare un tas d'autres ruines dont la perspective a lieu d'épouvanter quand on se croit appelé à passer encore un certain nombre d'années en ce bas monde, ou simplement quand on a la faiblesse philosophique de s'intéresser au sort des générations à venir [1]. Mais quel est donc le levier qui ébranle ainsi pierre à pierre les antiques fondations de la Société ? C'est surtout le progrès des sciences et de la réflexion publique, c'est la critique philosophique et historique, c'est une certaine diffusion de lumières dans toutes les classes : autant de mines et de sapes, autant d'agents de destruction pour l'éternelle et universelle Morale, maintenant sur le point de crouler de fond en comble.

L'affaire n'est pas de mince importance. Si la science et la philosophie ne veulent pas laisser un nom maudit, qu'elles ne limitent plus leur tâche à démolir les antiques croyances, que sans autre retard elles mettent tout leur zèle, tous leurs soins à élever des colonnes d'un indestructible granit à la place des étais vermoulus qui soutiennent l'édifice social tout entier. En d'autres termes, pendant que la critique, le roman, le théâtre, les différents arts et les grands progrès récents de la science se donnent libre carrière pour démontrer — œuvre facile — que l'arbitraire et l'empirisme sont le fond de toutes les morales qui ont régi les hommes jusqu'à ce jour, et pour anéantir le prestige, l'autorité et l'efficace de ces règles d'ordre social longtemps aveuglément acceptées, les phi-

---

[1]. Ceci s'écrivait il y a trente-cinq ans ; les événements n'ont malheureusement pas donné tort à ces prévisions pessimistes.

losophes dignes de ce nom doivent réunir de leur côté tous leurs efforts pour nous donner le souverain désidératum, la Morale Scientifique.

Si nous suivons dans leur pénible histoire la marche des connaissances humaines se constituant petit à petit, morceau par morceau, pas à pas, nous puiserons dans cette étude de puissants motifs d'espérance, nous y découvrirons que les sciences les plus inébranlablement construites ne furent à leur début qu'un amas d'hypothèses incohérentes et d'enseignements contradictoires. N'est-il pas dès lors permis de penser que la science de la morale, jusqu'à présent dans un état d'empirisme barbare, d'arbitraire dogmatisme et d'instabilité, en est encore à la première phase d'une évolution qui doit l'amener finalement à l'état de science parfaite, ce qui veut dire pleinement constituée sur la double base de l'expérience et du raisonnement, en d'autres termes à l'état de science pleinement adéquate à son objet et à son but ?

Ainsi c'est forcer la logique des choses que de conclure à la négation d'une morale vraie, une et absolue, d'une morale naturelle, dans la haute acception du mot, de ce que, envisagée dans les constitutions positives, c'est-à-dire factices, dans lesquelles elle s'est exclusivement produite jusqu'à ce jour, la morale ne nous offre qu'un abîme d'inconséquences et d'aberrations.

*
* *

84. Nous avons dit, et l'on ne saurait rejeter cette définition, que la morale positive est le code des mœurs qu'une société impose à ses membres comme condition première de sa durée. Que serait dès lors la morale vraie, si ce n'est celle qui serait appropriée à une société vraie ? La question de la morale vraie se trouve donc ramenée

à la question de la société vraie ou parfaite. Mais cette société théorique est-elle une supposition que la science puisse admettre ? Est-elle du domaine légitime de l'expérience et de la raison, du domaine de la spéculation scientifique ? A-t-elle donc dans la nature des choses ses lois naturelles, qu'il ne s'agirait plus que de découvrir et de soumettre à l'application ? Ce sont là des points qui méritent certainement toute l'attention des philosophes, qui méritent d'être examinés à fond et tirés au clair.

Que l'imposante grandeur d'un semblable sujet ne nous détourne pas de le mesurer d'un coup d'œil.

*
* *

85. L'homme est un animal social, πολιτικόν ζῶον, comme Aristote le déclare. Or en nous poussant tous à nous réunir à nos semblables et à combiner nos besoins, nos intérêts et nos activités, la nature (pour employer la figure consacrée) a indubitablement un dessein — de la même manière qu'on peut dire qu'elle en a un en réunissant sous une même enveloppe protectrice les divers constituants essentiels de l'œuf ou du gland d'où sortira un poulet ou un chêne —, le dessein de nous procurer par là la normale et pleine satisfaction des besoins inhérents à notre organisation d'êtres humains.

Donc la société humaine a un but naturel logique, un but préétabli dans le système universel : placer l'homme dans des conditions d'existence en harmonie avec sa nature. Et par conséquent le caractère qui distingue essentiellement la société parfaite, la société idéale, c'est qu'elle soit constituée pour le bien de tous ses membres, et de manière à profiter à chacun dans la plus large mesure possible.

J'ai lieu de m'attendre à rencontrer ici une objection ; je vais essayer de la prévenir.

S'il existe en puissance, dira-t-on, un type naturel unique de société et de morale, c'est-à-dire conforme lui tout seul aux lois de la nature humaine, comment se fait-il que ce produit naturel ne soit pas apparu naturellement, c'est-à-dire spontanément, et en même temps que l'homme lui-même ? Si cette société et cette morale parfaites sont un attribut de l'humanité, comment se fait-il qu'elles restent encore plongées dans le sein nuageux de l'idéal, ou, pour mieux dire, qu'elles n'existent que dans l'imagination de quelques rêveurs, et qu'il ait été donné à tant de sociétés mauvaises et de fausses morales de régner à leur place dans le réel ?

Je trouve ma réponse dans un fait capital d'anthropologie que j'ai déjà eu l'occasion de signaler. L'homme, à la différence des autres espèces, n'arrive point d'emblée à être entièrement lui-même, c'est-à-dire un homme, et non point seulement un animal. Ce n'est pas la nature qui le fait tout entier ce qu'il doit être : elle le commence, c'est à lui de s'achever. Et il n'y parvient qu'en appliquant sa volonté et son intelligence à élaborer longuement, patiemment et péniblement des dons d'une richesse incomparable, mais qu'il ne trouve en lui qu'à l'état brut, à l'état de rudiment. J.-J. Rousseau a eu certes grandement tort en disant que l'homme sortit parfait des mains du créateur ; c'est précisément le contraire qui est la vérité.

La nature n'enfante que l'homme animal, c'est-à-dire l'embryon de l'être humain proprement dit, de l'être humain au point de vue moral et social. A cet embryon elle a abandonné tout le soin de se pousser lui-même à son développement complet en découvrant une à une les lois auxquelles elle l'a assujetti, et en réglant sur ces lois sa conduite et tous les actes volontaires de sa vie vis-à-vis de son milieu.

Ainsi s'explique comment la vraie société et la vraie morale ne furent point contemporaines de l'apparition de l'homme sur le Globe. Comme les sciences, comme les arts, comme le langage écrit et parlé, elles sont l'apanage de l'humanité, sans doute ; mais pour revêtir chacun de ces divers caractères qui lui sont propres, celle-ci devait être parvenue jusqu'à un certain degré de son évolution historique, et, pour atteindre cette hauteur, l'homme, je le répète, a dû s'y élever lui-même par l'emploi volontaire et raisonné des puissances psychiques et physiques attachées à son organisation.

Donc déterminer les lois naturelles de la société et de la morale, et, ces lois connues, en réaliser l'application, c'est le double problème posé à l'homme par la nature, la double tâche qu'elle lui a prescrite comme la condition et le prix de son bonheur.

Les pouvoirs et les devoirs de l'initiative humaine ainsi déterminés par la théorie, se présente la question pratique, la question des voies et moyens : *Quid agendum?* Où chercher et comment découvrir ces principes naturels, ces secrets principes de la science sociale et de la science morale ? Où est l'étoile polaire, où est la boussole, où est l'orientation qui nous sont nécessaires pour nous diriger dans une recherche si nouvelle ?

Certes, loin de moi la prétention insensée de soulever de mes faibles épaules le formidable fardeau de cette difficulté, mais ce qu'il me sera peut-être donné de faire, c'est de fournir pour la solution de l'immense problème quelques indications lumineuses que de plus habiles sauront utiliser.

86. Tout ce qu'on a dit et qu'on pourra dire contre la doctrine des causes finales [1] ne fera pas que la proportionnalité entre les organes et les fonctions, et l'unité d'action et de but entre les parties essentielles d'un même organisme, ne soient d'une manière générale une loi fondamentale de la nature vivante, et qu'un tel principe n'ouvre à l'induction biologique une carrière immense et relativement sûre. C'est cette indication théorique capitale qui a conduit Cuvier à la restauration de tout un monde d'espèces éteintes, et cela au moyen de quelques vestiges fossiles. Or n'avons-nous pas toute raison de croire que, si la notion des « harmonies organiques » a mis les naturalistes à même de reconstituer le plan d'une foule d'organismes fort complexes avec quelques-uns de leurs débris pour toute donnée, la psychologie et la sociologie pourront, avec non moins de chances de succès, appliquer le principe d'autres harmonies à la détermination de la loi des rapports moraux et des rapports économiques destinés à lier entre eux les membres de la société humaine?

La science nous autorise à affirmer que l'homme, puisqu'il est manifestement constitué pour vivre sous un certain régime social prédéterminé, c'est-à-dire adéquat à sa nature — comme l'oiseau encore dans l'œuf maternel est prédestiné à vivre d'une vie aérienne —, porte dans la structure de son esprit tous les ressorts, tous les éléments intellectuels et affectifs, au moyen desquels cet organisme social pourra se constituer, fonctionner et accomplir son cycle d'existence.

1. Voir sur ce sujet un chapitre intitulé *Origine et Finalité*, dans mon *Ontologie et psychologie physiologique*, 1 vol. in-12, Paris, 1871.

87. L'observation psychologique a depuis longtemps constaté que, au-dessus de ces mobiles de l'âme par lesquels nous sommes poussés, comme le reste des animaux, à pourvoir aux besoins de notre organisme individuel et à ceux de la conservation de l'espèce, il en est d'autres d'un caractère et d'une destination tout différents, des inclinations de l'âme dont le but n'est point, d'une manière directe et immédiate, le développement et la reproduction de l'animal humain, mais l'utilité d'un organisme supérieur, la *Société*, au sein duquel cet animal est appelé à vivre, et dont il est pour ainsi dire la cellule constituante. Tels sont les *sentiments sociaux*.

Cette dénomination désigne une classe psychologique incontestablement très *naturelle*, mais dont les limites et les divisions n'ont pu jusqu'à présent être déterminées avec une rigueur scientifique. On en est réduit encore à cet égard à des vues conjecturales et vagues, la classification des facultés mentales en général étant toujours arrêtée par des difficultés qu'on dirait insurmontables. Toutefois, quelle que soit en cela l'insuffisance de nos lumières, il est une démarcation manifeste qui partage le domaine psychologique. Pourrait-on ne pas voir une différence générique profonde entre le penchant par lequel hommes et bêtes sont poussés à se nourrir et à s'accoupler, et cet autre penchant qui nous incite à faire du bien à nos semblables, et dont la satisfaction est tout entière à réaliser et à contempler le bonheur d'autrui? Ce qu'on appelle la bonté, l'humanité, la charité, appartient donc sans contredit à une classe distincte de celle où se rangent l'appétit digestif et l'appétit sexuel. En même temps nous saisissons sans effort le lien générique qui rapproche dans un groupe commun la bonté et la vénération, toutes deux servantes de l'intérêt social, la première soufflant le zèle du bien public, la seconde pliant les volontés à la loi de hiérarchie.

Un examen superficiel suffit donc pour nous faire reconnaître deux facultés psychiques manifestement appropriées d'une manière spéciale à l'intérêt collectif et universel ; une investigation attentive nous amènerait à en découvrir plusieurs autres de même ordre. Nous nous arrêterons sur une seule ; elle domine cet ordre tout entier et lui sert de type. Elle est la faculté morale, c'est-à-dire sociale, par excellence, car elle est en quelque sorte le sceau du pacte naturel tacitement formé entre chaque homme et tous les hommes — et tout ce qui vit dans l'univers, pourrait-on ajouter peut-être. Les philosophes l'ont diversement nommée *amour du devoir, sentiment du juste, conscience morale, sens moral.*

Cette haute puissance de l'âme est comme le centre et le point culminant du domaine de la morale ; aussi, posséder la vraie *théorie du Devoir*, c'est avoir rencontré le carrefour central d'où rayonnent et où convergent toutes les grandes avenues de la science éthique.

X

LA THÉORIE DU DEVOIR

88. Pour étudier le Devoir, comme pour étudier le Beau, comme pour étudier la Chaleur ou la Lumière, il faut partir d'un phénomène réel, d'un fait d'observation, d'une donnée primitive et certaine, et cette donnée fondamentale et d'une certitude absolue, c'est un mode subjectif déterminé. Là, cet axiome subjectif s'appelait la sensation de chaleur, la sensation de lumière, le sentiment du beau ; ici, c'est le *sentiment du Devoir*.

Nota. — Hâtons-nous de faire remarquer que le *sentiment* du devoir n'implique pas pour nous la *notion* du devoir ; autrement dit ce que nous entendons par ce mot, ce n'est pas un acte intellectuel, un jugement par lequel nous discernons ce qui est vraiment devoir de ce qui ne l'est pas, mais un état de passion, d'impulsion, qui consiste dans le besoin d'acquitter notre dette éventuelle, quelle qu'elle puisse être, mais sans nous en donner nécessairement la juste connaissance, et en pouvant même nous laisser à cet égard dans l'ignorance ou l'erreur la plus complète.

Cette vérité réelle et primordiale (le fait subjectif d'éprouver le besoin de remplir le devoir ou de bien agir) est convertie par la raison en une *vérité logique* appelée *effet*.

Ce phénomène de conscience étant donné, et la raison le concevant comme un effet, elle en déduit trois autres faits comme triple générateur ou triple cause de ce fait primordial. Ces trois facteurs sont : 1° une *faculté* spécifique du moi, puissance subjective ; 2° des *conditions*, des *circonstances objectives* spécialement appropriées à la stimulation, à la mise en jeu et à l'alimentation de cette faculté ; 3° un *mécanisme de rapport* ou *organisme* par l'intermédiaire duquel l'action du dehors s'exerce sur la force intérieure pour faire éclater le phénomène intime de conscience que nous avons nommé Sentiment du Devoir.

Cela posé, la théorie du Devoir, comme la théorie du Son, de la Lumière, de la Chaleur, ou encore comme la théorie du Beau, se décomposera méthodiquement en trois sections : la *Psychologie du Devoir*, ou théorie du devoir subjectif ; la *Physiologie du Devoir*, ou théorie des actions organiques interposées et servant d'intermédiaires entre le sens du devoir et ses excitateurs spécifiques du dehors ; et la *Physique du Devoir*, ou théorie du devoir objectif.

Avant d'aller plus loin je crois à propos de faire l'application de ces distinctions à un cas particulier d'un ordre parallèle afin de convaincre tout d'abord le lecteur que de telles distinctions ne sont pas une fantaisie, mais qu'elles sont fondées sur la nature des choses et ont à la fois leur raison logique et leur utilité pratique. Nous prendrons notre exemple dans la médecine.

Une même lésion de la fonction visuelle peut être due indifféremment, ceci est incontestable, à la lésion propre, « idiopathique », de l'un quelconque des trois facteurs essentiels de la fonction [1].

---

1. Consulter les chapitres sur *la théorie de la Fonction* et des *Equivalences pathogéniques*, dans mes *Essais de physiologie philosophique*, 1 vol. in-8°, Paris, 1866, et dans mon *Electro-dynamisme vital*, 1 vol. in-8°, Paris, 1855.

On peut être privé de voir ou voir mal,

Premièrement, par l'effet d'une altération propre du *sens* visuel. Il existe en effet d'abondants exemples démontrant que, sous l'influence d'une impression purement psychique, telle qu'une idée préconçue, une *suggestion*, dont l'imagination est fortement frappée, la faculté de voir peut être momentanément suspendue, et sans autre cause [1];

Deuxièmement, par une altération de l'*organe* visuel;

Troisièmement, par une altération de l'*agent* visuel, c'est-à-dire par l'insuffisance ou par l'excès d'intensité de la lumière éclairante, ou encore par une qualité défectueuse de cet agent ou de son milieu de propagation.

Il me paraît inutile d'insister pour faire comprendre que la notion de cette division ternaire du générateur fonctionnel et de l'équivalence pathogénique de ses trois facteurs, est d'une importance de premier ordre pour le médecin, et qu'elle constitue pour le diagnostic un gouvernail sans lequel il ne peut aller qu'en dérive.

∗ ∗

89. On qualifie de *moral* ce qui est en conformité avec le Devoir, et cette qualité porte le nom de *moralité*. Et, cela dit, ne comprend-on pas que, pour juger de la valeur morale d'un acte, pour en apprécier sainement la moralité, le moraliste, de même que le médecin, doit se placer au triple point de vue de la règle diagnostique qui vient d'être posée ? Ma conduite ne peut-elle pas être à la fois subjectivement morale et objectivement immorale, ou *vice versa*, c'est-à-dire morale ou immorale par l'intention, et en même temps immorale ou morale par l'ac-

1. Ceci s'écrivait environ quinze ans avant que Charcot eût réhabilité l'hypnotisme.

tion ? Et, pour évaluer le mérite ou le démérite de nos actes, n'est-il pas indispensable de les considérer sous ces deux aspects opposés, celui de la subjectivité et celui de l'objectivité ?

Si l'on doit s'en rapporter à l'histoire, le fratricide de Timoléon, l'assassinat commis sur César par Brutus, les auto-da-fé d'un fanatique sincère et animé d'une charité sans bornes, tel que fut saint Dominique, peuvent être classés parmi les actes d'une vraie et haute moralité subjective, tandis qu'au point de vue objectif ils sont ou d'une moralité douteuse ou d'une épouvantable immoralité. On ne saurait contester que si brûler un homme pour sauver son âme des flammes éternelles, et immoler également un autre homme, mais en vue de le dépouiller ou de s'en venger, sont deux crimes atroces, ils ne le sont pas du moins tous deux au même titre, et qu'il y a lieu d'établir entre eux une distinction profonde que la casuistique éthique ou juridique ne saurait méconnaître sans errer grièvement. Cette distinction a été saisie d'instinct par M. Henri Martin. « Le nom de Dominique, dit-il (*Histoire de France*, t. 4°, p. 199), n'évoque dans la mémoire populaire que des images de sang et de tortures. Un immense anathème pèse sur la tête de ce moine, qui passe pour le génie de l'inquisition incarné. Dominique, pourtant, était né avec une âme tendre, avec l'amour de Dieu et des hommes... Le présent peut aider à comprendre le passé ; la Révolution française a offert plus d'un exemple de ces contrastes terribles entre les caractères et les actes. On connaît les mœurs douces et les vertus privées de beaucoup de ces inflexibles champions de la Terreur qui immolèrent tant de victimes à l'unité politique, comme Dominique à l'unité religieuse. »

Ces tristes instruments de la loi pénale qui louent leurs services à la société pour la débarrasser de ses réfractaires par la hache, la corde, ou par le cachot, ont choisi un rôle auquel l'intérêt social peut attacher une sorte de moralité objective, tandis qu'il est d'une hideuse immoralité à le considérer subjectivement, c'est-à-dire dans la conscience de l'individu, auquel l'appât du salaire a dicté seul le choix de sa profession.

∴

90. La science de la morale se dédouble en deux plans distincts : la Spéculation et l'Application [1]. Et chacune de ses trois grandes sections causatives comporte ce dédoublement.

Dans l'ordre spéculatif, la morale subjective se propose la connaissance des facultés morales, et principalement de celle d'entre elles que nous nommons l'amour du bien, l'amour du devoir, la consciencosité, le sens moral. Elle se donne pour but la connaissance de ces pouvoirs de l'âme considérés dans leurs caractères respectifs et dans les rapports qu'ils soutiennent, dans le mécanisme psychique, non pas seulement vis-à-vis les uns des autres, mais encore avec toutes les diverses autres facultés, tant intellectuelles et sensorielles qu'émotives ou passionnelles.

Ce département de la science est compris dans le domaine de la psychologie pure.

Dans l'ordre de l'application, la morale subjective a pour objet la culture de la conscience morale ; sa tâche est de développer en nous principalement l'amour du vrai, du juste, du devoir, et, d'une manière générale,

1. Voir mes *Aperçus de Taxinomie générale*, 1 vol, in-8°, Paris, 1899, § 148.

d'amener à leur développement relatif normal ces penchants d'ordre supérieur que Charles Fourier a désignés sous le nom générique d'*unitéisme*, et Auguste Comte sous celui d'*altruisme*. Sa fonction, en d'autres termes, est d'élever notre caractère, de faire prédominer en nous l'humanité sur la pure animalité. Ses moyens d'action s'adressent directement à la raison et au sentiment; elle vise à nous convaincre et à nous toucher. Cette sphère d'action est celle du moraliste proprement dit.

91. La morale physiologique a été inaugurée par l'ouvrage si connu du célèbre Cabanis; Gall et son école sont venus depuis lui donner une impulsion extraordinaire, dont les effets malheureusement ont été peu durables. De nos jours la morale physiologique est cultivée, sous le double aspect de la spéculation et de l'application, par les médecins aliénistes. Les plus doctes et les plus zélés d'entre eux ont institué à Paris, sous le nom de Société Médico-psychologique, une académie consacrée à élaborer les problèmes de cette branche nouvelle de la science. Cette intéressante association a convié la philosophie à venir partager ses travaux, et la noble invitée n'a pas manqué de députer plusieurs de ses plus éminents représentants à ce banquet spirituel, où médecins, physiologistes et psychologues se trouvent fraternellement réunis pour l'honneur et le bien commun de la science [1].

Dans mon *Electro-dynamisme vital*, un in-8° publié à Paris en 1855, et dans mon *Cours théorique et pratique*

---

1. Ces lignes s'écrivaient à une époque, déjà lointaine, où la Société médico-psychologique comptait, parmi ses membres les plus assidus et les plus actifs, Buchez, Garnier, Paul Janet, Alfred Maury, Cerise, Louis Peisse.

de Braidisme ou hypnotisme nerveux, in-8° paru en 1860, j'ai signalé dans la suggestion hypnotique un agent de moralisation et de perfectionnement mental non moins puissant qu'inattendu ; mais les préjugés d'une science routinière et sans largeur d'esprit ont étouffé ma voix [1].

Dans les deux ouvrages susindiqués, et dans plusieurs autres écrits qui les ont suivis, j'ai avancé les propositions ci-après :

1° Toutes les facultés mentales sont reliées individuellement à la périphérie ou aux viscères par des couples de conducteurs nerveux (*afférent* et *efférent*) à elles propres, qui les placent sous l'influence d'agents physiques, extra ou intra-organiques, constituant respectivement pour chacune d'elles de véritables excitateurs spéciaux ;

2° Par un emploi approprié de ces agents physiques des facultés mentales on peut modifier l'état actuel de ces facultés et, de plus, accroître ou diminuer leur puissance d'action, leur énergie ;

3° A la faveur d'un certain état d'innervation du cerveau, état qui s'offre spontanément chez un petit nombre relatif de personnes, mais qu'on peut produire artificiellement chez la plupart, toutes les modifications de l'être psychique, celles des sens, celles de l'intelligence et celles des facultés affectives, de même aussi que celles de la vie organique, peuvent être déterminées instantanément par la pure affirmation de l'effet biologique que l'on se propose de faire apparaître.

---

1. Depuis que j'exhalais cette plainte amère, les temps et les mœurs sont bien changés : ce qui était conspué universellement tant que je fus seul à le prôner, est aujourd'hui acclamé par la science officielle, qui oublie de me savoir gré de mon initiative, et presque de la reconnaître, sans doute pour confirmer une fois de plus le *sic vos non vobis* de Virgile.

Ces propositions, qui au premier abord peuvent sembler un défi au bon sens, mais que l'expérimentation établit d'une manière absolue, renferment des conséquences pratiques d'une portée incomparable, notamment celle-ci, à savoir que le médecin de l'âme ne doit pas se borner, pour agir sur elle, à la seule persuasion, qu'il doit y joindre l'emploi de moyens physiques et des artifices psycho-physiologiques dont j'ai depuis longtemps signalé le miraculeux pouvoir; et enfin que la médecine de l'âme et celle du corps sont inséparables l'une de l'autre dans la pratique, et que par conséquent c'est le même praticien qui doit les exercer toutes deux cumulativement.

..... *mentem sanari corpus ut œgrum,*
Cernimus, et flecti medicina posse videmus.

L'introduction générale de la machine à coudre dans les ateliers de couture a révélé que l'emploi de cet instrument affecte fâcheusement la santé morale des ouvrières ; par le mouvement continu de va-et-vient crural qu'il nécessite, il peut développer chez la femme une surexcitation vénérienne amenant parfois un vrai désordre mental qui peut se traduire par le désordre dans la conduite. Que peut le moraliste de la chaire ou du confessionnal pour porter remède à cette morbidité morale ? Je ne vais pas jusqu'à dire que ses représentations et ses exhortations se montreront sans efficacité aucune, mais cette thérapeutique, qui ne s'adresse qu'à la raison et au sentiment, ne pourra être tout au plus que palliative, elle ne saurait être curative, puisque le siège du mal n'est pas dans l'âme elle-même, mais dans les organes externes de la génération, et que la cause morbide permanente n'est nullement de nature morale, mais est purement physique. Là où aura échoué toute l'éloquence du prédicateur et du directeur de conscience, le médecin réussira sans peine. Celui-ci reconnaîtra que l'état d'excitation mentale est le contre-coup, l'écho d'une excitation physiologique primitive, produite elle-même par un travail insalubre, et il prescrira l'abandon de ce travail. La cause écartée, l'effet disparaîtra à son tour.

Quand donc consentira-t-on enfin à ouvrir les yeux sur l'importance de cette grande loi que je signale en vain depuis tant d'années, la loi de l'Équivalence pathogénique, qui fait que la même altération d'une fonction, que cette fonction soit animale ou végétative, peut avoir indifféremment son « siège » dans l'un quelconque des trois facteurs complémentaires de celle-ci, qui sont le centre psychique, l'organe et l'agent externe ? Quand comprendra-t-on enfin que le diagnostic, soit en pathologie psychique, soit en pathologie somatique, est aveugle et exposé aux méprises les plus graves tant que cette loi ne l'éclaire pas de son admirable lumière ? On attendra pour cela qu'un membre de l'Institut, professeur au Collège de France ou à la Faculté, s'avise de faire sienne mon idée ; et alors la vérité, qui, présentée par moi, est dédaignée, méprisée, fera aussitôt l'admiration et l'enthousiasme de la foule des courtisans et des moutons de Panurge [1].

*
* *

92. La morale objective est le côté de l'éthique qui a excité le plus la curiosité et la pénétration de l'esprit philosophique. Elle est le thème sur lequel se sont exercés de préférence les génies métaphysiques les plus subtils. Il s'agit pour elle, au point de vue spéculatif, de détermi-

---

1. Cette prophétie s'est réalisée pour ce qui concerne l'hypnotisme ; le reste viendra plus tard.

ner les conditions objectives du Bien moral ; nous avons assez insisté sur le sens précis à donner ici à cette expression. C'est en obéissant à la même méthode que le physicien, ainsi qu'il a été longuement exposé plus haut, se donne la tâche de déterminer les propriétés de la lumière, du son, de la chaleur, *en soi*, c'est-à-dire abstraction faite de toutes les qualités des sensations spéciales que ces agents ont la propriété de déterminer en nous. Qu'est-ce qui est bien, qu'est-ce qui est juste, qu'est-ce qui est dû, qu'est-ce qui est obligatoire *en soi* ? Serait-ce donc tout ce qui nous semble tel, tout ce qui s'affirme tel à notre conscience bien ou mal éclairée? Assurément non. Nous pouvons dire en effet du sens éthique ce que le poëte philosophe a dit du sens esthétique (se rappeler que pour nous, comme pour Kant, le mot *esthétique* est pris dans son acception étymologique, qui vise le sentir en général, et non pas seulement le sentiment du beau):

> Et la philosophie
> Dit vrai quand elle dit que les sens tromperont
> Tant que sur leur rapport les hommes jugeront.

*
* *

93. Ainsi que je l'ai fait remarquer ailleurs et à maintes reprises, le témoignage de la conscience ne peut se passer du contrôle de la critique rationnelle et de l'analyse objective quand il s'agit de pénétrer l'essence des agents excitateurs de nos sensations ou de nos sentiments, car la conscience ne connaît ces agents que par les modifications qu'ils suscitent en elle, et nous avons appris que des agents très dissemblables peuvent s'attester à elle par des impressions identiques. Nous savons en outre que parmi ces agents distincts capables d'émouvoir en nous la même faculté, il en est dont l'action est normale,

et qu'il en est d'autres dont l'action est anomale, illégitime, trompeuse, mauvaise. Il importe dès lors, nous le répétons, de posséder un critérium ayant pouvoir de nous faire discerner les impressions véridiques d'avec les impressions mensongères ; de nous faire distinguer, par exemple, parmi les impressions de chaleur semblables, celles qui se rapportent à la vraie chaleur de celles qui seraient l'effet de l'urtication, de la sinapisation ou d'un état fébrile ; il importe d'apprendre à distinguer la cassure illusoire du bâton qui plonge à demi dans l'eau d'avec une cassure réelle.

Quand l'eau courbe un bâton, ma raison le redresse.

Il nous importe de trouver une norme absolue, que je dirai *mathématique,* nous donnant le pouvoir de nous assurer avec certitude si ce que nous *sentons* chaleur *est* réellement chaleur ou ne l'est point ; si ce que nous *sentons* beau *est* réellement beau ou ne l'est point ; et enfin si ce que nous *sentons* juste, obligatoire, moral, *est* moral, obligatoire, juste, en vérité ou seulement en apparence, et suivant une trompeuse apparence.

*
* *

94. La morale objective *appliquée* a pour tâche de déterminer les lois de la société normale, et de plier à ces lois les institutions particulières ; elle a pour tâche de modifier le système ou plutôt les systèmes actuels des rapports sociaux, de façon à les faire concorder avec la morale vraie, c'est-à-dire avec la vraie justice, avec le vrai droit, avec le vrai devoir, avec le vrai bien.

Ce nouveau monde de la pensée éthologique et sociologique a eu pour explorateurs et premiers pionniers les nobles rêveurs à la recherche d'une société idéale, les « utopistes », dont Pythagore et Platon ne sont sans doute pas les premiers en date, et dont la filiation remonte en tous cas par delà l'auteur de la célèbre *République*, et s'est continuée à travers les commencements de l'ère chrétienne, le moyen âge et l'époque moderne, venant aboutir de nos jours aux Écoles socialistes. Rendre possible à chacun la satisfaction de ses besoins matériels, intellectuels et moraux et le plein développement normal de ses facultés natives ; rallier tous les intérêts privés à l'intérêt collectif en les rendant de plus en plus solidaires entre eux, et à l'antagonisme universel substituer l'accord universel ; tel est le sens général dans lequel tendent aujourd'hui les recherches des réformateurs sociaux, hardis éclaireurs de la Morale Objective Appliquée. Et, à cet égard tout au moins, j'estime qu'ils sont dans les voies de la vraie science, et dignes, quels que puissent être les imperfections de leurs doctrines et leurs écarts d'imagination, de l'attention grave des philosophes et du respect reconnaissant de tous [1].

Toutes les sociétés passées ou présentes eurent ou ont pour devise : *Chacun pour soi*. La devise de la société à venir, de cette forme sociale, œuvre du temps, de la science et de l'expérience — qui sera en quelque sorte à la phase historique antérieure comme la vie extra-utérine est à la vie utérine chez les individus — devra être : Tous pour chacun et chacun pour tous.

.˙.

95. L'étude de la morale sous ses diverses faces a été jusqu'ici, de même que celle de l'esthétique (au sens res-

[1]. Ces lignes datent d'une époque où existait encore en France un socialisme studieux, instruit, sincèrement et passionnément voué à l'œuvre d'une transformation scientifique de la société. Tout cela a été remplacé depuis par le socialisme bien différent des politiciens entre les mains desquels il n'est plus qu'une machine de guerre pour s'emparer du pouvoir.

treint), poursuivie à tâtons, au hasard, sans aucun plan d'ensemble, sans aucune donnée générale de méthode. Je viens de m'essayer à leur ébaucher à toutes deux un programme raisonné, et mon effort servira peut-être à les tirer de l'ornière de l'empirisme.

XI

LE BEAU ET LE BIEN

96. Un professeur de province, dans une conférence que l'intelligente direction de la *Revue des cours littéraires* a jugée digne d'une reproduction partielle, a développé cette thèse ressassée que le Beau et le Bien n'ont rien de commun entre eux. Voici quelques passages de cette dissertation :

« Où trouver, Messieurs, dans cette sphère immense, la moindre apparence de moralité ? Qui donc nous parlera de vertu dans ce monde où tout nous parle de beauté ? Et, Messieurs, montez encore quelques degrés, interrogez les animaux qui peuplent la terre, les airs et les eaux, le lion, qui symbolise la force majestueuse, le cheval, qui frémit et bondit, et que le génie d'un Buffon nous a fait revivre dans une saisissante image ; cherchez dans ces créatures sans liberté, soumises aux lois fatales de l'instinct, quelques traces de l'idée du bien, vous ne les découvrirez pas, alors que vous y découvrirez l'expression radieuse de l'idée du beau. Muets sur le devoir, muets sur la vertu, ils ne parlent que le langage de la beauté, et le font entendre à votre âme émue. Bien plus, l'homme, qui réunit toutes les beautés des êtres inférieurs, et y ajoute encore par surcroît, ne réalise pas toujours l'union du bien et du beau... Le tronc de l'Hercule de Farnèse n'a rien à démêler avec la distinction du bien et du mal, et la laideur de Socrate ne ternit pas sa vertu. Il arrive même quelquefois que l'idée du bien, si elle se présente à notre esprit, fait disparaître le sentiment du beau et le remplace par de plus sévères émotions. Quoi de plus beau que la mer en fureur, quand elle met un navire en pièces, que l'incendie qui, dans une nuit obscure, fait jaillir ses flammes au-dessus des toits embrasés, que la bataille, etc., etc. L'âme est ravie par ces spectacles sublimes ; mais qu'une pensée morale vienne à la traverser, et ces beautés sinistres s'effacent, l'admiration fait place à l'horreur. Malheur à l'âme sensible qui peut alors savourer le plaisir du beau ! Il faut être artiste comme Néron pour chanter à la vue des flammes qui embrasent toute une ville... Vous le voyez, il y a dans la nature comme un immense domaine, empire exclusif de la beauté, où ne pénètre pas le bien. Nous avons donc raison d'affirmer que ces deux grands principes sont en essence très distincts. » (*Rev. des cours litt.*, année 1866, p. 632.)

Si j'ai donné place ici à toute cette phraséologie de rhétoricien, c'est qu'elle est un parfait échantillon de la pauvreté et de l'incohérence d'idées que la philosophie oratoire apporte dans la question du bien et du beau, comme en tout autre sujet du reste, une vraie misère dont je la soupçonne véhémentement d'avoir le sentiment secret, car on semble s'efforcer de la dissimuler aux profanes par les artifices du style au lieu de l'exposer sincèrement en conviant chacun à y porter remède.

« Qui donc vous parlera de vertu dans ce monde où tout vous parle de la beauté ? » s'écrie le conférencier après avoir tracé son tableau des beautés de la nature. Certes il n'est pas indispensable que le beau nous suggère des sentiments vertueux pour attester qu'il est le frère jumeau du bien et qu'ils sont unis comme Oreste et Pylade. Le beau, c'est la propriété par laquelle les objets font sur notre âme une impression agréable qui nous incite à agir d'une certaine façon à l'égard de ces objets ou de leurs analogues. Or je prétends que cet aiguillon qui pousse et dirige de la sorte notre activité est en soi un bien, c'est-à-dire que le résultat naturel de ces excitations est conforme à notre intérêt, tend à notre bonheur. L'impression de beauté que la vue des bois et des prairies, des montagnes et des ruisseaux produit sur l'habitant des villes, ne le sollicite-t-elle pas à quitter le séjour malsain des cités pour aller se repaître d'air pur, de lumière et de mouvement, et réparer ses forces plus ou moins atteintes ? N'est-ce pas vers les sources de la santé que la voie mystérieuse de l'attrait l'appelle à son insu ? Et n'est-ce pas là un bien ?

« Le lion... le cheval... cherchez dans ces créatures sans liberté, soumises aux lois fatales de l'instinct, quelque trace de l'idée du bien ; vous ne la découvrirez pas, alors que vous y découvrirez l'impression radieuse de l'idée du beau. Muets sur le devoir, muets sur la vertu, ils ne parlent que le langage de la beauté, et le font entendre à votre âme émue. » Dieu, que d'erreurs sous ces belles phrases !

On serait presque tenté de croire que l'auteur s'est arrêté à une pensée des plus étranges, celle de nous prouver l'indépendance réciproque du bien et du beau en nous faisant voir que ces belles bêtes, qui sont, à son dire, *sans liberté et soumises aux lois fatales de l'instinct*, sont douées de beauté et en même temps dénuées de vertu ! A ce compte, n'eût-il pas été préférable de prendre un exemple plus proche et plus saisissant, celui des belles femmes, qui, on ne le sait que trop, ne sont pas toutes vertueuses et bonnes ?

Mais, tout en admettant que notre philosophe ait entendu exprimer une idée moins déraisonnable, il a évidemment le tort de ne voir le bien que dans la vertu. Une chose peut être bonne et très bonne sans être vertueuse ; et il existe toute une gamme de bontés, depuis la bonté du pain et du vin, jusqu'à ce qu'on nomme la bonté divine. Et, si le cheval est un *bel* animal, il n'en est pas moins un *bon* animal, à prendre ce dernier adjectif au sens qui convient dans l'espèce. Et quant au lion, la question est un peu plus complexe, mais se laisse pourtant débrouiller.

Posons d'abord ce point principal : Pour que le bien accompagne le beau, il faut que l'impression esthétique que ce dernier nous donne nous soit directement bonne, c'est-à-dire utile, par elle-même, ou qu'elle nous imprime une tendance vers ce qui nous est réellement bon.

Disons, en second lieu, que la beauté qui nous fait nommer une chose *belle* peut ne pas s'étendre par cela même à cette chose prise dans son entier, mais se rapporter seulement, soit à une partie, soit à une qualité particulière de cette chose, abstraction faite de tout le reste, comme il a été déjà expliqué ailleurs (57).

Et maintenant qu'est-ce, *au vrai*, ce que nous trouvons beau dans le lion ? Est-ce sa nature de bête féroce ? Non, c'est, au physique, sa force, sa souplesse, son agilité, sa crinière imposante ; au moral, son courage, et aussi la générosité qu'à tort ou à raison la légende prête à ce roi du désert. C'est pareillement que l'admiration qu'un homme sensé peut éprouver pour un Alexandre, un César, un Tamerlan, met à part leurs cruautés et leurs vices pour ne voir, dans ces grands homicides, que le grandiose de leurs entreprises, et la puissance extraordinaire qu'ils ont trouvée en eux pour les accomplir.

« Le torse de l'Hercule de Farnèse », nous dit encore notre conférencier, « n'a rien à démêler avec la distinction du bien et du mal, et la laideur de Socrate ne ternit point sa vertu. » C'est encore là sortir de la question et divaguer en plein. Notre professeur semble en effet supposer que ceux qu'il contredit sont assez absurdes pour voir dans un morceau de sculpture un critérium servant à distinguer le bien du mal au point de vue moral. Le torse de l'Hercule de Farnèse est beau, et je soutiens que l'impression de beauté qu'il nous communique nous est bonne, nous est utile, puisqu'elle nous incite à nous former des corps sur ce modèle parfait de puissance physique, qu'une discipline gymnastique appropriée permet à chacun d'approcher plus ou moins, sinon d'atteindre entièrement, comme les Grecs anciens furent les premiers à nous l'apprendre par leur exemple.

« La laideur de Socrate ne ternit pas sa vertu » ; sans doute, et cela revient à dire que la beauté de l'âme et la beauté du visage ne sont pas nécessairement inséparables. Mais en quoi cela prouve-t-il que tout beau n'ait point son bon corrélatif ? En effet, qu'est-ce que nous admirons dans Socrate ? Sa vertu. Voilà donc ce qui est beau dans Socrate ; et alors pour que l'exemple choisi par notre professeur pût appuyer sa thèse il faudrait que la vertu de Socrate fût une chose belle sans être une chose bonne, ce qu'il ne prétend assurément pas.

Reste un genre de beauté invoqué par l'orateur en faveur de son opinion. « Quoi de plus beau », s'écrie-t-il, « que la mer en fureur, *quand elle met un navire en pièces*, que *l'incendie*, qui dans une nuit obscure *fait jaillir ses flammes au-dessus des toits embrasés*, que les *batailles* » etc... « l'âme ravie par ces spectacles sublimes ...»

Oui, ces choses-là sont belles, je l'accorde, mais d'une beauté étroitement relative, qui, pour être sentie, demande l'âme d'un Néron.

*
* *

97. A la doctrine de l'union du beau et du bien on a encore coutume d'opposer le fétichisme des nations, anciennes et modernes, pour tous les célèbres tueurs d'hommes et dévastateurs de la terre, pour ceux-là même qui furent leur fléau. L'objection n'est que spécieuse.

Nos ancêtres ont passé par une longue phase de sauvagerie sanguinaire où les instincts du fauve ont pris une prépondérance énorme sur les sentiments humains, et se sont pour ainsi dire hypertrophiés. Et nous avons hérité par atavisme de cette difformité mentale, que la civilisation a bien recouverte de son vernis, mais sans la faire disparaître. De là notre amour invétéré pour la force brutale et pour tout ce qui la symbolise.

Dans un primitif état social où, encore ignorants du travail productif, les hommes ne vivaient que de chasse et de rapine, leur admiration pour le chef hardi et habile qui leur procurait force tuerie et force butin, n'avait rien que de logique ; il n'était pas non plus illogique que les ennemis admirassent, eux aussi, celui dont ils n'avaient qu'à souffrir, avec le regret de ne pas l'avoir à leur tête. Pour apprécier un avantage, point n'est besoin en effet d'en jouir soi-même, et le plus souvent au contraire on y attache d'autant plus de prix qu'avec convoitise et jalousie on s'en voit privé au profit d'un autre.

Le culte des grands malfaiteurs de l'humanité — en même temps que le manque d'enthousiasme pour ses bienfaiteurs — a donc sa raison d'être dans un état social fondé sur la destruction et le carnage ; et, si cette affreuse superstition subsiste encore aujourd'hui chez des peuples essentiellement laborieux et producteurs, cela, il faut en convenir, ne s'explique pas seulement par l'influence atavique, mais aussi par l'état de guerre internationale où les nations les plus civilisées s'attardent encore par un reste de barbarie.

XII

LA VERTU ET L'ADMIRATION

98. Une définition surprenante de la vertu a été donnée par un critique dont le talent original, déjà très goûté du public, vient d'être consacré officiellement par la nomination de ce philosophe à l'Ecole des Beaux-Arts [1]. Voici comment s'exprime M. Taine : « Le bien d'un être, dit-il, est le groupe de faits qui le constituent ; l'action qui a pour motif cette maxime universelle ou une de ses suites universelles est vertueuse.» (*Les philosophes français au XIX*e *siècle.*)

Si sous cette formule embarrassée et étrangement infidèle aux habitudes de précision et de correction de l'éminent écrivain [2] j'ai pu réussir à deviner sa pensée, la vertu, d'après lui, consisterait, en tout homme, à observer la loi *des faits qui le constituent*. La vertu est bien autre chose, et je vais faire voir comment la sagacité philosophique de M. Taine s'y est trompée.

La source de son erreur, et de beaucoup d'autres erreurs, tant en morale qu'en esthétique, qu'il partage avec les premiers penseurs de notre époque, est celle-ci : il considère l'homme comme *un tout* par rapport « au groupe de faits qui le constituent », et il a incontestablement raison jusque-là ; mais son grave tort, sa faute capitale, c'est de ne se même pas douter que ce tout,

---

[1]. Ceci s'écrivait en 1864.
[2]. A dire vrai, ce n'est que du pur galimatias ridiculement prétentieux.

tout relativement à ses parties constituantes, n'est lui-même que *partie* par rapport à un tout supérieur dans lequel il est contenu à son tour. Ce grand tout, c'est la société. Or le mot *vertu* sert à exprimer l'idée de la prédominance et de l'empire, dans l'individu, de ceux de ses penchants qui le poussent à agir dans l'intérêt de tous sur les penchants qui président à l'entretien de l'existence individuelle et à la reproduction. Et c'est parce que tel est son caractère et son objet, que cette qualité a reçu un nom impliquant éloge et admiration respectueuse à l'adresse de celui qui la possède.

Cette dernière remarque nous ramène au principe intéressant et admirable des *corrélations et réciprocités morales* auquel un chapitre spécial a été consacré déjà. Nous allons en montrer ici encore une fois la fécondité merveilleuse à l'aide d'une nouvelle application.

.·.

99. La nature, comme je l'ai exposé ailleurs, ne se borne pas à mettre en nous le mobile psychique qui est destiné à nous faire coopérer au bonheur des autres hommes : dans ces derniers, elle place en même temps un mobile corrélatif ayant pour office de stimuler par voie réflexe l'activité du mobile étranger après en avoir reçu lui-même sa propre impulsion. Ainsi la pratique de la vertu, c'est-à-dire l'exercice de cette prépondérance des inclinations servantes du bien public sur les inclinations égoïstes, cette disposition morale particulière, cette disposition vertueuse dont j'offre l'exemple à mes semblables, excite chez eux la faculté d'admiration et de respect, et la manifestation par eux de ce sentiment d'admiration et de respect pour mon caractère et mes œuvres, me flatte, me rend noblement fier, et, par cette jouissance

nouvelle qu'elle me procure, elle devient pour ma vertu une récompense, et en même temps un encouragement, un stimulant auxiliaire venant s'ajouter aux motifs spontanés et directs que *l'amour du bien faire* puise dans sa satisfaction même.

Vertu est synonyme de *force*. Pourquoi les hommes appellent-ils la Vertu *la force*, c'est-à-dire la force par excellence, c'est-à-dire la supériorité ? C'est par une intention instinctive et inconsciente de la soutenir dans ses rudes combats en lui donnant pour auxiliaire l'orgueil de l'éloge public.

Vertu et Admiration ont une influence réciproque ; la nature veut qu'elles agissent et réagissent mutuellement et tour à tour, l'une sur l'autre, pour se revivifier sans cesse. La théorie de l'admiration respectueuse rentre ainsi dans le cadre de l'éthique, de même que dans celui de l'esthétique. Ce sentiment a pour fonction, en morale, d'aiguillonner dans sa paresse l'amour du bien agir en l'âme de celui à l'égard duquel il est manifesté, soit par ses égaux, soit par ses supérieurs ou ses inférieurs. Aussi le moraliste, non moins que l'esthéticien proprement dit, a-t-il à se préoccuper avec un scrupule inquiet de déterminer les conditions objectives normales de l'admiration, pour assurer ce précieux tribut à ce qui est véritablement admirable, c'est-à-dire véritablement vertueux.

La fonction du Mépris (le mot n'est peut-être pas parfaitement exact, mais je n'en trouve pas de préférable) sert de pendant à celle de l'Admiration et la complète ; elle n'est pas moins nécessaire, dans le mécanisme de l'action morale, et réclame une direction non moins circonspecte. Comme le sentiment du beau et du laid, le Mépris est susceptible de se tromper d'objet, de se méprendre, et Dieu sait s'il use et abuse de cette faculté dangereuse ! Tous ces sentiments, en l'absence du correctif scientifique qui leur a manqué jusqu'ici, ne sont trop souvent que des éclaireurs fourvoyés ne pouvant que nous égarer à leur suite ; l'art, la littérature, les mœurs politiques et sociales de notre époque, qui portent d'une manière si accusée l'empreinte d'une perversion publique du sens moral, travaillent à leur tour, avec un alarmant succès, à répandre et à développer le ferment de corruption qu'ils ont reçu de leur milieu.

« Ce qui est en honneur devant les hommes est en abomination devant Dieu », dit l'Evangile ; ce qui signifie, et ne signifie que trop justement, que ce que le monde admire, une raison éclairée, c'est-à-dire la vraie science, le déclare méprisable, et que ce qui mérite l'admiration au regard de cette vraie science, notre sens moral, faussé ou obscurci, le proclame digne de mépris.

Que la science se hâte donc de mettre nos esprits et nos cœurs à l'abri d'illusions aussi funestes, et qu'un jour enfin, grâce à sa salutaire intervention, les deux sentinelles, l'Admiration et le Mépris, commises à la garde du trésor social le plus précieux, cessent de violer leur consigne, cessent de trahir la société.

XIII

LE LIBRE ARBITRE POSITIVISTE

100. Le rédacteur en chef de la *Philosophie Positive* a publié dans ce recueil un article sur le libre arbitre [1]. Cette étude, où l'on retrouve toutes les qualités de l'éminent écrivain et qui, en outre, se recommande tant par l'importance du sujet, fournirait matière à un long examen critique; mais, nous ne devons pas l'oublier, nous nous adressons surtout à des physiologistes, à des médecins [2]. Contentons-nous donc d'examiner l'important travail de M. Littré sur un seul point, sur un point incontestablement médical.

La société appelle journellement le médecin à décider si certains de ses membres doivent être tenus pour sains d'esprit ou pour aliénés, pour responsables ou irresponsables; et pourtant le médecin en est encore à se demander, il en est encore à ignorer, ainsi que le magistrat, ainsi que le philosophe, ainsi que tout le monde, ce qu'est au juste l'aliénation mentale, où finit la raison, où commence la folie, quelle est la limite précise qui sépare ces deux états contraires, et à quels signes différentiels on sera assuré de pouvoir toujours les reconnaître et les distinguer.

On le conçoit, cette lacune de la science est grave, car elle laisse la psychiatrie et la médecine légale, telles

---

1. *La Philosophie Positive*, année 1868, p. 249.
2. Cette étude devait paraître dans *La Gazette médicale de Paris*.

qu'un navire sans boussole, privées de leur critérium essentiel, c'est-à-dire d'un appui sûr pour le verdict de l'expert et pour sa conscience, d'un abri pour sa responsabilité, et, pour tous, d'une indispensable garantie. Ce serait donc un véritable et grand bienfait social que de mettre un terme à cette incertitude ; or c'est à M. Littré que cette bonne fortune et cet honneur seraient échus si la découverte annoncée dans les lignes suivantes se trouvait être une réalité.

« Dans un individu malade cérébralement », nous déclare M. Littré, « un motif actuel ne peut être vaincu par un motif plus fort ; *c'est là ce qui caractérise la maladie.* Dans un individu sain d'esprit, un motif plus fort peut toujours vaincre un motif actuel ; *c'est là ce qui caractérise la santé cérébrale.* »

La forme précise et magistrale sous laquelle ce jugement est rendu atteste chez l'auteur la conviction sincère, la ferme et entière confiance d'avoir enfin apporté à la psychologie médicale la solution de son problème capital. Mais cette assurance était-elle justifiée ? c'est ce qu'il importe de voir.

Telle est donc la distinction caractéristique et fondamentale qui vient d'être fixée entre « l'individu cérébralement malade » (je conserve les expressions de M. Littré) et « l'individu sain d'esprit ». Chez ce dernier, « un motif plus fort peut toujours vaincre un motif actuel » ; chez celui-là, tout au contraire, « un motif actuel ne peut pas être vaincu par un motif plus fort. »

La première de ces deux propositions exprime, sous une forme restrictive, il est vrai, une loi générale, absolue, de la détermination morale, en quelque sorte un principe de mécanique rationnelle appliqué à la psychologie. Ce principe, M. Littré l'a développé d'ailleurs longuement dans le cours de son écrit, et il nous paraît en avoir donné une démonstration solide autant que brillante. Mais, après cela, comme s'il ne se rendait pas compte lui-même de la force et de la portée de ses raisonnements (qu'il a pourtant fait sentir si bien au lecteur), il dément implicitement la vérité qu'il vient de mettre en pleine lumière ; à cette vérité toute d'évidence il prétend imposer des exceptions qui la contredisent, c'est-à-dire qui contredisent la logique même ; et cette contradiction est si directe, si formelle, si peu déguisée, qu'elle laisse l'esprit dans un indicible étonnement.

Après s'être longuement appliqué et avoir pleinement réussi, il me semble, à nous faire sentir l'absurdité de dire que de deux motifs sollicitant la volonté en sens inverse, ce n'est pas le plus fort des deux qui nécessairement l'emporte ; après avoir consacré de nombreuses pages à démontrer que c'est là une flagrante contradiction dans les termes (car *le plus fort*, qu'il s'agisse de motifs ou de toute autre force, peut seulement s'entendre de ce qui surmonte la résistance), après avoir défendu et fait triompher cette thèse, on vient nous apprendre qu'il est un cas où « un motif actuel ne peut être vaincu par un motif plus fort » !

*
* *

101. Ainsi se trouve très formellement réhabilité, par l'écrivain positiviste, le sophisme du libre arbitre classique, que son article avait pour unique but de réfuter. Ajoutons que ce philosophe renchérit encore, et d'une façon bien étrange, sur l'illogisme reproché par lui, et non à tort, à ses adversaires. Aucun de ces derniers, certes, n'aurait voulu reconnaître pour sienne une opinion présentée sous la forme d'un jugement aussi ouvertement

négatif de soi-même ; car, affirmer que *le plus fort* ne peut pas vaincre *le plus faible*, et que le plus faible a toujours le dessus, équivaut en toute rigueur à affirmer que le plus fort, c'est le plus faible, que le plus faible, c'est le plus fort ; c'est-à-dire que le blanc n'est pas blanc, mais qu'il est noir ; que le noir n'est pas noir, mais qu'il est blanc ; c'est, en un mot, qu'on me pardonne l'inévitable dureté du terme, c'est pure logomachie.

Oui, sans doute, ce paradoxe inqualifiable exprime bien au fond et fidèlement une certaine doctrine extrême du libre arbitre ; mais, je le répète, les adhérents de cette doctrine n'y restent attachés que parce que l'erreur s'en dérobe dans le vague de leur pensée, parce que cette croyance, flottant dans un brouillard de subtilités, ne s'est jamais présentée à leur esprit dans sa nudité. Or voilà que M. Littré s'attache et réussit à merveille à dépouiller cette doctrine de tous ses artifices, à l'exposer sans voiles et à la convaincre de fausseté en la réduisant à l'absurde ; et, cela fait, il épouse et fait sienne l'erreur ainsi rendue manifeste et ridicule à tous les yeux par ses propres soins ! Mais nous ne sommes pas au bout de nos surprises. Après s'être prononcé pour ce qu'on peut imaginer de plus outré dans le dogme spiritualiste du libre arbitre — duquel il s'applaudit en même temps d'avoir fait bonne et sévère justice —, après avoir proclamé l'existence d'un libre arbitre inouï, ce n'est pas toutefois à l'universalité des êtres humains qu'il en attribuera indistinctement le bénéfice : il le dénie positivement à l'homme raisonnable, il en fait l'apanage de l'aliéné ! Il a dit : « *Dans un individu malade cérébralement* (M. Littré entend désigner ainsi l'aliéné), *un motif actuel ne peut pas être vaincu par un motif plus fort ; c'est là ce qui caractérise la maladie.* »

⁂

102. Est-ce donc là ce qu'il nous faut accepter pour de la philosophie positive ?

La haute situation de M. Littré donne à ses jugements philosophiques une importance bien supérieure, j'ai le regret de le dire, à leur mérite intrinsèque ; il en est même quelques-uns (et l'on m'accordera que celui dont il vient d'être question est du nombre) dont on hésiterait à faire sérieusement la critique en s'adressant à des lecteurs auxquels serait inconnu le nom très sérieux et célèbre de notre auteur. Mais il m'est avis que l'autorité même de cet écrivain (autorité incontestablement très légitime à une foule de titres, je me plais à le répéter), dont cette soi-disant philosophie positive s'est fait un pavillon inviolable couvrant ses marchandises et leur donnant entrée partout en franchise et sans vérification, est pour nous un surcroît d'obligation de démasquer cette fausse sagesse. Les erreurs sont dangereuses d'autant qu'elles tombent de plus haut, et celles que trop souvent laisse échapper la plume de M. Littré ont ceci de particulièrement pernicieux que ce chef d'école a pour habitude d'exprimer toutes ses opinions, en matière de philosophie, sous forme de propositions axiomatiques, de sentences, et je dirais presque d'oracles, comme s'il s'agissait, non de pures opinions, mais de vérités établies, reconnues et indiscutables, auxquelles l'ignorance ou l'ineptie pourraient seules marchander leur adhésion. Continuons donc à discuter avec indépendance les enseignements d'un maître dont nous honorons le caractère et le savoir, mais à la suite duquel nous voyons avec chagrin la philosophie générale, et plus particulièrement la physiologie et la médecine philosophiques, s'égarer dans une obscurité épaissie et rétrograder.

Dans le singulier paradoxe que M. Littré a donné pour formule à sa distinction de l'état de santé et de l'état de maladie mentales, on aimerait à ne voir qu'un *lapsus calami*; et, au fait, la manière dont il rend sa pensée est tellement inacceptable que, suivant toute probabilité, il a mieux voulu dire qu'il n'a dit en effet. Cherchons donc à dégager l'idée possible, intelligible, sinon juste et vraie, que peut cacher cette expression si étrange.

L'interprétation la plus favorable qu'il soit possible d'en donner me paraît être celle-ci : c'est que les motifs spéciaux, tels et tels motifs, qui se montrent constamment prépondérants chez une classe de sujets — qualifiés, pour cette raison même, d'esprits sains — cesseraient de l'emporter sur les impulsions antagonistes quand il s'agit de l'aliéné. Ainsi traduite, la pensée de M. Littré ne serait donc pas, contrairement au sens littéral de sa formule, que, chez l'aliéné, un motif plus fort est toujours vaincu par un motif plus faible (ce qui a un sens trop peu raisonnable pour n'être entièrement dénué de sens), mais que les mêmes motifs, constamment les plus forts chez les individus de la première catégorie, se montreraient les plus faibles chez les autres. Les aliénés, dès lors, nous représentent une classe d'hommes dont les déterminations sont régies souverainement par des motifs qui n'exercent pas le même empire sur l'esprit des autres hommes.

Certes, ramenée à de semblables termes, la proposition de M. Littré n'a plus rien de choquant pour la raison ; mais je me demande si, pour cela, elle a plus de valeur scientifique ; et, je le déclare, je ne lui en trouve absolument aucune. Et en effet, qu'importe-t-il, au point de vue du diagnostic médico-psychologique, de savoir que la supériorité ou l'infériorité relative des motifs qui sollicitent la volonté n'est pas invariable, et qu'elle n'est pas la même chez l'homme raisonnable et chez le fou, si nous ignorons sur quels motifs spéciaux porte une telle différence ? si nous ignorons quels sont ces motifs différentiels ? Or, sur ce dernier point, le point essentiel, M. Littré garde un silence complet ; et en même temps il affirme pourtant qu'il s'agit là d'une différence « *radicale* », essentielle, absolue, et telle enfin qu'entre la série des innombrables degrés de la folie et la série des nuances si nombreuses à distinguer dans la santé mentale, aucun trait d'union n'existe, aucun terme de transition n'est possible. Et, bien plus, ce n'est pas seulement entre la folie et la raison qu'il met cet infranchissable abîme, c'est aussi entre l'état de maladie mentale et les états d'*infirmité* et de *dépravation* mentales ; entre la classe des aliénés et la classe des esprits infirmes et des caractères vicieux. Et, conséquent cette fois avec lui-même, il n'hésite pas à recommander à la société, à la médecine, à la morale, à la jurisprudence, d'user de deux conduites tout aussi *radicalement différentes*, également opposées, vis-à-vis de ces deux catégories, qu'il se flatte d'avoir déterminées si nettement qu'on ne saurait dorénavant courir le risque terrible de les confondre, grâce au critérium dont il a fait l'heureuse trouvaille !

103. Oui, moi qui aime la philosophie et qui en ai fait ma vie, je suis forcé d'en convenir : par la coupable légèreté de ses décisions sur les questions les plus ardues et les plus graves, sur des questions qui touchent à nos existences mêmes, à tous nos plus précieux intérêts, elle se rend digne, en vérité, du mépris que certains hommes de pratique ou de science spéciale lui ont voué... Mais

les philosophes feraient-ils par hasard de leurs dires moins de cas encore qu'on en fait ailleurs, et entendraient-ils que, dans leurs œuvres, on vit purement des jeux d'esprit, une escrime littéraire sans autre prétention plus sérieuse et sans conséquence aucune, en bien ou en mal, pour les affaires humaines, *verba et voces et præterea nihil* ? On pourrait le croire s'il était permis de douter de leur orgueil. Reprenons.

Je cite un autre passage de l'article de M. Littré :

« La pathologie aussi doit dire un mot. Voilà un halluciné à qui des voix, qu'il regarde comme surnaturelles, lui commandent un meurtre, et il tue ; et, en regard, voilà un assassin qui convoite de l'argent pour ses besoins et ses passions, et il tue aussi. Aux yeux de la société, le premier est irresponsable, le second est responsable. Pourtant on doit dire que, dans les deux cas, l'acte est nécessaire, et la voix céleste n'est pas plus impérieuse que la soif de l'or chez une nature où les lumières et la moralité se sont éteintes ou même n'ont jamais existé. Ces deux cas, semblables par l'absence de ce qu'on nomme le libre arbitre, *diffèrent radicalement*, en ceci que, si l'on peut agir sur ces deux hommes, c'est, chez le premier, par des moyens médicaux, chez le second, par des moyens moraux. »

Tout d'abord, il importe de remarquer qu'en mettant en parallèle un assassin halluciné et un assassin voleur, notre philosophe n'entend pas opposer précisément l'une à l'autre l'hallucination et le vol ; ces deux cas ne figurent ici que comme exemple d'une règle générale applicable à l'*aliénation mentale* dans toutes ses espèces, d'une part, et, d'autre part, au *vice* pris dans toutes ses formes. Ainsi, pour lui, ce n'est pas seulement l'assassin halluciné, qui *diffère radicalement* de l'assassin cupide, c'est aussi le cleptomaniaque ou voleur aliéné, qui différera *radicalement* du voleur simplement vicieux ; c'est le dipsomaniaque, qui différera *radicalement* du simple ivrogne ; c'est le satyriasique et la nymphomaniaque, qui différeront radicalement d'un libertin, d'une débauchée ; et, en résumé, l'œil discriminateur de M. Littré découvre une différence radicale qui, pour lui, sépare nettement ces deux groupes de malheureux tellement malaisés à distinguer jusqu'à ce jour que la position sociale des familles était le plus souvent l'unique signe différentiel, l'unique symptôme diagnostique décidant à leur égard entre la maison de santé et la maison de correction, entre l'asile et la prison, le bagne ou l'échafaud !

*
* *

104. Les termes choisis par M. Littré pour définir d'une manière abstraite la radicale distinction qu'il affirme exister entre la raison et la folie, ayant un sens contradictoire, ou pour mieux dire n'ayant aucun sens, c'est dans les développements subséquents de sa thèse que nous avons dû chercher le fond de sa pensée. Le passage qui vient d'être cité nous fournit à cet égard quelques indications très précises. En revanche, elles sont peu d'accord avec certaines autres déclarations non moins formelles contenues dans le même écrit ; mais à cela que pouvons-nous ? Quoi qu'il en soit, en posant ce fait que l'on peut et doit agir sur les aliénés « seulement par des moyens médicaux », c'est-à-dire physiques (puisque *médical* est opposé ici à *moral*), et que les moyens moraux sont au contraire les seuls ayant puissance d'agir sur l'esprit des pervers, et à plus forte raison, j'imagine, sur l'esprit de ceux qui ne sont ni l'un

ni l'autre, M. Littré a voulu indiquer sans doute que la *matière* de l'organisme, que le *corps*, enchaîne la volonté chez les premiers et la laisse libre de toute contrainte chez les autres.

Ainsi, d'après cette dernière citation, en disant, dans la première, que, chez l'aliéné, « le motif actuel ne peut être vaincu par un motif plus fort », M. Littré a voulu exprimer (ou autrement il faut renoncer à l'expliquer et à le comprendre) que, chez l'aliéné, l'impulsion psychique est régie par la disposition organique. A ce compte, ce ne serait plus la folie qui jouirait du privilège du libre arbitre, comme nous l'avions cru d'abord; ce serait au contraire la privation du libre arbitre qui constituerait le caractère distinctif de la folie, et de la sorte M. Littré se trouverait parfaitement en règle vis-à-vis de l'orthodoxie spiritualiste.

Mais cette explication se heurte à une nouvelle difficulté. Voici, en effet, un autre passage du même article où il est déclaré positivement, et du ton le plus péremptoire : 1° que toutes les variations possibles dans la loi de nos déterminations dépendent de la diversité de nos organismes; 2° que les causes psychiques, pour opérer différemment sur des cerveaux différents, n'en opèrent pas moins sur tous, indistinctement sur tous. Je cite :

« Les cerveaux sont isotypes », écrit M. Littré; « mais cette isotypie laisse la place à une infinité de nuances; et, de personne à personne, les traits du cerveau ne varient pas moins que ceux du visage. Il est donc certain que les mêmes causes psychiques opéreront différemment sur des cerveaux différents; *mais elles n'en opéreront pas moins*; et la part de variation que l'on aperçoit dans les actions sous les mêmes causes psychiques,

*constate seulement la part de variation, soit congéni-
tale, soit acquise, dans le type commun.* »

Ainsi l'auteur pose en principe ces deux choses : c'est que de l'état des cerveaux particuliers dépend la défaite ou la victoire, la prépondérance ou la sujétion, des motifs divers qui se livrent bataille en notre âme ; et, en second lieu, c'est que les causes psychiques opèrent, différemment sans doute, mais efficacement, sur tous les cerveaux. Pourquoi donc l'auteur de ces propositions veut-il, dans un autre endroit de son écrit, que les causes psychiques, « les moyens moraux », soient sans action aucune sur le cerveau de tout aliéné, et que les causes physiques, physiologiques, ou, comme il le dit, les « moyens médicaux », c'est-à-dire ceux dont l'action modificatrice s'adresse directement aux organes, soient sans action aucune sur l'état mental du sujet vicieux ou normal, comme si, dans ce cas, l'état du cerveau perdait toute influence sur l'état de l'esprit ? En vérité, c'est une tâche malaisée que d'avoir à concilier cet auteur avec lui-même.

En tout cas, cela n'est que trop évident, M. Littré s'est vainement efforcé de rendre claire, de rendre intelligible et logique, sa distinction radicale de la raison et de la folie ; et il a également échoué dans ses efforts pour établir comme quoi c'est le régime de la chemise de force, de la douche et de l'ellébore, qui seul est applicable aux aliénés (si nettement définis d'ailleurs !), et comme quoi le sermon et la menace des peines, dans cette vie et dans l'autre, doivent constituer tout le traitement des esprits mal faits ou pervertis.

⁂

105. Tout l'intérêt de cette discussion n'est pas de nous édifier sur les présomptueuses théories positivistes ;

c'est encore pour nous une occasion de nous familiariser avec un problème redoutable qui se pose à la médecine et devant lequel elle ne peut plus reculer. Car ce n'est pas seulement la logique scientifique qui le lui impose; la société la met hautement en demeure de le résoudre, en se fondant sur les attributions nouvelles dont elle lui a concédé le privilège : connaissance des causes de psychologie légale, direction des aliénés. Le point que nous examinons ici à propos des vues émises par M. Littré n'est donc pas un sujet de pure controverse médico-métaphysique destiné à ne jamais descendre des régions éthérées de l'abstrait; c'est essentiellement une question de pratique médicale, une question vitale, actuelle, urgente. Que le lecteur nous pardonne donc de faire quelque violence à ses habitudes et à ses goûts en l'entraînant sur un terrain qu'il jugeait peut-être étranger au domaine médical.

La culture de ce domaine s'est concentrée en effet depuis un certain temps sur quelques-unes de ses parties, et, à beaucoup d'égards, c'est un bien ; mais la Médecine a des voisins : ce sont la Psychologie, la Morale, l'Éducation, la Jurisprudence et toute la Sociologie. Or ces voisins d'héritage ont sur elle des droits de servitude, comme elle en a sur eux ; et, s'il lui convient de négliger ses droits, on sait la rappeler avec injonction et menace au soin de ses devoirs. On lui apprend alors que toutes les portions de son domaine naturel sont solidaires entre elles, et qu'en restreignant sa jouissance à quelques-unes elle encourt la dépossession du tout. Mais revenons à la thèse de M. Littré.

*
* *

106. Nous cherchons ici à nous rendre compte des

idées de ce médecin philosophe sur la distinction à établir entre la folie et la raison en général, et plus particulièrement entre ce qu'on appelle aliénation mentale et ce qui est désigné sous les noms de *vice* et de *perversité*. Je le répète, la médecine a accepté la tâche de déterminer nettement et solidement ces deux états, d'en bien préciser la distinction, et surtout de la justifier en l'établissant, non sur des différences arbitraires, mais sur des caractères naturels, sur des faits acquis.

Cette caractéristique différentielle, M. Littré croit l'avoir trouvée ; mais il l'a présentée dans une formule qui, prise à la lettre, est un non-sens. Alors nous avons cherché le fond de sa pensée dans les développements de sa thèse, et nous avons trouvé là des déclarations très nettes ; mais elles ont encore un double défaut, celui de n'être pas d'accord avec les faits et celui d'être tout aussi peu d'accord entre elles. Cependant, bien qu'inexactes et contradictoires, les opinions de M. Littré ont un mérite : exprimées catégoriquement et sans détour, elles ne se dérobent jamais à la critique, et si l'argumentation de ce dialecticien échoue presque toujours contre les difficultés d'un problème, ces difficultés sont signalées et mises en pleine vue par l'éclat même de l'échec. Continuons donc à disséquer la thèse de M. Littré sur la distinction de la raison et de la folie ; la faute n'en sera qu'à moi seul si de cet examen il ne sort pas quelque enseignement profitable.

.·.

107. En affirmant que l'aliénation mentale et la perversité morale répondent à deux conditions de l'organisme *radicalement différentes*, et que conséquemment ces deux états comportent deux traitements pareillement

distincts, M. Littré n'aurait-il pas eu dans sa pensée une analogie possible entre la division des anomalies psychiques et celle des anomalies somatiques? et, de même que celles-ci se distinguent très légitimement en *maladies* et en *vices de conformation*, l'auteur n'aurait-il pas cru apercevoir une distinction naturelle analogue entre l'aliénation mentale, qui pour lui se confond avec la maladie cérébrale, et le vice moral, qui de même se confondrait avec le vice de conformation cérébrale ? Cette filiation d'idées est présumable, et en tout cas une telle conception mérite d'être discutée.

La philosophie médicale n'ayant pas encore fixé le sens du mot *maladie* (l'impuissance où l'Académie de Médecine s'est trouvée tout dernièrement de décider si les cobayes de M. Brown-Séquard sont ou ne sont pas épileptiques, a mis en pleine lumière cette grave lacune de la science), il est assez malaisé de dire ce qu'est une maladie du cerveau. Faut-il entendre par là seulement une lésion de la structure même de cet organe, ou en outre toutes les anomalies de fonctionnement qui peuvent s'y produire sans altération organique vraie ? M. Littré ne peut l'avoir entendu que de la première manière ; car, dans le cas contraire, le *vice* étant d'après lui-même un trouble des fonctions du cerveau, il constituerait, *ipso facto*, une « maladie cérébrale », c'est-à-dire de la folie ; et que deviendrait alors l'opposition *radica'?* signalée entre l'individu « cérébralement malade » et l'individu vicieux?

Pour notre auteur, l'état de maladie cérébrale est donc un état morbide essentiel des tissus cérébraux. Mais M. Littré n'a pas songé combien une pareille définition de la folie allait restreindre le cadre de la nosologie mentale ; il n'a pas songé qu'une semblable caractéristique s'applique seulement à une faible minorité des malheureux soignés dans les asiles, et qu'elle tendrait à en faire ouvrir les portes au plus grand nombre et aux plus dangereux d'entre eux ! En effet, tous les aliénistes en sont d'accord, les plus graves désordres psychiques du délire maniaque et de la monomanie ne sont accompagnés le plus souvent, du moins à leur début, par aucune lésion anatomique appréciable des parties encéphaliques ; et, qui plus est, les lois physiologiques nous autorisent pleinement à penser qu'une excitation anomale partie des divers viscères en rapport de sympathie avec les organes cérébraux de la pensée provoque chez ceux-ci tous ces troubles à l'état purement fonctionnel. Ainsi les modifications, les perversions mentales et sensorielles, atteignant parfois à de véritables paroxysmes d'hallucination et de manie, que le développement des organes sexuels provoque chez les jeunes filles à l'époque de la puberté, n'indiquent pas assurément des états morbides locaux de la substance cérébrale, et ne sont qu'un retentissement sympathique de l'orgasme génital.

.˙.

108. Cependant, en donnant pour caractère distinctif de la folie une altération morbide essentielle du cerveau, M. Littré n'en est pas quitte pour conférer le titre d'hommes raisonnables au plus grand nombre et à la pire espèce des aliénés : par une compensation peu satisfaisante, il fait entrer du même coup dans les rangs de la folie une multitude de membres de la société dont l'équilibre mental n'a jamais fléchi en aucune sorte ; car l'expérience clinique nous apporte tous les jours de nouvelles preuves que certaines lésions, souvent très graves, des organes encéphaliques, peuvent exister sans

entraîner aucun trouble appréciable des facultés de l'esprit.

Nous venons de voir que le fait de lésion cérébrale propre, donné comme caractère différentiel de la folie en tant que distincte du vice, constitue une détermination à la fois trop large et trop étroite, puisqu'elle laisse en dehors de la folie la majorité des fous et les plus fous, et qu'elle y fait entrer une foule d'esprits dont la santé est irréprochable. Voyons maintenant s'il serait plus facile de faire coïncider la *difformité cérébrale* avec l'état de vice qu'il ne l'est de faire coïncider la *maladie cérébrale* avec l'état d'aliénation.

Cette caractéristique a tous les défauts de l'autre. Il existe, en effet, des catégories entières d'aliénés dont la condition mentale, incontestablement très morbide, procède d'une conformation vicieuse du cerveau ; et, d'autre part, non seulement rien n'établit que dans une multitude de cas les caractères pervers et les esprits faux ou faibles soient accompagnés de difformités cérébrales, mais, tout au contraire, les anomalies mentales qu'on leur reproche se prêtent souvent à une toute autre étiologie. Nous observons, en effet, des perversions des passions ou de l'intelligence se produire soudain, chez les individus les mieux doués, sous l'influence d'une maladie générale, comme par exemple l'anémie, ou d'un état maladif ou douloureux ayant son siège en dehors et quelquefois sur un point fort éloigné du cerveau, tel que la dentition, la grossesse, l'état menstruel, l'état hémorrhoïdal, les maladies du foie, du tube digestif, la simple irritation causée par la présence d'helminthes dans l'intestin.

Les troubles psychiques ainsi produits restent loin, le plus souvent, de ce qu'on appelle aliénation mentale ;

ce sont des états simplement vicieux ; mais les mêmes causes qui les engendrent engendrent aussi la folie la plus caractérisée. Il y a donc tout lieu de présumer que le vice, congénital ou acquis, peut tenir dans beaucoup de cas, quand il n'est pas imputable aux influences morales, non à une conformation cérébrale défectueuse, mais à un trouble dans les fonctions végétatives en corrélation sympathique avec l'organe de la pensée.

L'aliénation mentale et le vice, pris respectivement sous toutes leurs formes et à tous leurs degrés divers, ne présentent donc jamais, entre l'un et l'autre, une *différence radicale* ; car ils sont le produit des mêmes causes, et ces causes ce sont : les impressions anomales du milieu moral ou du milieu physique ; les lésions morbides essentielles du cerveau ou ses vices de conformation ; les dispositions maladives ou la conformation vicieuse des autres organes en rapport spécial de sympathie avec le cerveau ; un état général de trouble dans l'économie, tel qu'une affection diathésique.

Enfin, loin qu'il existe entre l'état de vice et l'état d'aliénation mentale une *différence radicale*, que M. Littré s'est trouvé dans l'impuissance absolue de nous démontrer, il est évident que ces deux états diffèrent, non par la nature, mais seulement par le degré, et qu'entre ces deux grandes divisions des anomalies psychiques règne une série d'états intermédiaires et flottants qu'il est également difficile de faire entrer dans l'une de ces deux classes ou dans l'autre.

Aussi est-il faux et non moins dangereux de poser en principe que les moyens moraux sont les seuls qu'il convienne d'employer dans le traitement du vice, et que les moyens matériels sont l'unique ressource de la thérapeutique des aliénés. L'indication de telle ou telle de ces deux sortes de moyens n'est point fournie, en effet, par la distinction du vice et de la folie, mais principalement par la distinction de la cause d'où le vice ou la folie procède dans chaque cas particulier. Et ajoutons que, d'ailleurs, l'emploi combiné de ces deux modes d'action modificatrice nous paraît plus ou moins indiqué dans tous les cas.

109. On a remarqué dernièrement qu'une propension exceptionnelle au libertinage se développait chez les jeunes ouvrières employées à mettre en jeu les machines à coudre [1]. Dans cette surexcitation déréglée du besoin sexuel, M. Littré aurait-il diagnostiqué la folie, ou le vice? Appliquant à ce cas sa norme infaillible, aurait-il jugé qu'il y avait là *subordination du motif le plus fort au motif actuel*? ou que le motif actuel était dominé par le motif le plus fort? Aurait-il opté pour la « *maladie* cérébrale » ? ou bien aurait-il opiné pour la *difformité* cérébrale ?

M. Littré aurait sans doute reconnu avec tout homme sensé que les personnes soumises à son examen n'étaient nullement dans un état qui nécessitât leur interdiction et leur collocation dans un asile ; il eût vu en elles les victimes d'une disposition morale vicieuse ; bref, son verdict eût été pour le *vice* et non pour la *folie*. Or, en vertu de la *différence radicale* de ces deux états anomaux, et de la différence non moins radicale à observer entre les deux traitements respectifs, notre philosophe eût certainement décidé qu'en pareil état de cause « si

---

[1]. « Nos lecteurs se souviennent sans doute des intéressantes observations publiées par le docteur Guibout sur les inconvénients que produit chez les ouvrières l'usage des machines à coudre. Ce fait a également frappé l'attention de nos confrères d'Amérique... On a observé que le mouvement des jambes amène une exaltation sexuelle constante, etc. » (*Gazette Médicale de Paris* du 12 décembre 1868).

quelque chose pouvait agir sur l'état ·es sujets, c'était seulement les moyens moraux »; et, en conséquence, M. Littré eût fait appeler le moraliste, et eût éconduit le médecin comme incompétent.

M. Littré en eût fait là une belle, ma foi ! Mais, heureusement pour les parties intéressées, ce ne fut pas de M. Littré que l'on prit conseil. Un médecin fut consulté ; peu pénétré sans doute des admirables théories de ce philosophe, l'avisé praticien jugea que la surexcitation mentale des ouvrières avait son origine dans une excitation physique de leurs organes génitaux, produite et entretenue par la manœuvre des jambes mettant l'appareil à coudre en mouvement. Aussi, pour remédier au mal produit et pour en prévenir le retour, prescrivit-il toute autre chose que les « seuls moyens moraux », et le résultat prouva bien que c'était lui, et non M. Littré, qui avait raison.

*
* *

110. M. Littré, cela n'est que trop clair, n'a pas réussi, comme il s'en était flatté, à résoudre le problème capital de la morale et de la médecine psychologique ; mais, en revanche, il a accru les difficultés inhérentes à ce problème en l'encombrant d'un fatras de solutions fausses et contradictoires.

Le chef de l'école positiviste est tombé dans l'abus de la méthode *à priori*, tout comme un « métaphysicien » eût pu le faire. Il n'a pas cherché à former son jugement d'après un examen attentif et fidèle des faits en cause, nullement ; mais il s'est efforcé de se représenter ces faits, de les *imaginer* tels qu'ils devraient être pour cadrer avec son système préconçu.

Et ce système n'est ni vrai ni homogène ; c'est un

mélange de matérialisme grossier et de préjugés spiritualistes.

Matérialiste, M. Littré ne pouvait s'élever à la distinction de l'acte subjectif ou psychique et de l'acte objectif ou physiologique, distinction suprême qui est la clef de la science des rapports du physique et du moral, distinction qui fournit une lumière sans laquelle la physiologie, la pathologie et la thérapeutique mentales restent frappées d'aveuglement et d'impuissance. C'est ce « grossier matérialisme », reproché à notre physiologie positiviste par M. Virchow (qui n'est pourtant pas spiritualiste)[1], c'est ce grossier matérialisme, dont tant de bons esprits sont aujourd'hui infectés, qui a conduit cet éminent écrivain à confondre et à identifier d'une manière formelle et absolue les deux notions de « *maladie cérébrale* » et de « *maladie mentale* » ! Nous avons vu à quelles énormités médicales et logiques une telle méprise l'a entraîné.

Toutefois, la masse des erreurs accumulées dans son travail serait moindre si l'auteur eût respecté la logique de son principe, s'il fût resté matérialiste jusqu'au bout. Certes, si la donnée du matérialisme amène logiquement à une conclusion évidente et forcée, cette conclusion, assurément, c'est que le vice et la folie ne diffèrent pas radicalement de nature ; c'est que ces deux états psychiques sont liés, l'un comme l'autre, et nécessairement liés, à un certain état physiologique adéquat, et que, par con-

---

[1] « ... Mais il faut bien accorder à ces derniers (les spiritualistes) que M. Robin a une singulière manière de traiter les questions physiologiques. N'est-ce pas faire preuve d'un matérialisme bien grossier que de confondre ce qui est vivant et ce qui est mort, de concevoir « une substance organisée » sans s'inquiéter de savoir si elle est vivante ou morte ? » (VIRCHOW, dans son article intitulé *De l'Irritabilité*, plaidoyer pro domo suâ, dans la *Gazette hebdomadaire* du 28 août 1868.)

séquent, le traitement du vice appartient au médecin au même titre que le traitement de la folie ; c'est que la séparation de la morale appliquée et de la médecine aliéniste est un dualisme faux et funeste ; c'est que la logique scientifique et l'intérêt social commandent de réunir ces deux ordres de connaissances en un seul corps de doctrine, et d'en constituer à la fois et une même science et un même art.

Eh bien ! cette conclusion théorique du matérialisme, que pour ma part je considère comme une vérité salutaire et inattaquable, et qui en tout cas est une conséquence forcée des principes posés par M. Littré, a été complètement méconnue par lui ; il s'est évertué à justifier l'antithèse spiritualiste et évidemment anti-scientifique du vice et de la maladie mentale, de la morale et de la médecine.

.˙.

111. Pour juger le grand procès scientifique dont il s'agit ici, un critérium général était nécessaire, et ce critérium a totalement manqué à M. Littré, comme aussi, du reste, il a manqué aux aliénistes, qui toutefois, constamment en présence des faits et d'une responsabilité menaçante, se sont abstenus de *trancher* là où ils ne pouvaient *résoudre*. Mais un tel critérium existe, et bientôt il ne sera plus un secret que pour les aveugles volontaires. On le trouve dans une définition exacte de l'ORGANE et de la FONCTION, dans une analyse approfondie de cette notion de physiologie générale, notion restée bien obscure jusqu'ici, mais fondamentale pour la Physiologie entière, et pour la Médecine, et pour la Psychologie, et pour la Morale.

XIV

LE RÉALISME ET LA MORALE

112. Il est rare que dans un procès tout le tort soit d'un côté et toute la raison de l'autre. La cause du Réalisme, à bien voir les choses, a aussi sa part de raison.

Le Réalisme, déclarant par la bouche de M. Fr. Sarcey que l'art n'a rien à démêler avec la morale, a peut-être été trahi par l'expression, et il est possible qu'au fond sa pensée n'aille pas aussi loin. C'est qu'en effet cette opinion paradoxale a un côté vrai, légitime, qu'on peut dégager au moyen d'une distinction restée jusqu'ici inaperçue.

Étant données l'intelligence et les lumières de M. Sarcey, il est permis de croire que ce qu'il a voulu dire est en somme ceci : c'est que, en matière d'art comme en matière de science, la vérité relève seulement d'elle-même, et qu'il ne dépend pas des convenances de la morale ou de la religion *établies*, ou de toute autre chose, que cette vérité reste vérité ou cesse d'être vérité. M. Sarcey ne veut pas, dit-il, que l'Église impose silence à Galilée parce que la vérité sur le système du monde confessée par ce grand homme contredit une erreur de la doctrine ecclésiastique; et c'est par une seconde et semblable revendication en faveur de la vérité qu'il oppose les droits de l'art à ceux de la morale.

Évidemment, M. Sarcey n'a pu entendre que dans ce conflit, dans cette radicale contradiction entre l'art et la morale, les deux parties pussent avoir à la fois raison l'une contre l'autre ; ce que sans doute il a eu dans sa pensée, c'est que les vérités dont se réclame l'art sont absolues, indéfectibles, et que, si elles se trouvent en opposition avec certains préceptes de la morale établie, c'est que cette morale n'a pas la vérité pour elle, en d'autres termes, c'est qu'elle est fausse ; et que par conséquent ce n'est pas à l'art, mais à la morale, à céder, de même qu'a cédé la doctrine canonique du système de Ptolémée devant la doctrine hérétique de Copernic.

Le débat ainsi précisé et ramené dans les honorables termes d'une discussion scientifique, la première question qui se pose, c'est de savoir si les prétentions formulées par M. Sarcey (70) sont fondées, et c'est à lui qu'incombe de faire la preuve de ce qu'il allègue.

Copernic et Galilée prouvèrent scientifiquement qu'ils avaient raison contre Ptolémée, contre la Bible et contre l'Église, et, bon gré malgré, l'Église a dû finir par reconnaître son erreur. Mais l'art réaliste a-t-il à son tour démontré, s'est-il même donné seulement la peine de chercher la preuve que dans son différend avec la morale établie le bon droit fût de son côté ?

Quand le théâtre réaliste étale le concubinage et l'adultère, non comme de condamnables infractions à la loi morale et civile, mais comme des *faits* qu'on s'efforce de présenter sous des dehors charmants, entend-il que l'exposition de la réalité toute nue (et cette réalité peut s'étendre fort loin) porte en elle un enseignement à titre de fait d'observation et d'expérience pouvant servir à la constitution d'une science positive des mœurs, et être par là d'une réelle utilité sociale ? Un tel motif pourrait à la rigueur avoir quelque chose de plausible, mais il ne semble pas être sérieusement invoqué.

Ou bien encore va-t-on plus loin : voyant que le *fait* universel semble donner tort au mariage, puisqu'en réalité la polygamie est la règle, le théâtre et le roman réalistes se proposeraient-ils de nous représenter ce qui se passe partout dans la vie vécue, pour démontrer que le mariage est une institution contraire à la nature humaine, une institution fertile en fraude, mensonge, hypocrisie, perfidie, trahison, en souffrances et crimes de toute sorte, une institution immorale enfin, puisqu'elle produit de tels fruits ? Cette thèse est hardie, mais elle est scientifique, et l'on peut honorablement la soutenir.

Mais est-ce une telle tâche que se donne le réalisme ? Et après avoir mis à nu les hideuses plaies du mariage actuel, nous propose-t-il une organisation plus saine des rapports sexuels et de la famille ? Comment ! mais ce serait tomber dans l'idéalisme que de proposer et d'imaginer un mariage idéal, quand toute la mission de l'art est d'être le miroir du réel... Aussi le vaudevilliste, le romancier, le peintre et le sculpteur réalistes se gardent-ils de « *couper dans ces blagues* » philosophiques ! Servir au public ce qui est dans ses goûts, c'est-à-dire ce qui flatte ses erreurs et ses vices, et par ce moyen lui soutirer son argent, tel est, pour le réalisme, le but suprême de l'art, et, s'il lui permet un idéal, le voilà.

⁂

113. L'indomptable ténacité de l'âme humaine à voir le beau dans certaines manifestations esthétiques de la nature ou de l'art qui se trouvent être en opposition formelle avec notre morale positive peuvent autoriser le doute sur la légitimité de cette morale au point de vue de l'absolu. Ainsi la morale des puritains proscri-

vant la peinture, la statuaire et la musique profane, verra s'élever contre elle d'infatigables protestations, éclatantes ou sourdes. Et la science, appelée à juger ce différend entre cette morale et l'instinct esthétique, ne manquera pas de condamner la première.

Cependant, entendons-nous bien : ce que la science condamnera, ce ne sera pas la morale naturelle, la morale scientifique, jusqu'ici indéterminée, ce sera une certaine morale artificielle, empirique, qui serait convaincue de désaccord avec certaines lois de la nature humaine.

Il n'y a pas de statuaire possible sans nudité, et cependant l'exposition des nudités de marbre ou de bronze exerce sur les âmes une action de même sorte que les nudités naturelles d'un tableau vivant. On a beau dire que l'élévation du style corrige l'indécence du nu, en peinture et en sculpture, quand les sujets, graves ou gracieux, ou même voluptueux, sont traités avec noblesse ; il n'en est pas moins vrai que, même alors, si l'impression faite sur l'âme par la vue du nu n'a rien en soi d'obscène et d'impur, elle est peu propre toutefois à favoriser le calme de l'imagination et l'attachement sans partage que réclame le mariage chrétien. Faut-il en conclure que la loi morale d'un tel mariage est en contradiction avec la loi naturelle, et que moins d'exclusivisme et de prose monogames pourrait s'allier, dans un ordre moral supérieur, à plus de noblesse, de poésie et de charme, et enfin de vrai bonheur et de vraie moralité dans les relations amoureuses ? Peut-être.

Il est certain qu'un procès est ouvert sur cette question entre l'esthétique et l'éthique. La science seule a compétence pour le juger, et il est grandement à souhaiter qu'elle n'ajourne pas son arrêt indéfiniment.

XV

UNE ANALOGIE ENTRE LA VERTU ET LE VICE

114. Par l'effet d'une sorte de contact des extrêmes un curieux rapprochement analogique s'offre à l'esprit entre la Vertu et le Vice.

Considéré d'une manière générale, le vice consiste dans une prépondérance de penchants d'ordre inférieur ou dépravés qui ne se contente pas de nous rendre sourds aux ordres de la justice et de l'honnêteté, mais qui, en même temps, nous ferme les yeux sur notre intérêt bien entendu, en nous faisant céder à l'attrait de certains plaisirs actuels au mépris des souffrances futures de beaucoup supérieures que nous savons d'avance devoir en être le prix usuraire. Nous sommes bien convaincus que de nous livrer à l'intempérance compromettra notre santé, et par conséquent notre bonheur, pour de longs jours, pour notre vie entière peut-être; mais le besoin présent est si pressant et parle si haut qu'il couvre la voix de la prudence, et nous n'écoutons plus que lui, et nous lui obéissons aveuglément.

Tel est sans contredit l'un des caractères les plus essentiels du vice. Eh bien, ce même caractère, qui est de faire taire la raison pour ne suivre que l'impulsion irrésistible du moment, caractérise aussi la vertu prise dans ses formes les plus relevées et les plus honorées.

Entendue à la façon des Épicuriens, c'est-à-dire comme un harmonieux équilibre de nos passions sous la suprématie de la raison et de la volonté, qui nous donne la force de résister à toutes les sollicitations contraires à notre bien propre, à notre bonheur, à notre intérêt, soit que ces sollicitations viennent d'en bas, soit qu'elles viennent d'en haut, la vertu est bien en tout le contraire du vice. Elle se confond alors avec la sagesse. Mais si par ce même mot de *vertu* nous entendons, avec la plupart des autres écoles philosophiques, une prédominance transcendante des mobiles d'ordre supérieur, autrement dit des mobiles ayant pour but le bien général, qui nous détermine au sacrifice héroïque de tous nos biens personnels et de notre personne elle-même pour un intérêt universel, il est incontestable qu'alors la vertu agit dans la même direction que le vice, bien que dans le sens opposé. De part et d'autre, c'est le manque de mesure, c'est une rupture de l'équilibre passionnel normal, et un emportement, un « emballement » de la passion la plus forte, soustraite au frein de la raison, sortie des rails de la sagesse.

Des deux côtés, c'est un entraînement irréfléchi, incoercible, mais avec cette différence qu'ici la poussée vient d'un appétit animal et égoïste, et là d'un dévouement quasi surhumain.

Cependant la morale condamne le vice, qu'elle déclare vil et méprisable, et elle exalte les abnégations de la vertu, qu'elle décore des épithètes glorieuses de *nobles*, de *sublimes*, de *saintes*. Et pourquoi tous les opprobres à l'un et tous les honneurs à l'autre ? C'est parce que la société, qui institue la morale, et dont la morale devient l'avocat, a tout à gagner aux sacrifices de soi-même que fait l'individu à l'intérêt commun, tandis que les errements des vicieux lui sont préjudiciables.

115. Y aurait-il donc au fond contradiction, opposition entre le bien public et le bien privé de chacun, et la morale, cet organe de la société, en excitant l'individu à se sacrifier pour les autres, lui présenterait-elle un appât perfide, le tromperait-elle, l'induirait-elle en traître à consommer son propre malheur, sa propre ruine? En louant, en préconisant, en glorifiant la vertu, la morale tendrait-elle un piège aux meilleurs, aux plus dévoués, aux plus généreux, pour faire d'eux un holocauste expiatoire au profit des autres, c'est-à-dire des moins vertueux, des moins méritants?

La morale, à ce compte, serait faite de fourberie, et la vertu, de duperie[1].

Mais une contradiction aussi criante n'est-elle pas incompatible avec l'harmonie naturelle des choses (en supposant qu'une telle harmonie existe)? Serions-nous donc organisés de telle façon que nous serions instinctivement poussés à admirer, à honorer, à aimer, à encourager dans les sentiments et la conduite de nos semblables, cela précisément qui leur serait funeste?

En général les penseurs ont reculé devant une conclusion aussi troublante, aussi déconcertante. Pour arriver à la conception d'un accord final possible entre l'abnégation de soi, à laquelle nous pousse la vertu, et le bien propre de l'individu, qui paraît être au fond le seul objet raisonnable à poursuivre, le seul but assigné par la sagesse, ils se sont plus à imaginer que les sacrifices imposés par le dévouement dans *cette vie* trouveraient leur compensation dans *une autre vie*, et même une compensation largement rémunératrice.

---

1. On sait que c'est à cette conclusion que s'était arrêté Renan, et qu'il prenait ses mesures en conséquence.

Ainsi, à l'égard du bonheur, à l'égard de l'intérêt de l'être, il en serait de la vertu altruiste comme de la tempérance et de la modération dans les plaisirs : celles-ci nous assureraient une jouissance moyenne et soutenue durant la période présente, mais relativement courte, de l'existence, en nous soumettant à la privation de plaisirs actuels excessifs ou pernicieux ; l'autre nous vaudrait la félicité à travers le cours comparativement très prolongé de l'existence future, par la renonciation aux biens passagers et aux plaisirs infimes de ce bas monde.

Sans repousser cette solution, qui s'appuie sur les croyances religieuses ou superstitieuses de tous les peuples, et sans méconnaître l'influence morale de telles croyances, on peut entrevoir encore d'autres solutions qui ont l'avantage de ne point aller contre les convictions, soit de ceux qui croient à l'immortalité de l'âme, soit de ceux pour qui la mort est la fin dernière et entière de l'être.

Appelons d'abord l'attention sur ce point très certain, à savoir que celui qui est porté au dévouement y prend plaisir, y savoure une volupté qu'aucune autre peut-être ne saurait égaler, du moins pour lui. L'égoïste qui se gave solitairement à sa table inhospitalière à beau faire, il ne jouit que pour un ; mais l'homme bon et compatissant qui met sa joie à procurer un régal à des pauvres affamés, jouit de la jouissance de chacun de ses invités ; il ne jouit pas seulement pour un, il jouit pour dix, pour vingt. Son bonheur se multiplie par le nombre des heureux qu'il fait. Que l'égoïste repu se rie à son aise de son généreux voisin, ce n'est pas lui, en définitive, c'est l'autre, qui aura le mieux dîné, n'eût-il rien porté à sa bouche !

Oui, les altruistes jouissent largement à satisfaire les

besoins de bonté qui leur sont propres, et d'autre part ils sacrifient moins qu'on ne pense en s'infligeant des privations qui sont vives, qui sont cruelles pour l'âme vulgaire, mais qui existent à peine pour eux.

.·.

116. Notre question peut encore être considérée d'un autre point de vue qui a bien son intérêt et son importance. Le dévouement, l'abnégation, le mépris de la conservation de soi et de son bonheur personnel, et d'autre part l'admiration et la vénération que de tels sentiments ont eu de tout temps le privilège d'exciter chez les hommes qui en sont eux-mêmes le moins susceptibles, tout cela ne révélerait-il point que l'humanité, une fois parvenue à son état parfait, doit constituer un ordre social harmonique dont la devise, au lieu du *chacun chez soi, chacun pour soi* des sociétés rudimentaires fondées sur l'antagonisme, serait : *chacun pour tous, tous pour chacun*, et où, alors, l'individu ne saurait mieux agir pour son propre bien que de n'y point songer, que de l'oublier entièrement pour ne penser et ne travailler qu'à celui des autres ?

Ce que l'Evangile appelle « la folie de la croix » pourrait bien alors n'être rien de moins qu'une inconsciente mais profonde sagesse.

XVI

LA MORALE THÉOLOGIQUE

117. La morale théologique fait consister le mérite et le démérite de nos actes, de nos pensées et de nos sentiments, non dans leur conformité aux lois d'une justice immanente, existant par soi, ou autrement dit fondée sur la nature des choses et sur la raison, — mais entièrement dans l'obéissance aveugle aux volontés de bon plaisir d'un maître suprême, omnipotent et despotique, qu'on appelle Dieu. Cette morale tend évidemment à pervertir la notion de moralité et à corrompre en nous le sens moral. Proudhon la condamne avec beaucoup de force. Il cite comme échantillon typique de cette éthique un morceau du *Télémaque* de Fénelon. Je me bornerai à reproduire ici un ou deux passages des plus caractéristiques de ce long extrait :

« Télémaque, voyant les trois juges [ceci se passe aux Enfers] qui condamnaient un homme, osa leur demander quels étaient ses crimes. Aussitôt le condamné, prenant la parole, s'écria : Je n'ai jamais fait aucun mal ; j'ai mis tout mon plaisir à faire du bien ; j'ai été magnifique, libéral, juste, compatissant ; que peut-on me reprocher ? Alors Minos lui dit : On ne te reproche rien à l'égard des hommes ; mais ne devais-tu pas moins aux hommes qu'aux dieux ? Quelle est donc cette justice dont tu te vantes ? tu n'as manqué à aucun devoir envers les hommes, qui ne sont rien ; tu as été vertueux, mais tu as rapporté toute ta vertu à toi-même et non aux dieux, qui te l'avaient donnée : car tu voulais jouir du fruit de ta propre vertu et te renfermer en toi-même ; tu as été ta divinité. Mais les dieux, qui ont tout fait, et qui n'ont rien fait que pour eux-mêmes, ne peuvent renoncer à leurs droits... Apprends qu'il n'y a pas de véritable vertu sans le respect et l'amour des dieux, à qui tout est dû. Ta fausse vertu, qui a longtemps ébloui les hommes, faciles à tromper, va être confondue...

» A ces mots ce philosophe, comme frappé d'un coup de foudre, ne pouvait se supporter soi-même. La complaisance qu'il avait eue autrefois à contempler sa modération, son courage et ses inclinations généreuses se change en désespoir. Tout ce qu'il a aimé lui devient odieux, comme étant la source de ses maux, qui ne peuvent jamais finir. Il dit en lui-même : O insensé ! je n'ai rien connu, puisque je n'ai jamais aimé l'unique et véritable bien : tous mes pas ont été des égarements ; ma sagesse n'était que folie ; ma vertu n'était qu'un orgueil impie et sacrilège ; j'étais moi-même mon idole. »

Je comprends Proudhon quand, après avoir donné cette citation, il s'écrie : « Je ne puis dire quelle horreur saisit ma jeunesse, lorsque je lus pour la première fois cet épouvantable morceau. Voilà donc à quel délire la religion de la grâce a conduit le plus doux, le plus vertueux des hommes, et l'on peut ajouter un des plus raisonnables. » (*De la Justice*, t. 2e, p. 413.)

.
. .

118. Cette doctrine morale du *Télémaque* est au fond celle de toutes les théologies. C'est en somme une franche négation du sens moral et de la moralité, c'est la négation de la faculté humaine d'aimer le bien et de haïr le mal, et

de les distinguer l'un de l'autre. Le bien et le mal, le juste et l'injuste, le vrai et le faux, rien de tout cela n'existe, ni par soi, ni en soi, ni en nous ; ces distinctions sont livrées entièrement aux caprices d'une autocratie absolue placée au-dessus de l'homme, et tout devoir pour lui se réduit à se soumettre les yeux fermés et en tremblant à ce despotisme non moins absurde qu'horrible. Et qu'on ne s'avise pas de prétendre que c'est en romancier fantaisiste et non comme docteur autorisé de la foi que Fénelon s'est oublié à outrager à un tel point et la conscience humaine et la raison ; il n'a fait qu'interpréter fidèlement une doctrine de l'Eglise. En preuve, voici textuellement, aussi d'après Proudhon (*De la Justice*, etc., t. 2ᵉ), les propositions dogmatiques du célèbre théologien Bergier, auteur du *Dictionnaire théologique,* que sa modération relative fit accuser de complaisance envers les philosophes, contre lesquels toutefois furent écrits presque tous ses livres :

« Aucune raison purement humaine », déclare ce théologien, « ne peut établir la distinction du bien et du mal ; et s'il n'avait plu à Dieu de nous faire connaître son intention, le fils pourrait tuer son père sans être coupable. »

Une chose ajoute à l'odieux d'une telle doctrine, c'est qu'elle emprunte le manteau de la théologie pour déguiser une arrière-pensée purement théocratique : faire du prêtre — seul organe, seul interprète, seul ministre de Dieu — l'arbitre absolu de la conscience humaine, et assurer par là sa toute puissance.

XVII

AMOUR ET AMOUR

119. Une condition absolue du progrès de la science philosophique, c'est qu'elle introduise la précision dans son langage une fois pour toutes. Parmi les innombrables protées qu'elle devrait bannir de son vocabulaire, le mot *amour* n'est pas le moins propre à désespérer les efforts du raisonneur consciencieux et à ouvrir mille échappatoires au sophiste.

Aimer désigne à la fois deux sentiments d'ordre opposé, et les confondre, comme il est d'usage, est un monstrueux abus. L'un consiste dans le désir, le besoin de faire le bien d'autrui, et ce qui constitue sa jouissance, c'est la pensée qu'on a fait des heureux. C'est d'un tel amour que nous faisons acte quand notre cœur, ému des souffrances d'êtres inconnus, que nous ne verrons probablement jamais, et dont nous n'avons ni bien ni mal à attendre pour nous-mêmes, nous porte à ouvrir notre bourse et à nous mettre en peine pour l'œuvre de l'abolition de la traite des noirs, ou pour l'œuvre de la Société protectrice des animaux, par exemple. L'autre amour, au contraire, n'envisage son objet que comme l'instrument ou la matière d'une satisfaction égoïste. C'est d'un amour de cette dernière catégorie que nous aimons le vin et le tabac, que nous aimons la bonne chère, que nous aimons les chevaux, que le renard aime les poules, et que la plupart des hommes, faut-il l'avouer ?..... aiment les femmes.

Aimer la vérité, aimer la science, aimer la justice, aimer les malheureux, et aimer une tranche grillée de chair de bœuf, voilà assurément une association d'idées baroque s'il en fut, qui trahit l'indigence de la langue, et nous découvre la grossièreté des esprits qui de la signification primitive et toute matérielle du mot ont tiré sa signification morale. Ce vocable, par son étrange élasticité, semble avoir été créé pour l'équivoque, et celles qu'il suggère sont parfois singulièrement perfides et dangereuses. Quoi ! le libertinage lui-même, à la faveur de cette sacrilège confusion, se présente à nous sous une sorte de masque de sainteté. Manque-t-il de rappeler à ses censeurs que tout naît de l'amour, que tout vit par l'amour, que rien n'est plus divin que l'amour, et que l'amour, c'est Dieu même ?

Que répondre à cette hypocrisie, si ce n'est de la mettre en demeure de déclarer lequel des deux amours est le sien, de celui qui se satisfait à faire le bien d'autrui, ou de celui qui fait d'autrui sa victime ? Qu'on nous dise clairement si l'amour qu'on nous vante est celui qui a rendu bénis et sacrés les noms des Vincent de Paul, des Charles Borromée, des François d'Assise ; ou bien s'il s'agit de l'amour d'un don Juan, d'un Lovelace, d'un marquis de Sade, ou de la Marguerite de Bourgogne d'Alexandre Dumas.

Il serait temps d'en finir avec un quiproquo à la faveur duquel les formes les plus basses, et quelquefois les plus cruelles, de l'égoïsme sensuel, usurpent une part du culte que le dévouement sublime reçoit dans la conscience humaine.

.·.

120. La débauche séculière n'est pas seule à se faire un masque de ce mot à double face, *amour* ; l'érotisme char-

nel des mystiques s'est plu aussi à s'en couvrir pour se tromper lui-même. Et cet abus, à mon sens, n'est rien de moins que blasphème et sacrilège.

Si cette expression, *l'amour de Dieu*, peut avoir une signification sensée et honnête, elle ne peut signifier autre chose que l'attachement à la loi divine, autrement dit le zèle du bien. Les théologiens catholiques en ont jugé tout autrement : l'amour divin a été représenté par eux à la femme, et complaisamment décrit, comme le délire d'une passion follement exaltée pour un amant imaginaire.

C'est Bossuet, l'austère Bossuet, le grand Bossuet en personne, qui parle le langage qu'on va lire en ses *Lettres spirituelles* adressées à une nonne, femme encore jeune (Mme Cornuau-Dumoustier, religieuse du prieuré de Torcy). Les citations suivantes sont empruntées par nous au livre de Proudhon, *De la Justice dans la Révolution et dans l'Eglise* :

« Marchez en foi, en abandon et en confiance... Dieu pourvoira à ce qui vous est nécessaire. Ne raisonnez point sur ce qu'il veut de vous. Il veut, ma fille, que vous vous donniez en proie à son amour, et que cet amour vous dévore (*Lettres spirit.*, p. 39). Quand la douce plaie de l'amour commence une fois à se faire sentir à un cœur, il se retourne sans cesse et comme naturellement du côté d'où lui vient le coup, et à son tour, il veut blesser l'époux qui, dans le saint cantique, dit: Vous avez blessé mon cœur, ma sœur, mon épouse ; encore un coup, vous avez blessé mon cœur par un seul cheveu qui flotte sur votre col. » (pp. 100 et 101)... « Aimez les petites observances comme les grandes, c'est-à-dire les cheveux, et jusqu'aux souliers de l'époux, et les franges comme les habits. » (p. 115)... « Je vous permets les plus violents transports de l'amour, dussent-ils vous mener à la mort, et toutes les fureurs de la jalousie, vous dussent-elles être une espèce d'enfer… Enviez saintement et humblement toutes les familiarités de l'époux aux âmes à qui il se donne, non pas pour les en priver, mais pour y participer avec elles ; donnez toute votre substance pour acquérir l'amour de l'époux. Qu'il soit lui-même toute votre substance ; écoutez-le lorsqu'il traitera le sacré mariage avec vous ; soyez-lui une porte par où il entre et une muraille pour le renfermer. Il est la vigne, soyez la branche, et dites-lui : je ne puis rien sans vous. » (p. 224). « Je voudrais, au lieu d'être si fort effrayée de vos infidélités, que vous disiez au cher époux : « Il est vrai, je suis une ingrate. Mais vous avez dit : Ame infidèle et déloyale, reviens pourtant, et je te recevrai entre mes bras… » (*Ibid.*).

Sous l'influence de quel état mental ces lignes de l'évêque de Meaux ont-elles été écrites, et quel est le véritable sentiment qu'un tel discours était fait pour faire naître ou pour nourrir dans le cœur de la jeune femme à laquelle il était adressé par un homme illustre, encore dans la force de l'âge ? Toute personne de bonne foi devra en convenir : la pensée du grand docteur, pendant qu'il décrivait les transports et les rapprochements physiques de l'amour conjugal avec des couleurs si vives et si réalistes, devait être tout entière aux « concupiscences de la chair ». Pour parler le langage sévère de la science, je dirai que Bossuet, écrivant ainsi, se trouvait actuellement sous l'empire d'un éréthisme intense de son appareil génital, et que ses brûlantes paroles étaient des plus propres à déterminer une modification de même nature dans l'état physiologique et moral de sa correspondante. Loin d'élever à Dieu cette âme féminine, loin de l'élever à des hauteurs sereines et austères par un *sursum corda* exempt de toute équivoque, ce directeur de conscience se complaisait dans une double faute : il dénaturait d'une façon monstrueuse l'idée de l'amour de Dieu [1], et s'appliquait par là à en corrompre la notion et le sentiment ; et chez sa pénitente, une femme jeune vouée au célibat, il irritait, il exaspérait des désirs, des besoins naturels incompatibles avec ses vœux et son état religieux, alors que le devoir du confesseur était de les apaiser, de les assoupir. Un confesseur semblable s'est montré tel que celui que dénonce un père de l'Église, et qu'il appelle « un loup ravisseur ».

Dans cette correspondance, toute imprégnée des réminiscences de la poésie amoureuse et lascive connue sous le nom de *Cantique des cantiques*, Bossuet s'est livré sans frein à un excès de luxure mentale.

Les visions hystériques de Marie Alacoque — à qui « son divin époux faisait goûter ce qu'il y avait de plus doux dans la suavité des caresses de son amour » — et ce culte incroyable du « Sacré-Cœur de Jésus », qui s'en est suivi, toute cette débauche d'érotomanie mystique, et beaucoup d'autres du même acabit, sont imputables à la confusion des deux sens distincts et opposés du redoutable mot *Amour*. C'est là un exemple singulièrement frappant de l'abus des mots mal déterminés, en même temps qu'un des plus curieux et des

---

[1]. Une remarque importante à faire, et qui n'a pas été faite encore, si je ne me trompe, c'est que l'amour de Dieu ou de Jésus ainsi charnellement compris ne peut appartenir qu'à la femme, et qu'il reste à trouver pour l'homme un autre amour de Dieu ou de Jésus, un amour insexuel... à moins toutefois qu'il soit sodomique ! Je ne sache rien de dépravé et de corrupteur à l'égal de cette débauche mystique où l'imagination des théologiens se vautre avec délice.

plus déplorables spécimens de la dénaturation des dogmes.

∗
∗ ∗

121. Faisons remarquer, à propos de l'ambiguïté des mots *amour* et *aimer* et de ses conséquences morales, que *bon* et *bonté* donnent lieu à une équivoque analogue et jusqu'à un certain point correspondante. Quelle est l'idée générique où peuvent se trouver logiquement unies la bonté d'un bon vin et la bonté du bon Dieu? Elle existe sans doute; mais, de même que celle d'*aimer*, il ne faut pas qu'elle nous abuse, et il appartient à une critique scientifique attentive et sévère de nous mettre en garde contre cet écueil.

XVIII

LA RAISON NATURELLE DE LA PUDEUR

122. « Il n'est pas vrai que l'incontinence suive la nature, elle la viole au contraire. C'est la modestie et la retenue qui suivent ses lois. »

Ainsi a parlé Montesquieu (*De la pudeur naturelle*, dans l'*Esprit des lois*), et il a, je crois, bien parlé. Mais le grand écrivain ne se borne pas à énoncer cette opinion, il cherche à l'appuyer d'une démonstration. La pudeur, nous dit-il, est dans le vœu de la nature ; or, qu'est-ce qui prouve qu'il en soit véritablement ainsi ? Et, en second lieu, si la nature a institué la pudeur, pour quelle fin, pour quelle fonction, pour quelle utilité l'a-t-elle instituée ?

Telles sont les questions que l'illustre penseur s'est adressées à lui-même ; et maintenant nous allons examiner sa réponse.

Pour préciser le point en discussion, nous devons d'abord constater ceci : Montesquieu commence par poser en fait que la pudeur est un sentiment particulier, en quelque sorte, à la femme, ou qui, tout au moins, a sur elle un plus grand empire que sur l'homme. C'est cette différence entre les deux sexes, différence incontestable à un certain point de vue, mais très contestable à certains autres, dont il recherche la cause naturelle. Voici ce qu'il a trouvé. Il dit, en parlant de la nature :

« Elle a établi la défense, et elle a établi l'attaque ; et ayant mis des deux côtés des désirs, elle a placé dans l'un la témérité et dans l'autre la honte. Elle a donné aux individus, pour se conserver, de longs espaces de temps, et ne leur a donné, pour se perpétuer, que des moments... D'ailleurs, ajoute-t-il, il est de la nature des êtres intelligents de sentir leurs imperfections : la nature a donc mis en nous la pudeur, c'est-à-dire la honte de nos imperfections. »

Sauf tout le respect et toute l'admiration qui sont dus à l'auteur de l'*Esprit des lois*, nous devons reconnaître que sa tirade n'est guère qu'une tautologie dans laquelle tout se réduit à dire et à redire que la pudeur existe, qu'elle domine chez la femme, qu'elle est plus faible chez l'homme, et qu'elle est conforme au vœu de la nature. Il reproduit l'énoncé de son théorème sous diverses formes, et puis prend congé sans nous en avoir donné la démonstration.

Écoutons maintenant P. J. Proudhon (*De la Justice dans la Révolution et dans l'Église*, t. 1ᵉʳ, p. 340) :

« L'onanisme pratiqué à la mode de Malthus, suivant Bastiat, est une loi de la pudeur même. Il en trouve la preuve dans la réserve dont s'entoure l'amour honnête, dans la sévérité de l'opinion, qui flétrit la fornication, le concubinage, l'inceste, et jusque dans l'institution du mariage. Toutes ces choses, à son avis, n'ont de sens et de valeur que parce qu'elles sont une révélation spontanée du *moral restraint*. »

Laissons Bastiat exposer lui-même la théorie à laquelle Proudhon fait allusion :

« Qu'est-ce que cette ignorance du premier-âge, la seule ignorance sans doute qu'il soit criminel de dissiper, que chacun respecte, et sur laquelle la mère craintive veille comme sur un trésor ?

» Qu'est-ce que la pudeur qui succède à l'ignorance, arme mystérieuse de la jeune fille, qui enchante et intimide l'amant, et prolonge, en l'embellissant, la saison des innocentes amours ?

» Qu'est-ce que cette puissance de l'opinion qui flétrit les relations illicites, cette rigide réserve, ces institutions sacrées ; que sont toutes ces choses, sinon l'action de la loi de limitation manifestée dans l'ordre intelligent, moral, *préventif* ?

» Est-il possible de nier que l'humanité intelligente n'a pas été traitée par le Créateur comme l'animalité brutale, et qu'il est en sa puissance de transformer la limitation *répressive* en limitation *préventive?* » (*Harmonies économiques*, 2ᵉ édit.)

C'est à grand renfort de pétitions de principe et d'action déclamatoire que le célèbre économiste français s'efforce ainsi d'établir sa thèse comme quoi la pudeur a pour fin naturelle de mettre des entraves à une propagation trop rapide de l'espèce humaine.

Je ne contesterai pas que la pudeur puisse, dans une certaine mesure, produire l'effet que lui assigne Bastiat, mais je suis convaincu que telle n'est pas sa principale fonction sociologique. Qu'il me soit permis d'opiner à mon tour.

Je constaterai d'abord que l'attrait sexuel exercé par la femme sur l'homme est la seule force, ou du moins la principale force du sexe faible vis-à-vis de la société ; que cet attrait constitue une arme merveilleuse à l'aide de laquelle ce sexe, impuissant à pourvoir par lui-même aux nécessités de l'existence, contraint les forts à y pourvoir pour lui. En vertu de la grande loi des harmonies physiologiques et psychologiques, la nature avertit la femme, par un mobile instinctif, de ménager cette puissance, moyen indispensable de la conserver. Et qu'est-ce que ménager l'empire de son attrait pour l'homme, si ce n'est pas d'être économe de ses faveurs et de les réserver entières pour servir d'appât et de récompense à celui-là seul qui, en retour, se sera engagé à protéger, à soutenir et à faire respecter celle qui s'est donnée à lui ?

On doit donc le comprendre, la Pudeur est un bouclier et une épée magiques dont la faiblesse féminine a été armée : son salut est dans cette armure.

*
* *

123. Proudhon, sans donner son opinion sur le rôle naturel possible de la pudeur, combat celle qu'a émise Bastiat à ce sujet, et c'est sur une influence d'un autre ordre qu'il compte pour résoudre pratiquement la question mise sur le tapis par Malthus. Ce chapitre peut comporter la citation suivante de Proudhon à titre d'épilogue :

« Tandis que Malthus, en vrai doctrinaire, ose intervenir entre l'homme et la femme au moment de l'union, et arrêter, par un procédé qui ne diffère en rien des moyens de *répression* condamnés par lui-même, l'absorption de la semence, il s'agit simplement pour moi de découvrir la force dont le développement doit faire équilibre à la puissance génératrice, et de lui donner l'essor.

» Cette force, qu'est-elle ?

» Dans mon *Système des contradictions économiques*, publié en 1845, j'avais cru la découvrir dans le Travail.

» L'homme qui fait une dépense considérable de force, soit musculaire, soit cérébrale, ne peut pas, disais-je, vaquer dans la même proportion aux œuvres de l'amour ; il s'épuiserait rapidement. Il y a donc opposition entre les deux forces, et, dans une société bien ordonnée, établie sur la justice, l'égalité de condition, l'équivalence de l'instruction, la somme de travail croissant d'ailleurs toujours pour la société et pour les individus, la chasteté des mœurs allant du même pas, il est rationnel de présumer que l'équilibre s'établira de lui-même. » (*Op. cit., ibid.*)

Tout en me rangeant, pour une bonne part, à l'avis de Proudhon (bien qu'il soulève des objections sérieuses, notamment ce fait que les travailleurs manuels, ouvriers et paysans, quoique harassés du 1ᵉʳ janvier à la saint Sylvestre, n'en sont pas moins très prolifiques), je ferai remarquer que cette solution, dont Proudhon s'attribue la primeur, avait été déjà proposée depuis longtemps, avec de copieux et curieux développements, par l'autre grand socialiste bizontin, Charles Fourier.

XIX

DEVOIR DE L'HOMME ENVERS LA FEMME

124. L'instinctif attrait qui pousse l'homme et la femme l'un vers l'autre n'a point pour unique fin l'accomplissement d'un acte physiologique et le plaisir actuel qu'il procure à tous deux. Il ne faut pas perdre de vue que l'être humain est destiné à la vie sociale, destiné à vivre dans un état de société dont le mécanisme est très complexe, et que les différents ressorts de l'âme humaine sont trempés et disposés en vue de concourir, soit directement, soit d'une façon indirecte, au fonctionnement de ce corps collectif. Nous ne devons donc pas voir dans l'amour, considéré dans l'espèce humaine, l'instinct de la reproduction seulement ; il faut y voir aussi, et surtout, un lien social.

L'attrait que la femme exerce sur l'homme est le contre-poids de la supériorité virile ; il a pour but d'assurer à la femme, naturellement la plus faible et embarrassée en outre par les mille entraves de la maternité et les intermittences périodiques de sa santé, non pas seulement l'appui matériel de l'homme, mais son appui moral ; cet attrait est destiné à inculquer à l'homme un sentiment durable de bienveillance et de tendre déférence pour sa compagne, assez profond et assez élevé pour survivre aux charmes de celle-ci, et pour qu'aux hommages et aux soins prodigués à sa jeunesse et à sa beauté évanouies ne succèdent pas l'abandon et le mépris.

La prostitution offrant à l'appétit vénérien de l'homme une satisfaction facile et prompte, celui-ci se laisse entraîner par cet impur appât du moment. L'amour perd par là ses attributs humains et redescend à l'état de rut animal. Il devient dès lors antisocial ; il est maintenant un dissolvant et non plus un ciment pour la société.

Le commerce des prostituées habitue l'homme au contact d'êtres qu'il méprise — oui certes, qu'il méprise, car pour lui la moindre honte et le plus léger chagrin ne serait pas, malgré tout, de voir sa sœur ou sa fille réduite à une telle condition —, il s'habitue à goûter, dans un échange de mépris et de haine, d'intimes rapprochements que la nature destinait à être inséparablement associés à un sentiment d'affection et d'estime tutélaires. Dans cette fréquentation, il perd la moralité de l'amour, et le charme pudique de la femme non déchue cesse de le toucher. Il se fait — comme on se fait par l'usage à ce qu'il y a de plus répugnant — à trouver dans l'amour mercenaire l'entière satisfaction de besoins qui ne sont plus que ceux des sens, et où le cœur cesse d'avoir part, et bientôt il ne craint plus d'afficher ses basses préférences.

⁂

125. L'attitude ainsi prise ouvertement par la portion masculine de la société a son contre-coup dans l'autre moitié, et de là tout un enchevêtrement de conséquences et de complications, tout à la fois d'ordre moral et d'ordre social, qu'il est intéressant de démêler.

Comme la femme est portée par sa nature à mettre le suffrage de l'homme au-dessus de tous les biens, et à se voir pour ainsi dire elle-même et à voir l'univers entier à travers lui, elle en arrive facilement à se persuader que les créatures vénales aux pieds de qui se portent tous les hommages des hommes sont des types à imiter ; et, alors, pour détourner à leur profit un peu de ces attentions et de ce culte que les prostituées accaparent, les femmes dites honnêtes ne trouvent rien de mieux que de copier le plus servilement possible leurs heureuses rivales. Et la femme honnête descend dans la bassesse de la femme perdue pour y retrouver l'homme qui la fuit. Elle s'attachera donc à imiter de son mieux la prostituée dans son costume, dans sa parure, dans son allure et dans son langage. Comme elle, elle s'enfarinera le visage et s'imprégnera de ces odeurs nauséeuses qui sentent à la fois le poison et le vice ; bravement elle acceptera toutes les modes — coiffures, chapeaux, vêtements —, sans reculer d'une ligne devant les plus grotesques, ni devant les plus scandaleuses... Soins perdus ! la prostituée l'emporte encore, l'emporte quand même, par la franchise et la maîtrise de son cynisme ; et l'homme ne voit dans ces efforts d'imitation qu'un plagiat maladroit dont le seul effet est de lui découvrir que la femme honnête est prête pour toutes les ignominies de l'autre, et il y trouve une justification de son dédain et de son dégoût pour cette soi-disant femme honnête, et de ses faveurs pour la courtisane, qui, du moins, a le mérite de jouer son rôle au naturel.

Si j'en crois les peintures de la société française à notre époque, et je n'ai aucune raison de douter de leur exactitude, la femme du monde marche grand train à un état d'abêtissement et de détraquement intellectuel et moral sans exemple. Quelles destinées se préparent donc pour notre pays si la génération nouvelle est enfantée et élevée par des mères odalisques ? Elle sera ce que sont les Turcs.

∴

126. Oui, je le répète, et c'est d'ailleurs une vérité banale, la femme attend de l'homme, et non de son propre fonds, la connaissance du devoir, la notion du bien et du mal, de ce qu'il faut faire et de ce qu'il faut ne pas faire, de ce qui est convenable et de ce qui ne l'est pas, la règle de sa conduite et de ses mœurs, enfin. On peut le dire, la femme n'est que ce que l'homme la fait ; quelle n'est donc pas la responsabilité de l'homme, quel n'est pas son crime, si l'avilissement de la femme est son œuvre !

Je le dis froidement, posément, en me plaçant à un point de vue strictement scientifique, et il est facile de démontrer mon dire, la pratique du vol et du meurtre lui-même est bénigne pour la santé sociale et le bonheur humain au regard de la débauche, qui ruine la pudeur et la dignité de la femme, qui d'elle fait un instrument de plaisir auquel on ne doit que son loyer, et dont l'homme le moins délicat s'éloigne ensuite avec écœurement et non sans quelque honte.

Oui, la prostitution doit être flétrie, flétrie au premier chef ; et si, pour s'excuser, celui qui en use allègue le consentement volontaire et l'adage juridique *volenti non fit injuria*, je lui répondrai : votre cas est pareil à celui du voleur de grands chemins, qui peut alléguer aussi que le volé, sommé, le poignard sur la gorge, de choisir entre donner la bourse ou la vie, a *consenti* à donner la bourse.

Comment ! détrousser un passant est criminel, et il ne serait pas criminel de débaucher une femme, c'est-à-dire de tuer en elle la pudeur, la dignité, l'honnêteté, en d'autres termes ce que l'âme humaine porte en elle de plus humain ! A bien considérer le tort causé à l'individu et à la société dans un cas et dans l'autre, je ne crains pas de dire encore une fois que dépraver est un pire meurtre qu'assassiner.

L'opinion imbécile, moutonne, sans logique et sans cœur, qui de nos jours tient lieu de morale publique, n'hésite pourtant pas à condamner le débauché qui commet imprudemment une inoculation contagieuse, et cette même opinion n'attache aucun mal, aucune importance à l'inoculation volontaire et préméditée d'une syphilis morale cent fois plus redoutable que l'autre par ses conséquences ! Et dire que l'Etat entretient de nombreux professeurs de morale, et qu'il n'en est pas un qui élève la voix contre cette horrible plaie et cette iniquité épouvantable : la prostitution ! Et dire que les églises chrétiennes inondent le monde barbare et sauvage de missionnaires pleins de dévouement, et qu'à leurs portes elles laissent sans le panser, sans seulement se tourner vers lui, Lazare rongé par un si cruel ulcère, l'ulcère de la prostitution et de la débauche ! C'est bien le cas de rappeler à ce prosélytisme d'exportation le précepte du Maître : *Medice cura teipsum*. Il est étrange, le zèle de ce médecin, qui néglige les malades de son quartier et de sa propre maison pour aller offrir ses généreux services à l'habitant des antipodes !

Ce qu'en pareil cas les gens entendus ne manquent pas de vous faire observer, c'est que le mal dont il s'agit est inhérent à notre état social, que *c'est un mal nécessaire*. Je répliquerai que si la société a besoin en effet d'un tel mal pour son existence, c'est qu'elle n'est pas digne de vivre, c'est que, ce qu'il y a de mieux à faire à son égard, c'est de lui déclarer la guerre, c'est de la combattre sans trêve ni merci.

J'admire nos démocrates, ces ardents revendicateurs

des droits du peuple, ces redresseurs attitrés des torts dont il pâtit, qui voient dans la prostitution une institution sociale intangible. Qu'ont-ils donc sur les yeux pour ne pas voir que, si l'impôt du sang, rejeté sur le pauvre, est une injustice criante contre laquelle ils ont mille fois raison de s'élever, le pauvre subit une injustice bien plus abominable encore que celle d'avoir à donner ses fils pour en faire de la *chair à canon* au profit du riche : celle d'avoir à livrer ses filles à ce même riche pour les convertir en *chair à plaisir* !

La prostitution est antimorale, antisociale, antihumaine, et, par dessus tout, *antidémocratique*.

***

127. « Les femmes, pendant qu'elles sont jeunes, sont appelées maîtresses par leurs maris. Ces femmes donc voyant par là que leurs maris ne les considèrent que pour le plaisir qu'elles leur donnent, ne songent plus qu'à se parer pour plaire, en mettant toute leur confiance et toutes leurs espérances dans leurs ornements. Rien n'est donc plus utile et plus nécessaire que de s'appliquer à leur faire entendre qu'on ne les honorera et qu'on ne les respectera qu'autant qu'elles auront de sagesse, de pudeur, de modestie. » ÉPICTÈTE (*Maxime* 254°).

XX

LES NUDITÉS ARTISTIQUES

128. « Je ne suis pas un capucin ; j'avoue cependant que je sacrifierais volontiers le plaisir de voir de belles nudités si je pouvais hâter le moment où la peinture et la sculpture, plus délicates et plus morales, songeraient à concourir avec les beaux-arts à inspirer la vertu et à épurer les mœurs... Ces objets séduisants contrarient l'émotion de l'âme par le trouble qu'ils jettent dans les sens. Un tableau, une statue licencieux sont peut-être plus dangereux qu'un mauvais livre. Dites-moi, littérateurs, artistes, répondez-moi. Si un jeune cœur innocent avait été écarté du chemin de la vertu par quelques-unes de vos productions n'en seriez-vous pas désolés ? » Diderot (*Salons* de 1765).

Je ne suis pas un capucin, moi non plus ; je me permettrai pourtant de plaindre profondément nos artistes et nos critiques d'art, qui ne manqueront pas de trouver que, dans les lignes ci-dessus, le grand encyclopédiste s'est montré bien vieux, bien peu moderne, et je plaindrai encore davantage un temps où de tels appréciateurs sont les oracles du goût ; et en tout cas je saurai braver très stoïquement les sarcasmes que j'attirerai sur moi à mon tour pour partager l'opinion de Diderot.

* *

129. La peinture et la sculpture font de plus en plus du nu ; ce qui stimule les artistes dans cette voie, cha-

cun le devine sans peine ; mais quelle est l'influence sociale de cette direction donnée à l'art ? C'est ce qu'on oublie en général de se demander ; et qui, d'ailleurs, en a cure ?

Exposer des femmes nues sur la toile ou dans le marbre aux regards de la foule, est fait pour exciter dans l'homme un appétit tout sensuel, tout animal, et parfaitement égoïste ; c'est fait pour ravaler la femme et appeler sur elle le mépris en la déshabillant ainsi en public, en étalant devant tous son impudeur et ses hontes, enfin en la montrant à tous les yeux comme la plus avilie des dévergondées. Non, ce n'est pas là le moyen de faire éclore en nous et d'épurer le sentiment de l'art. Traiter ainsi l'art, c'est le prostituer à la prostitution, c'est en faire le pourvoyeur du lupanar.

.

130. L'excellent Channing, un véritable saint s'il en fut, se déclare partisan des arts plastiques ; mais le chaste unitarien n'a sans doute pas réfléchi que pour exécuter la Vénus de Milo, ou l'Esclave grecque de Powers (réputée le chef-d'œuvre de la statuaire américaine), l'artiste a été dans la nécessité de faire poser devant lui de vraies femmes nues, qui ont dû étouffer en elles toute pudeur au point de s'offrir *in puris naturalibus* aux regards de tout un atelier de jeunes gens. Non, le naïf Channing n'avait pas entrevu cette cruelle nécessité de l'art.

Ce qu'il n'avait pas non plus considéré, c'est que, si nous sommes tous d'accord pour condamner l'exhibition publique des nudités vivantes comme contraire aux bonnes mœurs, nous sommes tous absurdes d'approuver qu'on convie le public, hommes et femmes, pubères et impubères, à venir contempler et admirer l'image de cette réalité déclarée honteuse, et à s'en repaître la vue, l'imagination et les sens.

Les puritains iconoclastes suivent leur principe jusqu'au bout ; les autres aussi posent le même principe très solennellement, mais, cela fait, s'empressent de lui tourner le dos. En ceci nous nous sommes faits, depuis la Renaissance, les disciples des anciens avec une confiance aveugle ; or il est bon de se rappeler que si ces Anciens eurent un sentiment exquis de la forme, en revanche leur indulgence pour certaines relations que la science n'hésite pas à condamner sévèrement, puisqu'elles sont contre nature, nous défend d'admettre leur autorité en matière de bonnes mœurs.

.˙.

131. Un acte, un discours, une image ne sont obscènes sans doute que par l'intention affichée de blesser la pudeur. C'est ainsi qu'on ne saurait accuser d'obscénité une personne parce qu'elle se sera laissé surprendre involontairement par des regards indiscrets dans un état de nudité, alors qu'elle se trouvait en un lieu où on pouvait se croire à l'abri de pareille aventure. Dans un tel cas la nudité peut être choquante, mais elle n'est pas obscène ; elle peut offusquer la pudeur, mais c'est inintentionnellement, et par suite innocemment.

Pour apprécier au point de vue de cette distinction le côté moral des expositions publiques de la peinture et de la statuaire, il faut poser au préalable quelques principes.

Une nudité artistique, une peinture, une sculpture, qui, considérée en elle-même, c'est-à-dire dans l'esprit du sujet traité, n'accuse aucune intention d'offense à la pudeur, n'est pas plus impudique en soi que l'est une planche d'anatomie dans un ouvrage de médecine. Ainsi l'Ève charmante du Corrège qui fait partie de la galerie de M. Girou de Buzareingue est d'un nu poussé très loin, mais ce ravissant tableau pénètre l'âme d'une tendre pitié qui en éloigne les impressions purement sensuelles, et qui la touche dans ce qu'elle a de meilleur et de plus délicat. Ève, radieuse de beauté et touchante de jeunesse, la main dans celle de son époux malheureux, s'éloigne tristement du paradis terrestre sous le coup de l'implacable colère de son Dieu. Cet époux, ce Dieu, sont les seuls témoins de sa nudité, et cette nudité reste chaste. Mais en est-il de même d'une certaine statue placée dans une des niches de la cour du Louvre, qui représente une femme coiffée d'un diadème, les épaules couvertes d'un manteau royal, et les parties sexuelles effrontément à découvert? On a mis là devant nous, devant tous, y compris jeunes filles et enfants, et pour être admirée à tout instant du jour, une Messaline audacieusement impudique.

L'exhibition publique de ce marbre est un outrage à la morale plus pernicieux peut-être que ne serait l'exposition en pleine rue d'une prostituée en chair et en os destinée à souiller la vue des passants par un étalage de turpitudes.

Ici le sujet de l'œuvre, sa conception et son exécution, sont intrinsèquement, absolument et directement obscènes, et tout cela est scandaleusement coupable. La Sortie du paradis terrestre du Corrège est au contraire pure de ce vice, autant du moins qu'on ne considère l'œuvre qu'en elle-même et dans la pensée de l'artiste, abstraction faite des circonstances du dehors. Oui, le tableau du Corrège est exempt de l'impudicité intrinsèque, mais les circonstances toutefois peuvent lui communiquer une indécence extrinsèque. Expliquons-nous sur cette distinction.

La vue du chef-d'œuvre dont il s'agit réveille un sentiment délicat de volupté tendre et compatissante où tout est noble et pur ; mais encore faut-il pour cela que les yeux qui le contemplent possèdent une culture esthétique et morale qui est le privilège du très petit nombre. Sa place serait dans la chambre nuptiale ; là son influence sur l'âme serait bonne, normale et morale. Mais les mêmes images exposées dans un musée, dans un salon, soumises aux regards des personnes de tout sexe, de tout âge et de toute éducation, exerceront une action qui sera généralement ou inopportune ou pernicieuse. Dans ce cas, ce n'est pas à la toile ni au peintre que devra aller le reproche, c'est à ceux qui auront fait de son œuvre un usage inconsidéré.

Le groupe qui décore l'arc de triomphe de l'Étoile, sur la droite du spectateur du côté des Champs-Élysées, représente un adolescent dont les parties génitales sont en montre avec une affectation outrée. Ce travail, fait pour être exposé sur une grande voie publique, pour solliciter les regards d'une foule continue de femmes et d'enfants mêlés aux hommes de tout âge, accuse chez l'artiste un état de moralité déplorable. Il savait que ce phallus proéminent, qui se jette aux yeux, blesserait la pudeur ou l'émousserait, serait une source d'émotions intempestives pour les uns, malsaines pour les autres, tout en péchant en outre au point de vue strictement esthétique, puisque l'impression causée par ce détail nuit à celle de l'ensemble, qui est d'un style essentiellement sévère. Mais aucune de ces considérations n'a arrêté l'auteur de l'œuvre ; il avait une soif morbide d'insulter à la décence, et rien ne l'a retenu. Et dire que de tels outrages sont récompensés, sont glorifiés, alors que le passant qui, pour satisfaire un besoin naturel et pressant, se découvre avec trop peu de précaution devant un mur, est appréhendé par l'agent des mœurs et traîné au poste !

Les nudités du Jugement dernier de Michel-Ange pèchent encore plus grièvement contre la moralité et contre l'harmonie esthétique. Le grand artiste a voulu se donner le plaisir de commettre une orgie dans une église ; il a voulu être à la fois impudique et sacrilège, et pour atteindre à ce raffinement du mal il s'est décidé à sacrifier l'art lui-même, car sa fresque est un contresens esthétique monstrueusement absurde. C'est le sujet religieux le plus grave, le plus sévère et le plus solennel, et l'artiste l'agrémente de nudités de l'un et de l'autre sexe des plus insolemment païennes et des plus grossièrement libertines. Mais l'auteur s'appelle Michel-Ange, et alors il ne reste plus qu'à admirer du bonnet.

Quelle coupable sottise, quelle inconsciente canaillerie qu'est celle de nos édiles choisissant ce qu'il y a de plus crûment nu dans leurs marbres et leurs bronzes pour en encombrer nos jardins publics ! Entendraient-ils donc par là, les imbéciles, former le goût artistique des nourrices, des bonnes d'enfants et des tourlourous ?

C'est agir envers le public en vrais misérables, et ils ne s'en doutent pas, et le public pas davantage. Où sont donc nos moralistes officiels ? n'ont-ils rien à dire à ce sujet, n'ont-ils pas à intervenir ? Sinon, à quoi servent-ils donc alors, ces messieurs, à quoi bon leurs chaires de la Sorbonne et du Collège de France ?

XXI

LA BEAUTÉ DE LA FEMME

132. On s'accorde à dire que l'homme a reçu la force en partage, et la femme la beauté.

Pour ce qui est de l'attribution de la force, un tel jugement est assurément incontestable ; mais, quant à la beauté, je dis qu'en faire le privilège du sexe faible est une erreur, non moins profonde que générale, dont il est facile du reste de découvrir la source.

L'homme étant le plus fort, comme il se proclame justement, c'est lui qui fait en tout la loi, la loi juridique, la loi morale, et aussi la loi esthétique ; et il la fait, d'ailleurs de bonne foi, en s'inspirant de son seul intérêt, ou de ce qu'il considère tel. C'est ainsi par exemple qu'il réduit et rabaisse la vertu de la femme à ce qu'elle lui soit matériellement fidèle en amour. Or la femme étant naturellement belle *relativement* à l'homme en tant que sujet (la crapaude elle-même n'est-elle pas ravissante aux yeux de son crapaud?), et l'homme ne pouvant être *senti* beau par un autre homme, il accorde à la femme la prérogative exclusive du charme de la beauté. Il ne juge ici de la femme qu'en tant que considérée comme *objet* ; il s'inquiète peu de savoir ce qu'elle est comme *sujet*, c'est-à-dire de sa façon à elle de juger cette question de la beauté comparative des deux sexes. Et maintenant, si l'homme ne faisait pas un absolu de ce qui en réalité n'est qu'un relatif à lui-même, si en un mot il jugeait *objectivement* et non *subjectivement*, il déciderait que la femme est belle, mais non pas qu'elle est seule belle. En effet, l'homme n'est pas moins beau que la femme, mais il est beau surtout aux yeux de la femme, qui n'eût pas manqué de lui attribuer à son tour le sceptre de la beauté si la cause eût été portée à son tribunal.

Cette opposition distinctive des deux sexes, opposition entre la force de l'homme et la beauté de la femme, est donc une erreur de point de vue, une illusion, sans doute très naturelle, mais dont la philosophie n'aurait pas dû être dupe. Certes la beauté absolue de l'homme excelle très probablement celle de la femme ; car il est de règle dans la nature animale que, sous ce rapport, comme sous celui de la puissance, le mâle l'emporte sur la femelle, ce dont nous pouvons juger impartialement, objectivement, pour ce qui est des autres espèces, parce que, dans ce cas, le jugement de la beauté est pour nous désintéressé, c'est-à-dire indépendant de toute influence sexuelle.

Il est à observer d'autre part que notre espèce est l'une de celles où la différence des deux sexes est le plus accentuée. Aussi est-il bien possible que le charme esthétique que l'homme exerce sur la femme soit encore supérieur à celui de la femme pour l'homme.

XXII

L'HONNEUR

133. Qu'est-ce qu'une « dette d'honneur », et pourquoi l'honneur commande-t-il de respecter certaines obligations et ne lie-t-il pas à l'égard de certaines autres ?

Intéressante par elle-même, cette question en suggère encore plusieurs d'une portée supérieure et d'un intérêt plus général.

Les sociétés fondées sur l'égalité et l'équité demandent leur lien social principalement au sentiment de la justice, à la probité, à l'honnêteté. Telle était sans doute la pensée de Montesquieu quand il a avancé que le régime républicain repose sur la vertu.

En revanche il est bien clair que les sociétés établies pour la pratique de l'injustice doivent faire appel, pour leur conservation, à un mobile moral différent. Sous le despotisme pur, une société composée d'un maître absolu et d'un peuple d'esclaves, c'est la crainte, c'est la terreur de ce maître qui maintient réuni et docile le troupeau social.

Dans les sociétés constituées en vue de la chasse à l'homme, par exemple pour l'exercice d'un brigandage quelconque, le brigandage de conquête ou autre, entre égaux dont le chef n'est qu'un *primus inter pares*, la tendance centrifuge de l'individualisme ne saurait trouver son contrepoids ni dans l'esprit de justice ni dans une peur servile : elle le tire de l'*honneur*, c'est-à-dire de ce désir aigu des égards et de la considération de ses pairs, qui fait que ce que l'on redoute le plus, c'est de *déroger*, c'est d'être *disqualifié* pour manquement aux devoirs de convention servant de règle à la compagnie. Ce sentiment, plus ou moins mélangé de l'instinct de solidarité, règne jusque dans les bandes de malfaiteurs de l'espèce la plus infime.

Ces devoirs corporatifs que transgresser est forfaire à l'honneur sont étroitement mesurés aux intérêts particuliers de la corporation. C'est ainsi que chez les joueurs de profession les dettes de jeu sont seules sacrées, sont seules des « dettes d'honneur ».

« Cet honneur bizarre, nous dit Montesquieu, fait que les vertus ne sont que ce qu'il veut ; il émet, de son chef, des règles à tout ce qui nous est prescrit ; il étend ou il borne nos devoirs à sa fantaisie, soit qu'ils aient leur source dans la religion, dans la politique ou dans la morale. » (*Esprit des lois*, édit. de Londres, 1769, t. 1er, p. 60.)

*
* *

134. Il ne faut pas pour autant médire du sentiment de l'honneur ; il est en bon rang sur l'échelle des facultés morales, et son utilité sociale est des plus considérables. Sans doute, tel que le sens du juste, tel que le sens du beau, tel que le sens de la chaleur ou de la lumière, le sens de ce qu'exige l'honneur, de ce qui est honorable, est sujet à erreur ; mais ce sens spécial, il incombe à la morale scientifique de le munir de son critérium propre, de son critérium rectificateur, qui le ramènera, le cas échéant, dans la voie normale. Et, dans ce but, ce qu'avant tout elle doit faire, ainsi que pour toutes les autres espèces sentimentales, c'est de bien préciser, d'une part, les *caractères subjectifs* du sentiment spécifique proposé, soit ici de l'Honneur, au moyen d'une ana-

lyse psychologique approfondie, et, d'autre part, ses *caractères objectifs*, c'est-à-dire les qualités intrinsèques des actions auxquelles les diverses formes et les diverses nuances de ce sentiment sont respectivement corrélatives. Ces problèmes, l'auteur de l'*Esprit des lois*, et d'autres encore, s'y sont attaqués avec plus ou moins de succès. On peut lire une fort intéressante étude sur ce sujet dans le *Grand dictionnaire universel du XIX° siècle* de Pierre Larousse. Je crois devoir en donner ici quelques passages :

« L'honneur, ce sentiment délicat dont on a fait une religion, est tout moderne, malgré son nom ancien. Les Romains, auxquels nous avons emprunté le mot, ne connaissaient aucunement la chose, du moins comme nous nous la figurons... L'honneur moderne est d'origine féodale ; il fut l'âme de toutes les institutions chevaleresques et leur survécut. Le définir est néanmoins assez difficile ; car il a consisté en tant de choses depuis le moyen âge jusqu'à ce jour, il a souffert à une époque tant de dérogations regardées à une autre époque comme déshonorantes, qu'en en faisant l'histoire on croirait difficilement avoir affaire au même sentiment intime, l'estime de soi...

» Jusqu'à la révolution de 1789, l'honneur avait été, comme bien d'autres choses, le privilège de l'aristocratie. En dehors de la noblesse point d'*hommes d'honneur*. La probité du marchand ou du bourgeois, l'intégrité du juge, n'étaient rien du tout à côté de cet honneur patrimonial dont les anciennes familles prétendaient avoir conservé seules la tradition. Il faut cependant convenir que cette prétention, absurde de nos jours, n'était pas, à l'origine, dénuée de tout fondement, puisque c'est par l'aristocratie féodale que ce sentiment nouveau, inconnu de l'antiquité, se fit jour, et devint un des plus puissants mobiles des actions humaines. En imposant, sous peine de déchéance, des devoirs plus élevés que le devoir strict, exaltant certains penchants naturels, la courtoisie, la bravoure, l'amour des femmes, la persévérance ; en en flétrissant d'autres que la loi ni la morale ne peuvent atteindre, l'avarice, la lâcheté, la violation d'une promesse, la chevalerie créa véritablement le code de l'honneur, un code inconnu des Grecs et des Romains, et qui, même parmi les nations modernes, n'eut toute sa vigueur qu'en France et en Espagne.

» ... Il n'y a pas que le mal qui soit contagieux, le bien moral se rit des castes et des divisions arbitraires parmi les hommes. Il arriva donc que dans les pays où la chevalerie féodale régna, la vertu de l'honneur s'étendit à la longue sur toute la population, et descendit des classes gouvernantes aux classes gouvernées. L'honneur ne resta pas l'apanage exclusif de la noblesse, il devint une vertu d'un usage commun à toutes les classes. L'honneur, ce fut la grande vertu de nos pères, leur principal mobile d'action, le ressort généreux de toute leur conduite et presque toute leur morale. L'ancien Français, à quelque ordre qu'il appartînt, faisait tout, non par devoir, ou par vertu, ou par crainte de la loi, mais par honneur. Ce que l'honneur permettait, il le faisait, la morale l'eût-elle défendu d'ailleurs ; ce que l'honneur défendait, il s'en abstenait, la morale l'eût-elle permis. L'honneur, comme une religion, se développait dans chaque individu conformément à son origine, à ses mœurs ou à son caractère, et prenait des formes particulières avec chaque classe. Mais toutes ces formes de l'honneur reposent sur des principes communs, qui n'en font qu'une seule et même vertu, en ce sens que les hommes de toutes les classes se comprennent aussitôt que ce mot d'honneur est échangé entre eux.

» Au fond, l'honneur n'est que l'estime de soi corroborée de l'estime des autres. Toute action qui grandit l'homme dans sa propre estime et dans celle de ses égaux est conforme à l'honneur ; toute action qui le rabaisse est un cas de déchéance. Cette échelle est éminemment variable, puisqu'elle dépend des mœurs ; de là ces anomalies qui font qu'un cas est déshonorant dans un siècle ou dans un pays, et qu'il ne l'est pas à une autre époque ou sous un autre climat. De là encore, suivant le caractère des peuples ou des individus, ou même suivant la mode du jour, une susceptibilité plus ou moins grande dans le soin que l'on met à préserver son honneur ou à se venger de ce que l'on considère comme y portant atteinte. Ces particularités ne peuvent faire que l'honneur ne soit une seule et même chose au fond de toutes les consciences. »

.˙.

135. Pour débrouiller la question morale de l'honneur, comme pour toute autre question complexe et délicate, il faut commencer par dissiper entièrement les équivoques dont peuvent être enveloppés les termes sur lesquels on a à raisonner.

Dans la langue commune, et dans celle des philosophes elle-même, le mot *honneur* a un nombre d'acceptions très distinctes qu'on n'a, que je sache, jamais pris la peine de distinguer méthodiquement. Je vais en citer ici trois principales

Quand je dis : « L'honneur a triomphé de l'égoïsme »,

il s'agit bien là de deux sentiments, que j'oppose l'un à l'autre. L'honneur est donc, dans ce cas, un *sentiment*.

Quand je dis : « L'honneur commande de faire passer le respect de sa parole avant son intérêt », honneur, cette fois, s'entend du *code* de l'honneur, autrement dit des règles prescrites pour agir honorablement.

Quand je dis enfin : « Ayant failli, il a perdu son honneur », ce n'est plus ni du sentiment de l'honneur, ni du code de l'honneur, que je parle, c'est de la *considération* qui s'attache à « l'homme d'honneur », et qui lui est retirée s'il manque à l'honneur.

On voit par ces simples exemples que non seulement le mot *honneur* sert à nommer des choses très différentes entre elles, mais qu'en outre il ne peut être défini dans ses acceptions diverses sans qu'on le fasse intervenir lui-même pour fournir sa propre définition, ce qui constitue un imbroglio en tout semblable à celui des définitions de la lumière, du son et de la chaleur, dont nous avons eu précédemment (7) à nous occuper. Mais en même temps nous avons enseigné la secrète manière de nous tirer de cette difficulté-là ; c'est à la même recette qu'il y aura lieu de recourir pour venir également à bout de celle que nous offre la définition de l'honneur.

Qu'est-ce que l'Honneur ? — Réponse : L'honneur, c'est le sentiment de l'honneur, ou le code de l'honneur, ou enfin le degré et l'espèce de considération qui s'attache à l'honneur.

Dans la définition de l'honneur, l'honneur en est ainsi à la fois le sujet et le prédicat, et par conséquent une telle définition constitue un cercle vicieux. Oui, sans doute, mais ce cercle n'est pas absolument fermé, il a une issue cachée, et nous l'avons fait connaître (8)

Le sentiment spécial, de même que la sensation spéciale, est une donnée *sui generis* et primordiale qui, se constate, qui s'affirme sur le seul témoignage de la conscience, et qui ne saurait être définie, à moins qu'il ne soit un composé de plusieurs sentiments primaires. En tout cas, c'est lui, et lui seul qui fournit, c'est de lui seul qu'émane la caractéristique commune qui groupe naturellement ensemble les divers sujets — quelque divers qu'ils soient — nominalement réunis sous la commune expression d'*honneur*.

C'est par conséquent du sentiment Honneur qu'il faudra partir pour arriver à une définition logique de ses homonymes ; et, consécutivement, c'est sur la nature normale de ce sentiment qu'il conviendra de se fixer tout d'abord. On aura ensuite à faire l'examen de son objet — autrement dit de l'honneur objectif — et à le passer au creuset pour en séparer ce qui est vraiment normal et pur de ce qui est anomalies, matières étrangères, scories.

.·.

136. Développé, formé au sein d'une caste guerrière, le sentiment de l'honneur a, ce me semble, pour un de ses caractères dominants, de nous faire redouter de perdre la considération de nos pareils par une lâcheté et une bassesse quelconque, et il a semblé particulièrement lâche et bas de faillir à sa parole « entre gens d'honneur ». De là ce respect religieux de la parole donnée sur l'honneur, passé en quelque sorte à l'état de culte. Et l'attachement fier à une promesse faite sous de tels auspices, et la conviction qu'y manquer entraînerait la déchéance et la dégradation, pour une âme élevée rend cette parole sacrée absolument, c'est-à-dire sans acception de personnes, et en tout état de cause.

Un bien beau trait de ce sentiment noble est celui qu'on rapporte de Lamoignon, président au Parlement de Paris. Arrêté en voyage par des voleurs qui savaient à qui ils avaient affaire, il traite avec eux de sa rançon, et, le prix convenu, il s'engage d'honneur à le leur compter le lendemain, dans sa maison, loyalement, et pour eux à l'abri de tout risque. Les bandits furent exacts au rendez-vous, et ce qui avait été dit fut ponctuellement fait.

Mon père aimait à rappeler ce trait superbe, et c'était chaque fois avec des larmes d'admiration.

Dans son récit, il y avait un point particulier sur lequel il se complaisait à insister ; c'était la part d'honneur revenant, selon lui, aux brigands eux-mêmes, qui avaient prouvé n'être pas étrangers à ce sentiment, puisqu'ils y avaient cru, avaient cru à toute sa force, et qu'ils y avaient mis leur entière confiance.

L'exemple de Régulus, allant délibérément et librement au supplice et à la mort par fidélité à sa promesse de retour faite aux Carthaginois, serait sans doute l'illustration la plus sublime du pouvoir de l'honneur sur une grande âme si c'était bien réellement l'honneur qui fut le fond de cet héroïsme. Le vieux Romain n'avait pas seulement un amour de la patrie sans bornes, il était tout autant dévot. C'étaient les dieux qu'il avait faits caution de son engagement ; comment dès lors le laisserait-il protester ! Le respect et la crainte des dieux, un motif religieux en un mot, et non un motif chevaleresque, voilà vraisemblablement où gît le secret d'un acte aussi magnanime.

.˙.

137. Entre autres caractéristiques différentielles qui s'offrent pour distinguer l'un de l'autre l'Honneur et la

Justice, il y a celle-ci, c'est que forfaire à la justice donne le *remords*, et que forfaire à l'honneur donne la *honte*.

*
* *

138. L'honneur tel que nous l'entendons ici, l'honneur viril, est un sentiment que la femme ne sait ni éprouver ni concevoir[1]. L'honneur de la femme, en tant que sentiment, se réduit au soin de la considération attachée à sa moralité sexuelle. Tel l'honneur de Lucrèce.

*
* *

139. L'honneur le plus fier et le plus mâle est sans contredit celui qui nous rend jaloux avant tout de notre propre estime, et qui relègue au second plan celle d'autrui. Ce sentiment est vivace et puissant dans le caractère anglais. Il tient de près à l'orgueil. L'autre honneur, celui qui s'inquiète avant tout des dispositions de la galerie, est proche parent de la vanité ; il caractérise plutôt les Français.

Le seul honneur à mes yeux digne vraiment de ce beau nom est celui qui peut à bon droit arborer la vieille devise :

POTIUS MORI QUAM FŒDARI

---

1. Francisque Sarcey a raconté dans le temps un fait personnel qui illustre curieusement cette vérité. Une montre qu'il tenait de son père, et à laquelle pour cette raison il attachait un prix d'affection, lui ayant été volée, il fit insérer une note dans les journaux par laquelle il s'engageait sur l'honneur à payer la valeur marchande de l'objet à qui le lui rapporterait, se tenant d'avance pour son obligé, ajoutait-il, et se portant garant de sa sûreté. « De tous mes amis masculins » — c'est Sarcey qui parle — « il n'y en eut pas un qui doutât de la bonne foi de mes offres et de la loyauté de mon engagement. Du côté des femmes, au contraire, aucune n'y voulut croire ; toutes étaient convaincues que je voulais prendre au piège l'innocent voleur, que mon intention était de le *pincer*. »

XXIII

MARIAGE ET MORALE OFFICIELLE

140. L'institution du mariage tend de plus en plus à se transformer en une consécration légale de la fraude et de la contrebande dans le commerce sexuel. Les moralistes patentés eux-mêmes, les professeurs officiels de morale, et les plus autorisés d'entre eux tous, commencent visiblement à adapter leurs doctrines à ces mœurs interlopes. Ils enseignent bien encore avec solennité que le mariage est le fondement sacré de l'édifice social, et ils ne manquent pas de dénoncer bien haut comme ennemis de la société et malfaiteurs publics certains novateurs modernes qui, suivant l'exemple du divin Platon, ont osé mettre en délibération la constitution naturelle de la famille. Mais il paraît que c'est là purement un zèle d'apparat, un lieu commun oratoire. L'illustre auteur du livre intitulé *Du beau, du vrai et du bien* consacre ses vieilles années et son talent, qui ne vieillit pas, à célébrer, en des pages enflammées, les amours très libres des dames galantes du XVII° siècle. C'est un autre professeur de philosophie en renom et collègue de M. Cousin à l'Académie des sciences morales, c'est M. Paul Janet, qui signale cet événement littéraire comme un symptôme, comme un signe du temps, dont il ne songe nullement à se scandaliser. Avec un calme tout philosophique il assiste à cet abandon mal déguisé, à ce *lâchage*, par la philosophie classique elle-

même, de l'arche sacro-sainte du mariage. Voici une déclaration à ce sujet éminemment suggestive, qu'il a introduite dans une de ses leçons de la Sorbonne, et dont le texte officiel est donné ainsi par l'*Annuaire philosophique*, t. 3ᵉ, p. 203 :

« Lorsque ces rapports [il s'agit de la pédérastie chez les anciens] étaient tempérés par une certaine distinction d'esprit, on jugeait ce genre d'amour à peu près comme nous jugeons, dans notre société demi-païenne, demi-chrétienne, l'amour hors mariage, amour qui est contraire à la morale, mais qui n'est pas contraire aux lois de l'honneur mondain ; on n'est pas révolté par l'idée d'un amour illégitime, au moins pour l'homme, et pour la femme elle-même lorsque ce genre de passion se trouve mêlé à une grande naissance, à une grande situation sociale ; cela finit par devenir quelque chose d'assez régulier ; aussi voyons-nous un grand philosophe de nos jours ne pas se faire scrupule de peindre avec enthousiasme et admiration les amours des belles dames d'autrefois. Eh bien, ce que nous éprouvons pour des mœurs libres, quand elles ne dépassent pas une certaine limite et quand la grossièreté ne s'y mêle pas... » Je fais grâce du surplus.

Ainsi donc des « amours libres », c'est-à-dire la violation affichée de ce qui est la loi fondamentale de notre famille civilisée, quand ces « amours libres », c'est-à-dire ces outrages publics, ostensibles et permanents à un principe social aussi essentiel, aussi vital pour la société actuelle que le droit de propriété lui-même, sont « *tempérés* par une certaine distinction d'esprit et de manières, *atténués* par une grande naissance, une grande situation sociale », ou autrement dit, en termes plus nets et plus francs, quand ces mauvais exemples viennent d'en haut, alors ils n'ont plus rien qui révolte la conscience de nos docteurs en morale ; ceux-ci n'en ressentent pas la moindre indignation, pas la moindre tristesse. Ha ! par exemple, s'il s'agissait de simples artisans ou de petits bourgeois, ce serait alors tout autre chose... Décidément, ces messieurs en sont venus à penser de la morale ce que tant d'autres pensent de la religion, qu'*elle n'est faite que pour le peuple*.

Oui, au fond, ils en sont là, ces prébendés du haut enseignement moral ; et parmi eux le plus grassement doté, « un grand philosophe de notre temps », nous peint « avec enthousiasme et admiration » l'entière déroute, chez les grands, de cette morale conjugale que l'on continue à prêcher aux petites gens.

*
* *

141. Nos philosophes d'académie se prennent vraiment si peu au sérieux qu'une chose faite pour surprendre, c'est que la philosophie ne soit pas descendue encore plus bas dans l'estime publique.

Pendant que dans sa chaire de la Sorbonne M. Paul Janet s'exprimait avec cette indulgence et cette complaisance pour l'immoralité des mœurs mondaines, un autre membre de l'Académie des sciences morales, professeur de philosophie au Collège de France, M. Franck, flétrissait comme immorales les vues émises par Charles Fourier sur les relations des sexes. Il est vrai que ce grand penseur (c'est de Fourier que je parle, bien entendu), dont la vie fut modeste et austère, au lieu de souffler le froid et le chaud comme les coryphées de la philosophie officielle — qui tonnent avec une si vertueuse indignation contre les « ennemis de la famille » tout en se faisant les panégyristes de la haute galanterie —, Fourier, lui, fut frappé et révolté de l'hypocrisie de nos mœurs, et ne craignit pas de se demander si notre mariage civilisé, une institution qui porte de si vilains fruits, répondait bien au vœu de la nature et de la vraie morale, si enfin il n'y avait pas lieu de le réformer.

Et voilà comment Charles Fourier, au dire de ce bon M. Franck, « a formulé le code de la bête »; et voilà en même temps comment le vieux dithyrambiste érotomane des péchés mignons de la duchesse de Longueville est proclamé par tous les échos de la Sorbonne et du Collège de France le premier et le plus grand de nos moralistes contemporains !

Les réflexions suivantes, bien que n'étant pas d'un professionnel de la morale, me semblent bonnes à citer ici :

« Séparation ou conflit, telle est en général l'alternative infligée par la société actuelle aux relations de parenté. L'idéal d'une société différente peut seul faire concevoir l'action harmonique du groupe de famille, en y conservant, pour tous, les éléments de spontanéité et de liberté sans lesquels tout sentiment perd sa puissance et son charme. » Dr. F. BARRIER (*Principes de sociologie*, t. 1er, p. 95.)

XXIV

ANTINOMIES MORALES ET JURIDIQUES

142. La Société d'économie politique de Paris a discuté il y a quelques jours (nous sommes aujourd'hui au 2 juin 1865) sur les prétendus droits des peuples civilisés de conquérir et régir les peuples barbares ou sauvages. Il s'agissait en particulier de la conduite de la France vis-à-vis des Arabes algériens. Cette discussion a démontré, *premièrement*, qu'elle ne saurait aboutir sans s'appuyer sur un principe de droit naturel déterminant les vrais caractères de la minorité des peuples, et les droits et devoirs réciproques qui doivent régler les rapports entre ceux qui seraient reconnus mineurs, et ceux qui se considèrent majeurs et investis d'une mission de tutelle. Elle a démontré, *secondement*, qu'un tel criterium est encore inconnu des économistes.

A côté de la minorité *des* peuples subalternes, au regard des nations dominatrices, il y a la minorité *du* peuple au jugement de ceux qui le gouvernent ou qui aspirent à le gouverner. C'est de cet état supposé de minorité politique des classes inférieures que les classes dirigeantes se prévalent pour justifier l'accaparement du pouvoir à leur profit. Il n'est point oiseux d'examiner jusqu'à quel point une telle prétention peut être fondée, et quelles seraient les conséquences logiques de ce fait d'incapacité populaire s'il était établi.

⁎
⁎ ⁎

143. Quiconque ne s'obstine pas à fermer les yeux à l'évidence sera bien forcé de reconnaître que la masse de la nation française, composée en majeure partie de paysans dont les lumières ne dépassent guère celles des Bédouins, n'ayant aucune idée nette du gouvernement sous lequel ils vivent, ni d'un gouvernement quelconque, manque de compétence pour opiner sur la conduite des affaires publiques. Et si néanmoins du suffrage universel établi en France il sort une représentation nationale apte à gérer tant bien que mal les intérêts du pays, il est aisé de voir que c'est grâce à ce que ce suffrage de la multitude ne s'exerce pas sincèrement, sérieusement et véritablement, et à ce que l'opinion de l'électeur inepte, totalement aveugle, n'est point livrée à elle-même, et qu'il s'y substitue par voie d'influence l'opinion d'une minorité plus éclairée.

Le suffrage universel, quoique réduit à cet état fictif, a pourtant ce mérite qu'il consacre les *droits virtuels* du grand nombre, droits immanents méconnus par les régimes fondés sur le privilège.

⁎
⁎ ⁎

144. Ici maintenant se pose la question du respect dû à la vérité et à la liberté dans la direction des mineurs, individus ou peuples, et des restrictions que les exigences de cette direction peuvent légitimement apporter à un tel devoir.

Est-il permis dans certains cas de déguiser la vérité aux enfants, de leur représenter les choses autrement qu'elles sont en réalité, et de les contraindre au mépris de l'inviolable liberté humaine ? Certes oui, et sans le moindre doute, car agir autrement aurait pour eux les conséquences les plus funestes.

Ainsi l'intérêt des enfants, dans certains cas donnés, nous fait certainement un devoir de les tromper, de donner par exemple le change à leurs curiosités prématurées ; il nous défend d'user de bonne foi avec eux en pareil cas, et de respecter toutes leurs inclinations et volontés. Et nul, je pense, n'oserait dire que se soumettre à ces nécessités de la première éducation soit immoral, et que n'en point tenir compte ne constituât au contraire une imprudence coupable.

Mais est-ce seulement de la nourrice au nourrisson qu'est de mise cette politique de supercherie et de contrainte ? Ne sied-elle pas tout autant au médecin à l'égard de certains malades ? N'est-elle pas pour lui, qui plus est, une obligation professionnelle rigoureuse ? Eh ! oui, son devoir est quelquefois de déguiser la vérité quand l'exposer toute nue la rendrait mortelle. Il est moralement tenu — quelque violent que paraisse le paradoxe — oui, moralement tenu, tenu en conscience, de mentir, et encore avec un front d'airain, quand le salut d'une existence remise entre ses mains est à ce prix. La morale, que je sache, n'a jamais poussé le rigorisme de la véridicité au point de vouloir que l'on ruine l'espoir d'un malheureux malade, qu'on lui fasse perdre la dernière chance de guérison et qu'on précipite sa fin, tout cela par scrupule de mentir à sa curiosité inquiète en lui disant l'opposé de ce qu'on pense de son état. Qui plus est, elle permet, que dis-je, elle ordonne à l'homme de l'art et à l'infirmier d'oublier à son égard, en certaines circonstances, tout ce que la morale enseigne et prescrit touchant le droit imprescriptible et sacré de liberté individuelle. Sans doute il est de principe en chirurgie de ne tenter une opération sur un adulte qu'avec son consentement préalable et formellement exprimé ; mais du moment où le patient s'est volontairement livré et que le fer l'a touché, il cesse de s'appartenir, il devient la chose du chirurgien ; ses protestations les plus violentes, ses plus véhéments appels au respect de la liberté humaine, aussi bien que ses malédictions et imprécations les plus effroyables, doivent trouver l'opérateur sourd et impassible : que l'homme est libre, qu'il n'appartient à autre qu'à lui-même, et que le respect d'un tel droit est le premier devoir social et le fondement de la morale, voilà justement ce que la morale commande souverainement de mettre en oubli à cette heure. Attenter à la liberté du fou et de l'homme ivre en les empêchant de se nuire ; attenter à la liberté du fébricitant en l'empêchant de se gorger d'eau fraîche ; attenter à la liberté du désespéré résolu au suicide en l'empêchant de se jeter à la rivière ou en le repêchant et le ramenant sauf à terre malgré lui ; voilà autant d'attentats certains à la liberté sacrée, et ils sont néanmoins méritoires.

Ainsi les individus présentent des cas d'incapacité naturelle ou accidentelle, permanente ou temporaire, qui les mettent pour ainsi dire hors de la loi commune, qui suspendent leur droit d'être traités en êtres raisonnables et libres, et les soumettent, pour toujours ou pour un temps, à un régime de tutelle.

*
* *

145. Et maintenant si au sein de la société, et dans les rapports de ses membres entre eux, certains droits et certains devoirs réciproques peuvent, tout naturels qu'ils soient, légitimement cesser d'être effectifs, et ne plus avoir qu'une existence potentielle, il est permis de se

demander si un tel principe n'est pas susceptible encore
d'une plus large application, d'une application aux rapports politiques et aux rapports internationaux. Certaines populations du globe, certaines tribus, ne méritent-
elles pas d'être gouvernées comme des enfants ou comme
des malades? L'ignorance, quand elle descend jusqu'à un
certain degré, ne constitue-t-elle pas une véritable enfance morale et une sorte d'imbécillité? Les notions
fausses et les préjugés sur toutes choses qu'elle engendre, et les convictions aveugles et intolérantes, le fanatisme violent et redoutable qui s'ensuivent, ne donnent-
ils pas à l'état mental des peuples un caractère de folie
plus ou moins dangereuse qui doit les mettre en dehors
du droit commun aussi bien dans leur intérêt que dans
l'intérêt de leurs voisins?

Quand, par suite de l'incompétence politique de la
grande masse d'une nation, le suffrage universel, pré-
maturément institué dans cette nation, ne peut fonctionner librement sans amener la désorganisation du
corps social, l'anarchie et la ruine publique, une autre
fraction de la nation, quoique numériquement moindre,
ne pourrait-elle pas en toute conscience voiler la statue
de la légalité, à l'exemple de Cicéron?

Si à ces questions je réponds *oui*, je ne me dissimule
pas à quel abîme de malheurs la doctrine paraît fatalement conduire : ruine de l'idée de justice et de liberté;
subordination de la loi à l'arbitraire et du droit à la
force; suppression de toute garantie morale ou légale;
la prostration sous le despotisme et les convulsions ré-
volutionnaires se succédant alternativement et sans fin.

Si je réponds *non*, je nie par cela même le droit de
faire violence à la volonté de l'enfant, du malade, du
patient, de l'aliéné, pour leur bien ou leur salut mani-

festes ; je nie le droit d'arrêter le bras du malheureux qui veut se détruire.

⁂

146. La volonté du peuple est-elle sacrée et inviolable, et les lois qui en découlent doivent-elles être respectées quelles qu'elles soient ? Plusieurs questions préjudicielles surgissent ici devant nous.

On pourra d'abord se demander si le corps électoral d'où émane la loi embrasse tout ce qui est naturellement apte au vote, et laisse en dehors tout ce qui est dépourvu de cette aptitude ; et si la majorité ne peut pas avoir été faussée par le défaut de l'une ou de l'autre ou de l'une et de l'autre, de ces deux conditions, auquel cas on conçoit que le résultat du scrutin serait entaché de nullité en droit, serait sans valeur de par le principe même de la souveraineté populaire.

Nous touchons maintenant au cœur de la difficulté : à qui, à quels membres de la cité appartient la capacité électorale ? Quels sont ceux qui ne la possèdent point naturellement ? Et ces deux questions fondamentales et primordiales que je viens de poser, qui donc aura qualité pour les résoudre ? Car elles se présentent et s'imposent inévitablement dès avant que le suffrage universel puisse entrer en exercice ; ce n'est donc pas au suffrage universel qu'on peut en appeler sur cette difficulté préalable, puisque dans cette hypothèse il n'est pas encore constitué.

Ce sera par conséquent à un petit nombre de volontés individuelles, ou même à une volonté unique, qu'incombera la nécessité d'imposer souverainement sa propre loi, sa propre initiative à la volonté publique elle-même, pour en quelque sorte donner à celle-ci la vie, pour lui communiquer la possibilité de se produire.

Ainsi l'origine de la loi n'est pas rigoureusement et ne peut être dans la volonté du plus grand nombre ; elle est nécessairement dans un acte initial de volonté émané d'un seul ou de quelques-uns, et imposé ensuite à tous.

Sans doute, si par aventure il se rencontrait que la formation et la réglementation du corps électoral résultant de cette initiative privée fussent dans le fait conformes au droit naturel, c'est-à-dire si elles n'admettaient à l'exercice du droit de suffrage que les citoyens qui en ont la véritable capacité et n'en excluaient que les vrais incapables, le suffrage universel, bien qu'ayant reçu son investiture d'une autorité antérieure et supérieure, mais passagère et provisoire, n'en serait pas moins la source de la loi. Mais une semblable hypothèse ne saurait se réaliser.

Sous le régime du suffrage universel le plus large il y a toujours forcément des catégories d'exclus. C'est ainsi qu'on ne songera nulle part et en aucun temps à admettre au scrutin les petits enfants, bien que naturellement et rationnellement le droit électoral leur appartienne, à titre virtuel, puisqu'ils sont membres de la communauté. Le corps électoral, même sous le suffrage le plus universel possible, a donc des limites et des restrictions nécessaires, inévitables, qui doivent être consacrées par des dispositions légales.

Mais ces limites sont-elles ostensibles et nettement tracées ? Nullement. S'il est évident pour tout le monde que le bambin qui ne peut marcher qu'en se tenant aux jupes de sa mère ne peut être appelé à voter, et que l'homme âgé de 40 à 50 ans, instruit et probe, mûri par l'âge, par l'étude et l'expérience, ne saurait raisonnablement être écarté du scrutin, il est bien autrement difficile de tracer, entre ces deux maximums de la capacité et de l'incapacité naturelles, la ligne exacte où finit celle-ci et où commence celle-là.

Alors force est de trancher ce qu'on ne peut résoudre, et faute de pouvoir faire le bornage avec une exactitude mathématique, on se contente d'une approximation pour ainsi dire à vue d'œil, on procède par à peu près, *grosso modo*. Dès lors la règle électorale est fatalement entachée d'arbitraire et plus ou moins fausse, et par conséquent la souveraineté d'un corps électoral ainsi constitué n'a qu'une légitimité hypothétique et précaire, et ne commande en quelque sorte qu'un respect facultatif.

La constitution de l'an VIII avait classé les domestiques à gages parmi les incapables politiques avec les femmes et les mineurs ; la constitution de 1848 ne les a frappés d'aucune exclusion. Cette dernière constitution a fixé la majorité électorale à 21 ans, et il est d'autres constitutions démocratiques qui l'ont reculée à 25 ans ; et par contre il n'y aurait rien de surprenant à ce que, ailleurs encore, elle fût avancée jusqu'à l'âge de 18 ans. Les princes ne sont-ils pas majeurs à 16 ans ?

Laquelle a eu tort, laquelle a eu raison, de la constitution qui a exclu les domestiques de l'électorat ou de celle qui les y a rétablis ? Si l'exclusion des domestiques ne portait pas atteinte au principe du suffrage universel, pourquoi en serait-il autrement de l'exclusion des valets de charrue et de toute une population de prolétaires et petits propriétaires ruraux qui ignorent jusqu'au nom du régime sous lequel ils vivent, qui ne se doutent pas de ce que c'est que droits et devoirs politiques, et n'ont aucun souci ni des uns ni des autres ?

Si la constitution de l'an VIII est restée dans le droit démocratique en décrétant d'incapacité électorale la classe des serviteurs personnels, il est très présumable qu'elle en serait sortie tout aussi peu en étendant la mesure à toute la multitude rurale à un tel point dénuée de lumières et de volonté raisonnée en matière politique. Et si au contraire ladite constitution a sainement agi en maintenant dans l'électorat l'ignare population rurale, on ne voit pas pourquoi elle aurait mal fait d'y introduire les collégiens et étudiants de 16 à 21 ans, et surtout la classe si intéressante des maîtresses femmes, des femmes instruites, laborieuses et rangées, assurément plus aptes à émettre un vote intelligent que ces braves paysans du Tarn qui, au rapport de M. Bernard Lavergne (dans le journal *l'Opinion nationale*), s'étaient laissé faire accroire qu'un de leurs candidats à la députation (M. Péreire) était le petit-fils du juif qui avait mis à mort Jésus-Christ.

*
* *

147. Bref, si le gouvernement provisoire de 1848 avait — en vertu du pouvoir discrétionnaire qu'il avait assumé et qu'il ne pouvait tenir d'ailleurs que de lui-même —, avait eu la fantaisie d'ouvrir les collèges électoraux à toute la marmaille des villes et des champs, qui se croirait tenu de prendre au sérieux une majorité de cet acabit? Et qui se croirait tenu à un religieux respect pour le statut sorti d'une cohue infantile? Et si l'on peut tenir en pauvre estime l'œuvre politique qui aurait été produite par une majorité de mineurs par défaut d'âge, doit-on beaucoup plus d'égards à la loi émanée d'une majorité de mineurs par défaut de lumières, tels que sont incontestablement la plupart des paysans français?[1]

---

1. Pour s'expliquer l'attitude de l'auteur dans cette critique scientifique du suffrage universel, il faut considérer qu'il traçait ces lignes en 1865, et que, proscrit et fils de proscrit du 2 Décembre, il lui était permis de juger avec

148. Le député Granier de Cassagnac, répondant à son collègue Jules Simon (au Corps Législatif), qui demandait l'instruction obligatoire, a dit ces mots : « Nous ne reconnaissons pas plus à l'État le droit d'envoyer à l'école que celui d'envoyer à confesse. »

La thèse de M. Jules Simon et l'antithèse de M. Granier de Cassagnac se donnent la réponse et la réplique indéfiniment tant que la vraie théorie de la liberté et du droit n'est pas venue absorber leur antinomie dans la synthèse. Le premier peut invoquer à l'appui de son opinion l'intérêt de la société et l'intérêt de l'individu, et les obligations naturelles du père vis-à-vis de ses enfants. La loi des sociétés les plus libérales, dira-t-il, n'impose-t-elle pas au père de famille de fournir les aliments à ses enfants en bas-âge, de les nourrir, de les vêtir, de les élever, de pourvoir en un mot à tous leurs besoins dans la mesure de sa condition ? Et si la société a ce droit, le droit de protéger l'enfance contre les abus du droit paternel — et l'on sent bien que si la société renonçait à cette prérogative et autres prérogatives restrictives du droit individuel elle cesserait par cela même d'exister —, si la société, dis-je, peut justement contraindre le père de famille à fournir les aliments du corps à son enfant, pourquoi ne pourrait-elle pas tout aussi justement l'empêcher de priver cet enfant de la nourriture intellectuelle, alors surtout que l'État se charge de la fournir gratuitement ?

Si la société a le droit, parce qu'elle estime qu'il y a là utilité pour elle, d'envoyer les jeunes gens de vingt ans à la caserne, comme il ne lui est pas moins utile de

quelque amertume ces paysans dont les suffrages à peu près unanimes avaient sanctionné et consacré le Coup d'Etat.

se donner des citoyens éclairés que des soldats disciplinés, elle a par conséquent aussi le droit de forcer les parents à envoyer les enfants de sept à quinze ans à l'école. Voilà en résumé ce qu'on peut répondre à M. Granier de Cassagnac.

Ce dernier, chargé par une bizarre interversion de rôles de la cause de la liberté contre le champion attitré du libéralisme, pourrait facilement renverser le raisonnement ci-dessus par des arguments topiques en sens opposé. Il n'aurait qu'à dire : Si vous, philosophes, attribuez à une société faite à votre image, dirigée et inspirée par vous, l'autorité de contraindre à l'instruction laïque, par la raison que vous jugez cette instruction utile à l'individu et à la société dont il fait partie, vous n'êtes plus fondés à déclarer oppresseurs et coupables d'abus de pouvoir odieux les gouvernements catholiques usant de coercition pour amener les fidèles à suivre les commandements de l'Église, et arrachant aux infidèles leurs enfants pour les élever de force dans le catholicisme[1]. Vous, législateurs d'un État philosophe, vous trouvez juste d'astreindre et de contraindre ceux qui ne pensent pas comme vous à envoyer leurs enfants à vos écoles, et cela parce que votre opinion, votre intime et honnête conviction est que cela sera pour le plus grand bien de ces enfants et de la société. Également, c'est parce qu'en son âme et conscience le gouvernement papal est convaincu d'agir dans l'intérêt supérieur de l'individu et de la société, qu'il force ses sujets à se confesser bon gré mal gré, et qu'il ravit des petits enfants de juif, les arrache des bras de leur mère, en vue de les sauver du suprême malheur de la damnation éternelle.

1. Allusion à l'affaire Mortara.

Quelle différence essentielle y a-t-il donc entre les deux systèmes coercitifs, celui des philosophes voulant l'instruction obligatoire, et celui de l'Église réclamant la confession obligatoire? Quelle différence entre les deux doctrines au point de vue du droit et de la liberté? A proprement parler, il n'y en a pas : toutes deux reposent sur le même principe, le droit de chacun, moyennant qu'il soit le plus fort, d'imposer sa volonté aux autres pour ce qu'il croit être leur bien. M. Jules Simon et ses amis voient le bien des hommes dans une culture intellectuelle et morale donnée par des instituteurs laïques et d'après les principes de la philosophie éclectique; de leur côté l'auteur et les partisans de l'*Encyclique* sont non moins sincèrement et intimement convaincus que cette instruction primaire laïque, considérée par les libres penseurs comme le salut de l'humanité, est, en réalité, la voie de la perdition universelle et un immense dissolvant des croyances religieuses et morales qui sont le fondement de l'édifice social et du bonheur individuel dans cette vie et dans l'autre. Non moins convaincus que leurs adversaires, ils croient comprendre avec la clarté de l'évidence, et sentir avec une force invincible, que l'enseignement catholique avec compulsion et persécution contre les dissidents et les indifférents est le premier devoir de tout gouvernement qui s'inspire des vrais intérêts spirituels et temporels des existences dont il a charge [1].

---

[1]. Aujourd'hui, l'Église revendique hautement « la liberté du père de famille », c'est-à-dire son droit de faire élever ses enfants par qui et comme il lui convient. Au récent Congrès catholique de Lyon (mai 1899), un orateur s'est écrié : « L'objet de ce Congrès, c'est de rappeler à tous que les Rousseau, les Danton, les Saint-Just ont menti quand ils ont dit que les enfants appartiennent à l'État avant d'appartenir à la famille. Nos enfants sont à nous de par Dieu, et quand Dieu fait rayonner un berceau dans

Il faut bien le reconnaître, au point où nous en sommes encore de notre évolution sociale et morale, les principes de liberté et de droit n'ont rien d'absolu, rien d'inflexible, et se plient servilement aux circonstances. Voulez-vous donner la liberté à l'enfant, vous en ferez un vaurien ; vous sacrifierez le bonheur de toute sa vie à votre scrupule libéral. Voulez-vous laisser aux parents la liberté entière de disposer de lui à leur fantaisie, ce sera la négation absolue des droits de l'enfant et son abandon à un pouvoir purement personnel, qui pourra se porter impunément aux plus tyranniques excès.

L'État a-t-il le droit d'intervenir entre le père et l'enfant pour protéger ce dernier contre les abus possibles de l'autorité paternelle ?

Si l'on se prononce pour l'affirmative, je pose cette autre question : jusqu'où va et où s'arrête ce droit d'intervention ? Une telle limite n'étant pas établie par une ligne naturelle et apparente, il appartiendra au plus fort, c'est-à-dire à l'État, de la fixer à sa guise, ce qui revient à dire que son droit sur l'enfant sera entier et absolu, et

notre foyer, il nous impose des devoirs sacrés ; mais il nous donne des droits inaliénables. »

Cette doctrine n'est pas canonique, mais politique et opportuniste ; elle est purement de circonstance et de lieu, et manque entièrement de sincérité. L'Église ne l'adopte que pour combattre le pouvoir civil, quand elle a le dessous ; quand elle règne, elle la rejette, et se fait un saint devoir de fouler aux pieds ce prétendu droit du père de famille, si celui-ci est un juif, un protestant ou un libre penseur. Et en ceci le catholique ne fait qu'obéir à sa conscience de croyant. Il ne peut être de bonne foi quand il réclame la liberté de l'enseignement pour tous ; il ne peut honnêtement la vouloir que pour lui seul, puisque seul il possède la vérité ; il ne saurait la vouloir pour ceux qui à ses yeux ne peuvent professer que l'erreur et le mensonge et mener à la perdition.

D'ailleurs la fidélité aux principes est également interdite au vrai libéral. Comment pourrait-il ne pas mettre des entraves à la liberté, quand il a le pouvoir, alors que le plein usage de cette liberté lui apparaît comme devant fatalement en amener la ruine ?

que celui du père ne sera qu'illusoire, et qu'en un mot son enfant ne lui appartiendra pas.

Si l'on est pour la négative, les conséquences logiques de cette solution sont des plus menaçantes pour l'individu et pour la société. Le père ayant la faculté de disposer de l'enfant à son gré, il peut l'opprimer et l'élever dans l'ignorance et le vice ; il peut impunément ruiner une existence humaine au point de vue physique et au point de vue moral, et préparer à la société un membre qui sera pour elle une charge ou un danger.

Ainsi les conséquences de chacune de ces doctrines, celle de M. Jules Simon et celle de M. Granier de Cassagnac, semblent également incompatibles avec la raison et le sens moral. Si ces législateurs veulent être logiques, veulent suivre jusqu'au bout les principes respectivement posés par eux, il en résultera cette double contradiction des plus bizarres : l'éminent orateur libéral devra amnistier la Sainte Inquisition de l'anathème que le libéralisme fait peser sur elle pour son oppression des consciences ; et de son côté l'ardent avocat du gouvernement personnel devra se prononcer pour un régime de laisser faire et de laisser passer sans restriction aucune, et en toutes choses.

* *
* *

149. Les *antinomies* d'ordre sentimental et d'ordre juridique que je viens de signaler me paraissent irréductibles dans le milieu moral et social actuel. Ou, pour parler plus rigoureusement, je crois qu'il en est d'elles comme de certaines antinomies mathématiques qui constituent des problèmes insolubles ; mais en même temps je crois à un avenir de société, d'intellectualité et de moralité publiques qui ôtera à ces problèmes toute leur

importance pratique, les rendra oiseux en fait et fera par suite cesser l'angoisse qui s'y attache. Et en attendant, autant que dure la situation sociale et mentale présente, et que le devoir reste flottant et perplexe entre le droit actuel et le droit virtuel mal définis, entre le respect dû à la liberté du prochain et le souci non moins moralement obligatoire du mal dont on peut le croire menacé, et enfin en présence de la question non moins inquiétante de la part de droits et de devoirs réciproques à faire entre l'individu et la société, et entre chaque peuple et l'ensemble de l'humanité, ce qu'il y a de mieux à faire pour le repos de notre conscience — sinon pour la tranquillité de notre égoïsme — serait-il de nous décider en faveur du plus grand bien d'autrui tel qu'il nous apparaît, et de négliger un droit théorique dont l'exercice, à notre jugement, aurait surtout des suites funestes? Question de tact et de mesure.

Et maintenant, que les croyances conjecturales — en religion, en morale, en pédagogie, en politique — qui mettent les hommes aux prises et cherchent à s'opprimer et à se supplanter mutuellement par l'emploi de la force brutale à défaut de la force de démonstration, fassent place enfin à la vérité scientifique, et celle-ci mettra tout le monde d'accord. Rappelons-nous que pendant des siècles, de longs siècles, les esprits furent non moins divisés sur des questions d'un autre ordre — questions de cosmographie, d'astronomie, de géographie, de géologie, de physiologie, de médecine, etc. —, qui aujourd'hui ont cessé d'exister parce que la science est venue répandre la lumière de l'évidence, qui fait l'apaisement et l'union, à la place de l'obscurité, qui donne champ libre aux hypothèses les plus contradictoires et aux luttes furieuses non moins qu'aveugles des opinions et des partis.

XXV

LA FORMULE DU BONHEUR

150. On a défini le Bonheur : « le déploiement harmonieux et durable de nos facultés dans l'ordre d'excellence. »

Cette définition est de M. Paul Janet, qui est aujourd'hui au premier rang de la philosophie militante[1]. La formule ne me paraît pas mauvaise, mais elle appelle quelques restrictions et quelques développements.

Qu'entend-on d'abord par l'excellence comparative des facultés ? Sans doute à un point de vue absolu et à les envisager dans l'ensemble de l'animalité, les facultés les plus excellentes sont celles auxquelles les espèces supérieures doivent leur élévation dans l'échelle des êtres. Mais l'excellence des facultés a encore une autre mesure dont il n'importe pas moins de tenir compte quand il s'agit de la question du bonheur.

Chaque espèce animale a ses facultés spécifiques qui la caractérisent ; hautes ou basses, sublimes ou infimes, elles ont une influence prépondérante relativement à l'être particulier. Pour lui, c'est dans leur exercice, c'est dans leur « déploiement harmonieux », pour employer l'heureuse expression de M. Janet, que s'ouvre et se parcourt la grande voie du bonheur.

Certes, la faculté d'interroger l'univers et de le contraindre à livrer ses secrets est d'une excellence que rien n'égale ; toutefois ce n'est pas sur le déploiement de ses

---

[1]. Ces lignes ont 35 ans de date.

facultés philosophiques que le bonheur d'un quadrupède ou même d'un quadrumane primate pourrait s'édifier. Quelles seront les facultés sur le déploiement desquelles un renard devra tabler pour s'assurer le bonheur sans mécompte ? Ces facultés-là ne seront-elles pas essentiellement celles par lesquelles cette espèce se distingue et excelle, c'est-à-dire la vitesse de ses jambes, la finesse de son odorat, et principalement sa ruse proverbiale, qui lui procurent le repas de chaque jour et le préservent des piéges de l'ennemi ? Et maintenant, quelles sont les facultés maîtresses de notre espèce ? Telle est la question que doivent avant tout s'appliquer à résoudre ceux qui ont formé le généreux dessein de nous rendre heureux.

*
* *

151. La prédominance plus ou moins marquée de la vie végétative sur la vie animale est le caractère commun de toutes les espèces au-dessous de l'homme. Les organismes de cette grande catégorie semblent exclusivement destinés à se nourrir et à se reproduire. Notre espèce se distingue au contraire de toutes les autres (sauf peut-être certaines espèces où existe l'association et une manière d'industrie coopérative) par la subordination de la vie végétative à la vie de relation. La première, ici, n'est plus à elle-même sa raison suffisante et finale ; sa raison d'être est cette fois dans la seconde, et celle-ci devient le grand objet de l'existence.

L'homme a la suprématie du globe, et c'est incontestablement à la supériorité de ses facultés intellectuelles et morales qu'il le doit ; celles-ci sont donc les facultés caractéristiques de sa nature. De là je conclus que c'est à l'exercice et à la culture de cette haute partie de lui-même, de laquelle il tient la souveraineté de la puissance, qu'il devra demander également l'empire du bonheur.

Poursuivre le bonheur dans les seules jouissances sensuelles, pour l'homme c'est imiter l'oiseau qui, voulant disputer au cerf le prix de la vitesse, ploierait ses ailes et ne compterait plus que sur ses faibles jambes pour arriver bon premier.

La plupart des animaux nous distancent démesurément sous le rapport de ce pouvoir des sens. Le nez du chien de chasse est pour lui un organe d'information presque aussi puissant que l'œil ; comparé à l'odorat de cet animal, ce sens, chez l'homme, est frappé d'atrophie et de paralysie. Quelle source de jouissance, en même temps que de connaissance, ce prodigieux odorat ne doit-il pas être pour les espèces qui en sont douées, et comme sous ce double rapport notre lot est inférieur !

• Nous, dont les pieds sont attachés au sol, en voyant l'aigle, l'hirondelle, l'alouette s'élever dans les espaces à des hauteurs vertigineuses et évoluer en tout sens dans le milieu aérien avec une si prodigieuse aisance, nous ne pouvons, même après avoir lu les beaux travaux de M. Marey, que nous former une bien faible idée des délices du sens musculaire, du sens visuel, de l'imagination et de l'âme entière, dont doivent être abreuvés, inondés, ces aéronautes de la nature dans leur existence privilégiée. Et pour ce qui est de l'aptitude à goûter ce plaisir vénérien auquel nous attribuons une place si démesurée dans notre bonheur, que sommes-nous donc à côté des mâles de la plupart des autres espèces, sinon des impuissants, des eunuques ? Ah ! non, la fonction spécifique de l'humanité, ce n'est pas la reproduction, c'est la production ; ce n'est pas de procréer, c'est de créer ; créer dans l'ordre matériel en mettant en œuvre toutes les ressources du globe ; dans l'ordre moral, en découvrant les lois du monde et celles de la nature humaine pour y conformer nos pensées, nos sentiments et nos actes, pour y conformer les institutions et les rapports des hommes entre eux et avec l'univers.

C'est dans l'accomplissement de cette tâche que nous devons chercher un bonheur à la hauteur de la fonction suréminente qui nous est dévolue dans l'économie du monde. Channing a bien dit : « Il n'y a qu'un bonheur, celui d'une âme qui développe ses plus nobles facultés et s'attache aux grandes choses [1]. »

1. *Œuvres de Channing, Traités religieux*, traduction Laboulaye, p. 211.

XXVI

ANTHOLOGIE ÉTHOLOGIQUE

152. Proudhon entreprend de réfuter comme il suit la morale pyrrhonienne des théologiens à la façon dont Descartes avait réfuté la doctrine du doute sur l'existence en général. Voici son argumentation, dont je ne donne qu'un fragment :

« Or voici, ce me semble, une réflexion qui doit arrêter court le sceptique :

» Supposant avec l'Église que je ne puis par moi-même pratiquer le bien et éviter le mal, et que ma volonté a une inclination décidée dictée par le péché ;

» Supposant de plus ma conscience tellement véreuse qu'elle ne sache seulement pas distinguer le bien du mal ;

» Je dis que vous ne sauriez me refuser ceci, qu'il y a en moi un préjugé du sentiment quelconque du bien et du mal, c'est-à-dire de ce qui fait l'objet même de l'hypothèse.

» Que je ne connais pas ma loi, c'est possible ;

» Que la connaissant, rien ne me fasse clairement sentir qu'elle est pour moi obligatoire, c'est encore possible ;

» Qu'en conséquence la moralité de mes actions me semble livrée à ma seule fantaisie, tout cela est possible ;

» Ce qui est impossible, c'est qu'il n'y ait pas en mon

âme un écho qui, à la supposition du bien moral que je cherche, répond bien ; à la supposition du mal, répond mal ; c'est en un mot que ma conscience, au moment où elle doute de sa lucidité, de sa moralité, de sa propre énergie, doute encore de son doute, doute de ce qui fait l'objet de son doute, doute, en un mot d'elle-même.

» Sous une forme restreinte, c'est toujours le *Cogito ergo sum* de Descartes.

» Lorsque Descartes dit : *cogito*, je pense, il fait parler le moi, l'Être considéré dans l'universalité de ses fonctions, qui est la pensée.

» Décomposez cette pensée, ce moi ; l'argument, pour être détaillé, ne perdra rien de sa force.

» L'œil, se sentant voir, dira : Je vois, donc je suis.

» L'oreille : J'entends, donc je suis.

» Le cœur : J'aime, donc je suis.

» Mettez telle faculté, tel organe que vous voudrez, il dira : Je fonctionne, donc je suis.

» Et remarquez la marche du raisonnement. Ce n'est pas de la notion métaphysique de substance ou de cause, mais bien du phénomène de la fonction, que Descartes a tiré cet argument qui tue le doute, argument qui du reste rentre dans la démonstration du Cynique, devant qui l'on niait le mouvement et qui se mit à marcher.

» Eh bien ! il est en moi une faculté, partie intégrante et constituante de moi, faculté mal servie encore par ma volonté, mais dont vous, théologien psychologue, vous êtes forcé de reconnaître l'existence, puisque vous élevez le doute sur sa lucidité et son énergie, et que vous lui offrez le collyre de votre religion : c'est la CONSCIENCE.

» J'entends par conscience, dans l'ordre d'idées que

je traite, la faculté ou le contenant dont la Justice est le produit ou le contenu ; faculté qui est à la Justice par conséquent ce que la mémoire est au souvenir, l'entendement au concept, le cœur à l'amour, etc. Ceci nous explique en passant pourquoi la conscience et la justice se prennent fréquemment l'une pour l'autre : la même chose arrive pour les autres facultés.

» Avant donc de savoir si elle est obligée ou si elle ne l'est pas, antérieurement à toute idée de droit et de devoir, cette faculté vous dit : « Il est des choses que je juge *à priori* être bonnes et louables, bien que je n'en aie pas encore l'idée claire, et que je ne sache si je suis ou non capable de les accomplir ; et ces choses, je les approuve, je les veux. Il en est d'autres que je sens être mauvaises, bien que je ne les distingue pas nettement d'avec les précédentes, et que je ne sache si j'aurais assez d'énergie pour m'en abstenir ; et ces choses, je les réprouve, je n'en veux pas. Donc je suis.

» En deux mots, de même qu'il y a en nous une intelligence pour qui la vérité est bien, l'erreur mal, et qui appelant l'une, rejetant l'autre, ne peut pas *à priori* douter d'elle-même ; de même encore que nous avons un certain goût pour qui la beauté est également bien, la laideur mal, et qui, les nommant toutes deux, ne peut pas, alors même qu'il ne les rencontrerait jamais, douter de soi : de même il y a en nous une faculté pour qui la piété filiale, par exemple, en soi est bien, le parricide mal, et qui les jugeant tels, alors même que sa pratique serait contraire à ce jugement, ne peut pas davantage douter d'elle-même.

» Malgré vous donc il n'est pas permis de douter que je n'aie au moins cette notion, ce goût de l'un, cette horreur de l'autre, qui constituent la conscience : et cela, bien que je ne sache pas encore les discerner, bien que j'hésite à les produire, bien même que je me demande si je suis capable de les produire ou obligé d'y avoir égard. Elle est en moi, dis-je, cette conscience, antérieurement à tout acte de ma part, à tout empirisme, à tout lien de droit. Et c'est votre propre doute qui me la révèle, doute qui peut bien porter sur le genre, l'espèce, le degré, la nécessité, l'obligation, en un mot sur les circonstances, qualités et conditions de l'acte moral, jamais sur la fonction, qui est ma conscience, ni sur le produit de cette fonction, qui est la justice. » (*De la justice dans la Révolution et dans l'Église*, t. 2°, p. 432.)

Cette démonstration est bonne au fond, mais n'est pas assez serrée, et est un peu gâtée d'ailleurs par quelques solécismes philosophiques — les uns contre la métaphysique, les autres contre la psychologie — qui proviennent d'une conception encore obscure de la distinction entre l'objectif et le subjectif. Que l'auteur se fût borné à dire : « L'œil se sentant voir, dira : je vois, donc je suis », passe encore ; on peut admettre qu'ici l'œil est dit par métonymie pour la vue. Mais quand il fait parler l'estomac, qui « se sent digérer », c'est encore sans doute par métaphore, mais même comme figure cela manque de justesse. Le *se sentir digérer* n'implique pas comme conséquence l'existence de l'estomac — pas plus que le *cogito* de Descartes ne saurait prouver l'existence de mes bras ni d'aucune partie de mon corps — ; cette sensation ne peut attester, premièrement, immédiatement, que sa propre existence, et, secondement, que l'existence d'une faculté, d'un sens spécial apte à cette sensation spéciale. Proudhon confond ailleurs, à certains moments, *faculté*, *fonction* et *organe*, ce qui est une négligence très regrettable.

La démonstration de son théorème peut se faire en plus courts termes, et se réduire à ceci : Il en est du besoin de justice comme du besoin de manger : l'un et l'autre attestent l'existence d'une faculté particulière de sentir, d'un sens, d'un appétit de nature spéciale. L'appétit pour les aliments n'affirme en réalité que lui-même, le *besoin* d'aliments ; il n'implique pas, comme conséquence nécessaire, une connaissance *à priori* de ce qui est aliment et de ce qui ne l'est pas, une connaissance qui permette de distinguer un aliment nourrissant et salutaire d'un aliment malsain ou inerte. Et de même de ce que Proudhon appelle la conscience, autrement dit l'appétit de justice : cet appétit, comme l'autre, se prouve par lui-même, et son existence comme faculté distincte de l'âme ne saurait être infirmée par le fait que cet appétit du juste ne s'accompagne pas nécessairement d'une sûre discrimination de ce qui est juste en soi et de ce qui ne l'est pas.

*
* *

153. « Il est donc convenu qu'une femme se dégrade en se montrant sur les planches. Mais voici une contradiction sociale bien étrange : chaque soir, cette femme est couverte de fleurs, applaudie, fêtée et acclamée par l'élite de la France. Comment se douterait-elle que sa profession n'est pas la plus honorable et la plus honorée ? » Auguste Villemot (Le journal *Le Temps* du 7 avril 1867).

Il s'agit dans ce passage d'une danseuse de l'Opéra, morte depuis peu, et dont la succession a donné lieu à un procès dans lequel son père a déclaré qu'il refusa de voir sa fille depuis que, *oubliant ses devoirs*, elle embrassa la carrière artistique. M. Villemot fait la remarque que la profession de danseuse a pu ainsi être flétrie devant le public et devant la justice sans qu'aucune protestation se soit élevée de part ni d'autre, ce silence impliquant évidemment acquiescement à l'appréciation exprimée.

Le journaliste fait observer qu'il n'entend pas discuter l'appréciation en question, mais il s'arrête à faire ressortir l'inconséquence flagrante, et en tout cas certainement immorale, des hommages publics et, on peut le dire, officiels, rendus à une profession que l'on déclare en même temps indigne et dégradante.

En ceci, comme en tout, les professionnels de notre enseignement moral se gardent prudemment de toucher aux questions que soulèvent de temps en temps dans quelques bons esprits l'absurdité et l'iniquité de mœurs et d'usages que l'opinion publique sanctionne aveuglément, et que tous les grands pouvoirs sociaux couvrent de leur protection ou de leur tolérance. Cette lâche prévarication de nos moralistes d'État ne saurait être trop énergiquement dénoncée. On dirait que leur charge consiste à recouvrir d'un vernis de moralité toutes nos plaies mondaines, et jusqu'aux plus honteuses.

* *

154. L'Égalité est la loi de la justice distributive dans l'ordre social embryonnaire ; plus tard elle fait place à l'Inégalité dans l'intérêt de l'organisation progressive du corps social. La société ayant réalisé sa constitution organique, l'Égalité reprend l'empire qu'elle avait perdu.

L'égalité primitive ne fut que l'égalité dans le mal (pauvreté, ignorance, indigence absolue de l'état sauvage) ; l'égalité à venir sera l'égalité dans le bien.

Dans la société en voie de formation, la justice est fondée sur l'égalité proportionnelle dans l'inégalité factice des conditions sociales ; la justice parfaite sera établie aussi sur une égalité proportionnelle, mais la proportion, cette fois, ne portera que sur l'inégalité naturelle des vocations et des besoins.

*
* *

155. « O vous tous, jeunes hommes et jeunes filles, qui rêvez d'un amour parfait, sachez-le bien, votre platonisme est le droit chemin qui conduit à Sodome. » P. J. Proudhon (*De la Justice*, etc., t. 3ᵉ, p. 258).

*
* *

153. « Voir souffrir est pour cet homme la plus grande jouissance ; qui n'aime pas le sang est méprisable à ses yeux ; dans la colère, ses lèvres écument ; il foule son chapeau aux pieds. La ruse, l'astuce, le parjure, l'assassinat, ne lui ont jamais coûté pour arriver à ses fins. Les maisons détruites, les villages et les villes en cendres, la terre inondée de sang et couverte de cadavres, voilà pour lui le spectacle le plus sublime ! Arracher le fils des bras de sa mère, le dernier soutien de la veuve et du vieillard ; condamner les filles au célibat, conduire à la boucherie tous les ans la fleur de la jeunesse de son malheureux pays ; dépeupler des provinces entières ; faire périr des milliers de ses semblables ; anéantir l'opulence et le bonheur domestique des nations ; tout cela n'est rien pour lui, pourvu qu'il ait la gloire d'être appelé le plus grand capitaine du monde. » Gall (*Œuvres*, édit. in-4ᵒ de 1818, t. 3ᵉ, p. 259).

On comprend que c'est de Napoléon qu'il s'agit dans

la citation qui précède. Ce portrait du *grand capitaine* n'est nullement outré, et pourtant un tel homme a été considéré presque à l'égal d'un dieu. Est-ce que les moralistes de profession ont eu jamais l'idée de voir en lui un scélérat de la plus redoutable espèce et de le signaler comme tel ? Loin de là ; pour eux, c'est un grand homme [1].

* *

157. « La bienveillance n'est pas la seule faculté de notre esprit qui recherche le bien pour lui-même. Il y en a une autre — la conscience morale — qui est également absolue dans son amour du bien ; mais ce bien est ici d'une autre nature. La conscience est un sentiment si étroitement lié aux jugements de l'intelligence et si dépendant de ceux-ci, quant à son application, que beaucoup d'écrivains sur cette matière doutent encore si elle est une faculté primitive, dans le sens d'une impulsion irréductible à d'autres éléments, ou à un pouvoir composé de plusieurs autres, et particulièrement basé sur l'intelligence.

» Quelque opinion qu'on ait à cet égard, on définit

---

[1]. On allègue pour la justification de cet homme que sa mission fut providentielle, qu'il a rempli une fonction historique considérable. Soit, cela est un point que je ne conteste pas. Mais ce qu'on dit là à la décharge du Corse, on peut le dire également en faveur d'Attila et de Gengis-Khan. Qui plus est, pourquoi donc, si tout est prédéterminé et nécessaire dans l'économie de l'univers — ce que j'admets encore — ne faudrait-il pas alors, par le même motif, réhabiliter les Dumolard, les Pranzini, les Vacher ? Pour n'avoir été que des massacreurs au petit pied, ces assassins célèbres n'en ont pas moins joué, sur la scène universelle, un rôle qui, pour infime qu'il fût, avait sa place marquée et sa nécessité dans le drame fatal des événements.

Le bien et le mal sont incessamment aux prises dans ce monde, et c'est là ce qui le fait marcher, ce qui l'anime. Mais ce n'est pas une raison pour confondre et assimiler ces deux éternels champions ; il importe au contraire de les distinguer nettement pour que chacun des deux ne soit pris que pour ce qu'il est en réalité, et afin que chacun de nous se puisse ranger sous l'une ou sous l'autre bannière en toute connaissance de cause.

généralement la conscience comme « une faculté ou pouvoir qui juge du bien et du mal », ou « une faculté ou pouvoir qui juge de la justice ou de l'injustice de nos motifs et les approuve ou les désapprouve ».

» Il y a cependant des personnes qui nient que la conscience soit un pouvoir moral, et qui pensent que les effets qu'on lui attribue sont dus uniquement au sentiment ou à la connaissance de ce qui est le bien pour l'individu même.

» De toutes ces manières d'envisager la question, la première me paraît être la seule vraie, savoir, que la conscience est une faculté primitive.

» Ceux qui la font dériver de l'éducation, de l'expérience ou de l'intérêt personnel seuls, affirment que nos appréhensions du bien et du mal sont d'origine purement intellectuelle, et s'acquièrent par la même voie que toutes nos autres idées ; en d'autres termes, que les notions du bien et du mal correspondent à certaines manières de sentir dont les conséquences sont reconnues par l'expérience comme favorables ou défavorables au bien de l'individu ou de ses semblables.

» Mais la conscience doit être plus que cela, car on voit des hommes qui, de leur propre inspiration, conçoivent des principes moraux tout autres que ceux consacrés par l'expérience et l'éducation. C'est également une erreur de supposer que la conscience n'est qu'un jugement ou une connaissance intellectuelle du bien et du mal. Ce n'est pas plus exact que de croire que l'amour consiste seulement à savoir qu'il existe un autre sexe. La simple connaissance, en tant que fait, qu'il y a des couleurs distinctes ne suffit pas pour les distinguer, pour les percevoir ; cette perception nécessite une faculté spéciale, et il en est de même du bien et du mal.

» Cela est si vrai qu'il arrive quelquefois qu'on hésite devant une résolution à prendre, parce qu'on a comme une sensation vague qu'il y a là une question de bien ou de mal, et qu'en même temps le jugement est impuissant à discerner clairement entre eux ; tandis que, dans d'autres cas, la *connaissance* de ce qui est bien et de ce qui est mal laisse le *sentiment* indifférent et n'éveille aucune préférence.

» Cela revient à dire que l'on peut comprendre, sans le *sentir*, ce qu'il y a de bon ou de mauvais, dans un acte donné, d'après certaines règles acceptées. Que l'on envisage en tous sens les actes humains avec les seules lumières de l'intelligence, et l'on n'arrivera jamais à saisir la notion propre de ce que l'on exprime par le mot *juste*. L'intelligence peut nous donner plus ou moins l'idée de l'ordre dans les rapports humains, mais elle ne suffira point pour nous élever au sentiment du *droit* d'autrui, qui est le véritable sentiment du *devoir*. Or c'est précisément ce *sentiment* d'une différence entre le bien et le mal, qui constitue ce que nous appelons la *conscience*. » Dr. A. CASTLE (*Phrénologie spiritualiste*, 1 vol. in-8°, Paris, 1867, p. 183).

.˙.

158. « J'ai eu grand plaisir à lire un article de vous sur le *Songe d'une nuit d'été*, dans lequel vous parlez de don Quichotte. Cet ouvrage n'a jamais produit sur moi un effet complet à raison de l'intérêt profond que m'inspire le héros, intérêt qui fait que je m'indigne de toutes les humiliations qu'on lui fait subir. J'ai trop de sympathie et de respect envers le chevalier pour rire à ses dépens, et je serais bien plus disposé à me joindre à lui pour mettre en déroute ceux qui l'attaquent. Cervantes

aurait-il commencé avec cette première intention, et disposé les aventures de son héros en conséquence, et puis une plus noble conception de son sujet lui serait-elle survenue? Je ne sais si d'autres ont fait cette observation, mais pour moi il y a quelque chose d'incohérent entre les diverses parties de cet ouvrage. J'aime don Quichotte beaucoup trop pour trouver plaisir à son histoire. » CHANNING (*Channing, sa vie et ses œuvres*, p. 191).

159. « A mesure que l'esprit humain se perfectionne on voit constamment s'accroître les influences qui tendent à engendrer dans chaque individu un sentiment d'unité entre lui et tout le reste. Ce sentiment, arrivé à sa perfection, ferait que nul n'aspirerait et ne songerait à se créer à soi un avantage auquel les autres n'auraient point part. » STUART MILL (*Utilitarianism*, p. 48).

160. « La morale de l'art, voilà d'un mot ce que l'esthétique européenne doit à l'Angleterre ; et la meilleure gloire de M. Ruskin est d'avoir beaucoup fait pour fonder cette science inconnue. A chaque instant je suis stupéfait, en lisant notre littérature populaire, de la manière dont on y parle de la morale. On dirait que ce mot là, dans notre vocabulaire, est devenu synonyme de niaiserie, ou en tout cas qu'il signifie seulement, pour les critiques, un certain genre littéraire, comme l'idylle ou les contes d'enfants, une espèce de produit industriel que l'on entreprend de fournir à certains consommateurs, et décidément le plus infime de tous les produits, celui qui est le moins favorable au génie. En dehors de cela, qu'est-ce que la morale, et qu'a-t-elle à faire avec l'art ?

Nos meilleurs oracles se piquent de ne pas le soupçonner, et depuis plusieurs siècles déjà nous appliquons consciencieusement cette philosophie. Nous vivons sur une religion — car c'en est une — qui fait de la science le principe de tout bien, de l'ignorance le principe de tout mal, et qui ne promet le salut que par le jugement, par le talent de concevoir les moyens appropriés aux fins. Nous croyons que, dans toutes les directions de l'activité humaine, on réussit par la grâce d'une instruction ou d'un développement spécial qui n'a rien à faire avec ce que l'on est comme homme ; nous sommes convaincus que l'on arrive rien que par l'intelligence à primer comme penseur, que l'on devient grand géologue rien qu'en vertu de certaines connaissances emmagasinées dans un coin de l'esprit, que l'on se rend éminent comme poète ou comme peintre rien que par la dépense d'esprit que l'on a faite à l'égard de la peinture ou de la poésie, rien qu'en possédant une habileté ou un organe qui sert exclusivement à faire des vers ou des tableaux, et qui à lui seul suffit pour les bien faire, c'est-à-dire qui suffit pour nous rendre experts de ce côté, en nous laissant d'ailleurs pleine liberté d'avoir les défauts qui peuvent nous égarer dans nos actes, et de ne pas avoir les qualités qui enfantent les nobles sentiments, les volontés droites et les nobles pensées. Qu'on lise nos jeunes poètes et nos jeunes romanciers, et l'on verra si ce n'est pas ainsi qu'ils ont compris l'art de faire de beaux romans et de la belle poésie. Et ne serait-ce pas là précisément la cause de leur stérilité et de leur impuissance ? Ne serait-ce pas là ce qui a condamné notre littérature romantique à n'avoir d'inspiration que dans l'étourderie des premiers entraînements qui empêchaient de réfléchir, et à retomber dans la rhétorique et les ciselures aussitôt que la réflexion est revenue ? Ne serait-ce pas encore une cause toute semblable qui a prédestiné notre politique à ne construire que des châteaux de cartes, notre religion à perdre toute son influence sociale et tout pouvoir sur les âmes ? Nous avons perdu le sentiment de l'unité de notre être ; toutes nos convictions consistent justement à ne pas croire, à ne pas reconnaître que nos œuvres de poète, de savant, de penseur, ne sauraient être avivées que par notre vie, ennoblies que par notre noblesse, qu'elles ne seront jamais qu'une grimace, un cérémonial appris ou un travail de manœuvre, en tout cas qu'elles ne seront pas la manifestation de notre caractère entier, du même homme central d'où découlent à la fois nos actes, notre morale, nos affections et nos convictions de tout genre. » J. MILSAND (*L'Esthétique anglaise*, p. 163).

161. La Justice est la logique appliquée aux relations d'intérêt entre les personnes.

162. « Si je comprends bien le christianisme, il est si opposé à la société telle qu'elle est aujourd'hui qu'on ne peut le suivre et agir suivant ses préceptes sans scandale. » W. E. CHANNING (*Channing, sa vie et ses œuvres*, ouvrage publié par M. Charles de Rémusat, Paris, 1857, p. 159).

163. « Pour moi, rien ne me décourage plus que l'absence du principe moral et religieux en France ; je n'entrevois pas comment un peuple corrompu pourrait atteindre à un meilleur état de choses, et comment un

gouvernement libre pourrait s'établir solidement dans un pays où il n'y aurait aucun élément de confiance mutuelle, ni aucune source de dévoûment. J'attends avec un ardent désir quelque manifestation du sentiment religieux en France. » W. E. CHANNING(*Op. cit.*, p. 203).

*
* *

164. Une belle parole de mon père.

Hier, 9 août 1866, mon père, voyant ma petite nièce occupée à détruire un objet sous prétexte d'amusement, lui dit ceci : « S'amuser, c'est travailler sans utilité ; travailler, c'est s'amuser utilement. »

*
* *

165. « Le sentiment le plus ordinaire qu'éprouve le chrétien pour la femme qui, hors mariage, s'est donnée à lui, est un mépris indéfinissable doublé d'aversion ; et ce mépris, cette aversion, la chrétienne les rend à son complice, dont elle n'attend ni estime ni miséricorde. La promesse ou le regret du mariage étant le prétexte exprimé ou sous-entendu, de toute aventure, c'est à qui des deux trompera l'autre par une plus adroite hypocrisie. Jamais, chez les Anciens, hommes et femmes, garçons et filles ne se firent un tel jeu de la dignité personnelle et de l'honneur des familles. Les magistrats, à défaut du père, du fils, du frère, du mari, auraient sévi d'office : faire descendre par une amourette la femme libre au-dessous de la courtisane était presque un crime de lèse-majesté. Maintenant, grâce à notre galanterie prétendue chevaleresque, nous avons appris à nous traiter les uns les autres en affranchis. Encore si nous avions la passion pour excuse, nous pourrions être coupables, nous ne serions pas dépravés ; mais ce n'est que

libertinage, passe-temps, mode. *Vitia ridemus, et corrumpere et corrumpi sæculum vocatur*. Plus de considération, ni de rang, ni d'âge, ni d'amitié, ni de morale publique devant une débauche érigée en une sorte de mutualité, et dont les risques sont acceptés par l'opinion. Pas de famille qui ne paye, par quelqu'une de ses femelles, sa part contributive de chair à plaisir ; mais pas de famille non plus qui, par ses mâles, ne perçoive sa part du revenu... A l'amour comme à la guerre : *chacun chez soi, chacun pour soi*. Tant pis pour qui ne se tient pas sur ses gardes. J'ai joui de vous, madame, mademoiselle, mais je vous ai fait jouir aussi : partant quittes, promesses nulles. Vous n'avez rien à me reprocher ; votre mari, votre père, vos frères, pas davantage. Leurs amours à eux couvrent les miennes. » P. J. PROUDHON (*De la justice*, t. 3°, p. 317).

*
* *

166. Sainte-Beuve a écrit ceci :

« On commence par opposer aux novateurs que ce qu'ils disent est inouï ; puis, au second moment, on s'avise de leur répondre que ce qu'ils croient inventer n'est pas nouveau. Pourquoi donc, peuvent-ils répliquer, se tant effaroucher d'abord ? C'est qu'il y a des choses qu'on n'aperçoit et qui ne prennent au vif que du jour où elles sont dites d'une certaine manière. » (*Revue des Deux-Mondes*, 15 décembre 1839, p. 842.)

A cette citation, faite par Charles Pellarin dans la *Science sociale* du 1ᵉʳ novembre 1869, le judicieux disciple de Fourier répond : « A vous donc, qui la possédez, cette manière de dire les choses, à vous, littérateurs en vogue, écrivains choyés du public, à vous la faute quand, au grand dommage de la société, des vérités d'une importance capitale restent longtemps inaperçues et comme si elles n'étaient pas découvertes. »

*
* *

167. « Quel que soit le principe fondamental que nous donnions à la moralité, dans tous les cas des principes subordonnés nous sont nécessaires pour l'appliquer. L'impossibilité de se passer de ce moyen étant commune à tous les systèmes, on ne peut rien en conclure contre aucun d'eux en particulier ; mais argumenter gravement comme si ces principes étaient inaccessibles, et comme si l'humanité était restée jusqu'à ce jour et devait rester à jamais sans tirer aucune conclusion générale de l'expérience de la vie humaine, c'est, je crois, le plus haut degré d'absurdité que la controverse philosophique ait jamais atteint. » JOHN STUART MILL (*Utilitarianism*, p. 36).

*
* *

168. Je relève dans Diderot les opinions suivantes touchant les rapports de l'art et de la morale.

I. — « Quel art serait plus funeste que celui qui me rendrait complice du vicieux ? » (*De la poésie dramatique*, t. 4ᵉ, 2ᵉ partie, p. 268, édition complète de 1818.)

II. — « O quel bien il en reviendrait aux hommes si tous les arts d'imitation se proposaient un objet commun et concouraient un jour avec les lois pour nous faire aimer la vertu et haïr le vice ! C'est au philosophe à les y inviter ; c'est à lui de s'adresser au poète, au peintre, au musicien et à leur dire : Hommes de génie, pourquoi le ciel vous a-t-il doués ? S'il en est entendu, bientôt les images de la débauche ne couvriront plus les murs de nos palais ; nos voix ne seront plus les

organes du crime, et le goût et les mœurs y gagneront. »
(*Op. cit., ibid.*)

III. — « Que voulez-vous que cet artiste jette sur sa toile [il s'agit du peintre Boucher]? Ce qu'il a dans l'imagination ; et que peut avoir dans l'imagination un homme qui passe sa vie avec les prostituées du plus bas étage ? » (*Salon de* 1775, article *Boucher*.)

．．

169. « Ainsi, tandis que la Justice semble la loi de la multitude, d'autant plus obligatoire pour cette multitude que son sort est plus misérable, voyons-nous l'individu, à mesure qu'il grandit en force, en richesse, en génie, jeter le masque, s'affranchir du préjugé, se poser dans son orgueil, comme si, en affichant son égoïsme, il rentrait dans sa dignité. Talent, pouvoir, fortune, furent de tout temps, dans l'opinion du peuple, une cause de dispense des devoirs imposés à la masse. Le plus mince auteur, le plus obscur *bohême*, s'il se croit du génie, se met au-dessus de la loi : qu'est-ce des princes de la pensée et des princes de l'art ? des princes de l'Eglise et des princes de l'Etat ?...Comme la religion, la morale est renvoyée à la plèbe : gare que la plèbe, à son tour, ne tranche du grand seigneur et du bourgeois ! Et qui donc pourrait encore être dupe ? n'avons-nous pas, depuis soixante et dix ans, changé vingt fois de maximes ? ne sommes-nous pas, avant tout, adorateurs du succès ? Et tout en redoublant d'hypocrisie, ne faisons-nous pas profession de penser et de dire à qui veut l'entendre que le crime et la vertu sont des mots, le remords une faiblesse, la justice un épouvantail, la morale un grelot ?

» Justice, morale, on peut dire d'elles ce que les

Anglais disent aujourd'hui du régime protecteur, que c'est un brevet d'invention expiré, une recette devenue inutile. » P. J. PROUDHON (*La Justice dans la Rév. et dans l'Église*, t. 1er, p. 70).

.·.

170. « Sous l'action desséchante du doute, et sans que le crime soit peut-être devenu plus fréquent, la vertu plus rare, la moralité française, au for intérieur, est détruite. Il n'y a plus rien qui tienne : la déroute est complète. Nulle pensée de justice, nulle estime de la liberté, nulle solidarité entre les citoyens. Pas une institution que l'on respecte, pas un principe qui ne soit nié, bafoué. Pas d'autorité, ni au spirituel, ni au temporel : partout les âmes refoulées dans leur moi, sans point d'appui, sans lumière. Nous n'avons plus de quoi jurer, ni par quoi jurer ; notre serment n'a pas de sens. » J. P. PROUDHON (*De la Justice*, etc., t. 1er, p. 3).

.·.

171. « Cette justice que nous attendons de l'Etat pour le travailleur des champs, nous devons commencer par en donner l'exemple ; nous devons la pratiquer à l'égard des hommes dont le labeur nous est indispensable. Il ne faut pas qu'une différence d'éducation nous inspire pour eux un injuste dédain. C'est à nous, en travaillant à répandre chez eux l'instruction, les lumières, les habitudes de la vie policée, de les élever à notre condition. Les labeurs des champs sont compatibles avec l'éducation la plus avancée, et ils ont de plus l'avantage de donner à la vie ces habitudes de moralité et d'ordre qui se perdent trop aisément dans les villes. Secouons donc les derniers lambeaux des préjugés de nos pères, et faisons

participer le plus tôt possible aux bienfaits de la civilisation ceux dont le bras nous nourrit, et, plus souvent que d'autres, nous défend. » ALFRED MAURY (*La population agricole au XVIIe siècle*, Cours du Collège de France — tiré de la *Revue des cours littéraires*, année 1867, p. 586).

Ces belles et généreuses paroles de M. Alfred Maury n'ont qu'un défaut, mais il est grave. Il a échappé à ce libre et éminent esprit, animé des sentiments les plus justes et les plus nobles, il lui a échappé que l'élévation, par l'instruction et l'éducation, de l'homme de la terre, a invariablement pour effet de lui inspirer l'aversion de cette terre ingrate et de l'en éloigner. Il faut que la profession agricole cesse d'être un misérable pis-aller, et le séjour des champs, avec l'obligation d'un labeur sans relâche et l'isolement, un insupportable exil pour l'homme éclairé, ou le bienfait de l'instruction largement distribuée aux paysans sera en réalité un désastre national: la désertion en masse vers les villes de tout ce que la population rurale a de plus sain, de plus robuste et de meilleur sous le triple rapport moral, intellectuel et physique [1].

*
* *

172. « Le travail est le plus grand bienfait que Dieu ait accordé à l'homme. » A. THIERS (Discours au Corps législatif, séance du 13 mai 1868).

---

[1]. Ces prévisions pessimistes d'il y a plus de trente ans sont aujourd'hui en pleine réalisation, grâce d'une part à l'enseignement primaire gratuit et obligatoire, et d'autre part à ce que la troisième république, suivant les errements des régimes antérieurs, n'a rien entrepris de sérieux pour régénérer l'agriculture nationale et pour attacher au sol la population rurale, émancipée par l'instruction.

173. La Vertu comporte plusieurs distinctions logiques essentielles ; indiquons-en quelques-unes.

Un caractère ne possédant qu'un faible coefficient d'inclinations altruistes, mais avec un coefficient de penchants égoïstes plus faible encore, sera vertueux, mais *négativement*.

Un caractère *positivement* vertueux sera celui dont l'altruisme sera absolument puissant et l'emportera sur son égoïsme, sans que ce dernier soit nécessairement faible.

Et si, fort en altruisme, il est sensiblement plus fort encore en égoïsme, il n'en restera pas moins vertueux, mais alors d'une vertu seulement *potentielle*, laquelle ne se manifestera, ne deviendra *actuelle* que tout autant que, le contrepoids égoïste venant à s'alléger, la balance se mettra à pencher du côté opposé.

La vertu peut être encore *active* ou *passive*. Si je pratique la chasteté dans une lutte continuelle du sentiment du devoir contre les assauts de la passion vénérienne, je suis activement chaste ; je ne le suis que passivement si ma retenue résulte du calme de mes sens.

174. M. Jules Duval fait les réflexions suivantes, dans l'*Economiste français* du 18 avril 1867, à propos du livre du Dr Barrier, *Principes de sociologie*[1] :

« Dans l'ordre harmonieux qu'a conçu Fourier comme

---

[1]. Jules Duval, rédacteur en chef de l'*Economiste français*, et auteur de nombreux travaux très estimés, trouva la mort dans une collision de trains près de Tours, à l'époque de la guerre. Il se rendait dans l'Aveyron, son département d'origine, qui allait l'envoyer à l'Assemblée nationale, dont il aurait été certainement une des lumières.

étant le royaume de Dieu sur la terre, où la raison et la passion, la liberté et la vertu s'accorderaient — ainsi que de l'aveu des théologiens elles s'accordent dans le ciel pour les saints —, l'étude des lois morales pouvait être subordonnée, effacée même, comme adéquate à l'étude des essors harmoniques des passions ; mais jusqu'à l'avènement de cette ère paradisiaque, dans la période d'acheminement dont la durée est inconnue, alors que la raison et la passion, la liberté et la vertu se heurtent au lieu de s'accorder, quelles sont les règles à suivre ? Où en sont les dépôts et les maîtres les plus autorisés ? et quelles confirmations ou quelles modifications la sociologie, fondée sur la science, apporte-t-elle aux traditions religieuses et aux lois civiles et politiques ? Ce code de morale pour le temps présent et pour l'avenir prochain ne ressort pas des livres de Fourier — bien qu'il le pratiquât lui-même aussi bien que personne —, parce qu'il voulait en finir au plus vite avec cet âge de transition ; mais c'est une lacune à combler pour son école..... »

Le tort que M. Jules Duval reproche à la doctrine de Fourier est partagé par tous nos réformateurs sociaux. Pour eux l'homme est un rouage parfait qui pour fonctionner normalement ne demande qu'à être mis à sa place dans un mécanisme à constituer dont il est destiné à faire partie. Constituons donc ce mécanisme, c'est-à-dire la société idéale, et nous serons délivrés comme par enchantement de nos vices et de nos défauts — qui ne sont pas notre fait, mais le fait du milieu social —, et la morale alors aura perdu toute raison d'être.

Raisonner ainsi, c'est jusqu'à un certain point ce que l'on appelle mettre la charrue devant les bœufs. En effet, admettons pour un moment (mais pour un seul moment, car la proposition est absolument fausse), l'apophthegme de Jean-Jacques applaudi par nos socialistes : « Tout est bien en sortant des mains de la nature ; tout se déforme aux mains des hommes ». Admettons que l'homme, comme tout le reste, soit sorti parfait « des mains de la nature ». Mais cette œuvre de la nature — l'Homme —, n'est-elle point passée par « les mains des hommes », et n'a-t-elle point par conséquent été « déformée » ? Accordons que l'homme est une roue d'horloge exécutée avec une incomparable perfection ; mais si cette roue d'horloge a été longtemps employée comme roue de brouette, ne sera-t-elle pas devenue par là impropre à l'usage d'instrument de précision pour lequel elle avait été faite ? Elle devra donc nécessairement être réparée, remise au point, pour récupérer son aptitude à sa véritable destination. Comment dès lors le sauvage, le barbare et le civilisé lui-même, qui depuis tant de milliers d'années subissent de père en fils l'influence déformatrice de milieux sociaux si contraires à la société parfaite, et auxquels ils se sont si complètement adaptés, pourraient-ils, sans subir au préalable de profondes retouches, se montrer *illico*, de plain-pied, aptes à fonctionner régulièrement comme organes de cette société parfaite ?

Formés durant le cours d'innombrables générations à l'individualisme et à l'antagonisme les plus effrénés, formés à la haine mutuelle, à être non point des hommes, mais de vrais loups pour leurs semblables (*homo homini lupus*), nos civilisés les plus raffinés de cette fin du XIXe siècle présentent eux-mêmes un état mental infiniment plus réfractaire à la vie d'association intégrale et d'harmonie universelle rêvée par le socialisme que ne le serait celui d'un Hottentot ou d'un Fuégien pour notre civilisation parisienne. Que les socialistes comprennent donc ceci, qu'ils ne se peuvent dispenser de préparer nos âmes aux réformes sociales en s'appliquant à leur donner l'éducation et le pli moral qui peuvent seuls rendre ces réformes viables. Sans doute ils n'ont guère, pour atteindre ce but, d'autre moyen en leur pouvoir que la prédication, la propagande, mais ce moyen est puissant, les grandes transformations politiques et religieuses, et notre grande Révolution entre autres, en sont la preuve. Que les socialistes nous prêchent donc le relèvement de l'âme humaine comme introduction indispensable à un nouveau régime social, et surtout qu'ils nous prêchent d'exemple [1]!

[1]. Ces exhortations aux socialistes du second empire ne sont pas moins, on en conviendra, à l'adresse de ceux de la troisième république. Il faut ajouter, pour être justes, que, plus clairvoyants que les nôtres, les socialistes de certains pays voisins, ceux de la Belgique principalement, s'appliquent, avec le plus grand zèle et une remarquable intelligence, à préparer l'homme de la société future, l'homme nouveau, par l'intellectualisation et la moralisation des masses.

TABLE DES MATIÈRES

	Pages
Causerie préliminaire.	1
I. — Psychologie, Physiologie, Physique.	17
II. — Esthétique objective.	30
III. — Esthétique du Plaisir et Esthétique de l'Utile.	52
IV. — Le Beau.	71
V. — Adaptations et réciprocités esthétiques.	76
VI. — Diversités et anomalies du Goût.	79
VII. — L'Esthétique de M. Taine.	100
VIII. — Idéalisme et Réalisme	108
IX. — Morale positive et morale naturelle	123
X. — La théorie du Devoir.	139
XI. — Le Beau et le Bien.	152
XII. — La Vertu et l'Admiration.	159
XIII. — Le Libre Arbitre positiviste.	163
XIV. — Le Réalisme et la Morale.	184
XV. — Une analogie entre la Vertu et le Vice.	188
XVI. — La Morale théologique.	193
XVII. — Amour et Amour	196
XVIII. — La raison naturelle de la Pudeur.	202
XIX. — Devoir de l'Homme envers la Femme	207
XX. — Les nudités artistiques	218
XXI. — La beauté de la Femme	219
XXII. — L'Honneur.	221
XXIII. — Mariage et morale officielle.	230
XXIV. — Antinomies morales et juridiques.	234
XXV. — La formule du Bonheur.	249
XXVI. — Anthologie éthologique.	253

Imp. J. Thevenot, St-Dizier (Hte-Marne).

BIBLIOTHÈQUE DE PHILOSOPHIE CONTEMPORAINE
Volumes in-8, brochés, à 5 fr., 7 fr. 50 et 10 fr.

EXTRAIT DU CATALOGUE

STUART MILL. — Mes mémoires. 3ᵉ éd. 5 fr.
— Système de logique. 2 vol. 20 fr.
— Essais sur la religion. 2ᵉ édit. 5 fr.
HERBERT SPENCER, Prem. principes. 8ᵉ éd. 10 fr.
— Principes de psychologie. 2 vol. 20 fr.
— Principes de biologie. 4ᵉ édit. 2 vol. 20 fr.
— Principes de sociologie. 4 vol. 36 fr. 25
— Essais sur le progrès. 5ᵉ édit. 7 fr. 50
— Essais de politique. 4ᵉ édit. 7 fr. 50
— Essais scientifiques. 3ᵉ édit. 7 fr. 50
— De l'éducation. 10ᵉ édit. 5 fr.
— Introd. à la science sociale. 11ᵉ édit. 6 fr.
— Bases de la morale évolutionniste. 6ᵉ éd. 6 fr.
COLLINS. — Résumé de la philosophie de Herbert Spencer, 2ᵉ édit. 10 fr.
PAUL JANET. — Causes finales. 3ᵉ édit. 10 fr.
— Histoire de la science politique dans ses rapports avec la morale. 3ᵉ éd. 2 vol. 20 fr.
TH. RIBOT. — Hérédité psychologique. 7 fr. 50
— Psychologie anglaise contemporaine. 7 fr. 50
— La psychologie allem. contemp. 7 fr. 50
— Psychologie des sentiments. 2ᵉ éd. 7 fr. 50
— L'Évolution des idées générales. 5 fr.
A. FOUILLÉE. — Liberté et déterminisme. 7 fr. 50
— Systèmes de morale contemporains. 7 fr. 50
— La morale, l'art et la religion, d'après M. Guyau. 7 fr. 75
— L'avenir de la métaphysique. 2ᵉ éd. 5 fr.
— L'évolut. des idées-forces. 2ᵉ éd. 7 fr. 50
— Psychologie des idées-forces. 2 vol. 15 fr.
— Tempérament et Caractère. 2ᵉ éd. 7 fr. 50
— Le mouvement positiviste. 2ᵉ éd. 7 fr. 50
— Le mouvement idéaliste. 2ᵉ éd. 7 fr. 50
— Psychologie du peuple français. 7 fr. 50
DE LAVELEYE. — De la propriété. 10 fr.
— Le Gouv. dans la démocratie. 2 v. 3ᵉ éd. 15 fr.
BAIN. — Logique déd. et ind. 2 vol. 20 fr.
— Les sens et l'intelligence. 3ᵉ édit. 10 fr.
— Les émotions et la volonté. 10 fr.
— L'esprit et le corps. 4ᵉ édit. 6 fr.
— La science de l'éducation. 6ᵉ édit. 6 fr.
LIARD. — Descartes. 5 fr.
— Science positive et métaph. 4ᵉ éd 7 fr. 50
GUYAU Morale anglaise contemp. 3ᵉ éd. 7 fr. 50
— Probl. de l'esthétique cont. 2ᵉ éd. 7 fr. 50
— Morale sans obligation ni sanction. 5 fr.
— L'art au point de vue sociol. 2ᵉ éd. 5 fr.
— Hérédité et éducation. 3ᵉ édit. 5 fr.
— L'irréligion de l'avenir. 5ᵉ édit. 7 fr. 50
HUXLEY. — Hume, vie, philosophie. 5 fr.
E. NAVILLE. — La physique moderne. 5 fr.
— La logique de l'hypothèse. 2ᵉ édit. 5 fr.
— La définition de la philosophie. 5 fr.
H. MARION. — Solidarité morale 5ᵉ éd. 5 fr.
SCHOPENHAUER. — Sagesse dans la vie. 5 fr.
— Principe de la raison suffisante. 5 fr.
— Le monde comme volonté, etc. 4 v. 32 fr. 50
JAMES SULLY. — Le pessimisme. 2ᵉ édit. 7 fr. 50
— Études sur l'enfance. 10 fr.
PREYER. — Éléments de physiologie. 5 fr.
— L'âme de l'Enfant. 10 fr.
WUNDT. — Psychologie physiol. 2 vol. 20 fr.
L. CARRAU. — La philosophie religieuse en Angleterre, dep. Locke jusqu'à nos jours. 5 fr.
LOMBROSO. — L'homme criminel. 2 vol. et atlas. 36 fr.
E. DE ROBERTY. — L'ancienne et la nouvelle philosophie. 7 fr. 50
— La philosophie du siècle. 5 fr.
FONSEGRIVE. — Le libre arbitre. 2ᵉ éd. 10 fr.
G. SERGI. — Psychologie physiologique. 7 fr. 50
PIDERIT. — Mimique et physiognomonie 5 fr.
GAROFALO. — La criminologie. 4ᵉ édit. 7 fr. 50
— La superstition socialiste. 5 fr.
G. LYON. — L'Idéalisme en Angleterre au XVIIIᵉ siècle. 7 fr. 50
P. SOURIAU. — L'esthét. du mouvement. 5 fr.
— La suggestion dans l'art. 5 fr
F. PAULHAN. — L'activité mentale. 10 fr.
— Esprits logiques et esprits faux. 7 fr. 50
PIERRE JANET. — L'automatisme psych. 7 fr. 50

J. BARTHÉLEMY-SAINT HILAIRE. — La philosophie, la science et la religion. 5 fr.
H. BERGSON. — Matière et mémoire. 5 fr.
— Données immed. de la conscience. 3 fr. 75
RICARDOU. — De l'Idéal. 5 fr.
ROMANES. — L'év. ment. chez l'homme. 7 fr. 50
PILLON. — L'année philosophique. Années 1890 à 1898, chacune 5 fr.
PICAVET. — Les Idéologues. 10 fr.
GURNEY, MYERS et PODMORE. — Hallucinations télépathiques. 3ᵉ édit. 7 fr. 50
L. PROAL. — Le Crime et la Peine. 2ᵉ éd. 10 fr.
— La criminalité politique. 5 fr.
AURÉAT. — Psychologie du peintre. 5 fr.
BOURDON. — L'expression des émotions et des tendances dans le langage. 7 fr. 50
NOVICOW. — Luttes entre sociétés hum. 10 fr.
— Les gaspillages des sociétés modernes. 5 fr.
DURKHEIM. — Division du travail social. 7 fr. 50
— Le suicide, étude sociologique. 7 fr. 50
— L'année sociologique. Années 1897 et 1898, chacune. 10 fr.
J. PAYOT. — Éducation de la volonté. 9ᵉ éd. 5 fr.
— De la croyance. 5 fr.
CH. ADAM. — La philosophie en France (Première moitié du XIXᵉ siècle). 7 fr. 50
H. OLDENBERG. — Le Bouddha. 7 fr. 50
NORDAU (Max). — Dégénérescence. 2 vol. 17 fr. 50
— Les mensonges conventionnels. 5 fr.
AUBRY. — La contagion du meurtre. 2ᵉ éd. 5 fr.
GODFERNAUX. — Le sentiment et la pensée. 5 fr.
BRUNSCHVICG. — Spinoza. 3 fr. 75
— La modalité du jugement. 5 fr.
LÉVY-BRUHL. — Philosophie de Jacobi. 5 fr.
— Lettres de J.-S. Mill et d'Aug. Comte. 10 fr.
BOIRAC. — L'idée de phénomène. 5 fr.
F. MARTIN. — La perception extérieure. 5 fr.
G. TARDE. — La logique sociale. 2ᵉ éd. 7 fr. 50
— Les lois de l'imitation. 2ᵉ édit. 7 fr. 50
— L'opposition universelle. 7 fr. 50
O. DE GREEF. — Transformisme social. 7 fr. 50
L. BOURDEAU. — Le probl. de la mort. 2ᵉ éd. 5 fr.
CRÉPIEUX-JAMIN — Écrit. et Caract. 4ᵉ éd. 7 fr. 50
J. IZOULET. — La cité moderne. 4ᵉ éd. 10 fr.
THOUVEREZ. — Réalisme métaphysique. 5 fr.
LANG. — Mythes, Cultes et Religion. 10 fr.
DUPROIX. — Kant, Fichte et l'éduc. 5 fr.
SÉAILLES. Essai sur le génie dans l'art. 2ᵉ éd. 5 fr.
V. BROCHARD. — De l'Erreur. 2ᵉ édit. 5 fr.
AUG. COMTE. — Sociol. tés. p. Rigolage. 7 fr. 50
BALDWIN. — Le développement mental de l'enfant. 7 fr. 50
C. CHABOT. — Nature et moralité. 5 fr.
C. PIAT — La personne humaine. 7 fr. 50
— La destinée de l'homme. 5 fr.
E. BOUTROUX. — Études d'histoire de la philosophie. 7 fr. 50
G. FULLIQUET. — L'obligation morale. 7 fr. 50
P. MALAPERT. — Les élém. du caractère. 5 fr.
A. BERTRAND. — L'enseignement intégral. 5 fr.
E. SANZ Y ESCARTIN. — L'individu et la réforme sociale. 7 fr. 50
H. LICHTENBERGER. — Richard Wagner. 10 fr.
J. PÉRÈS. — L'art et le réel. 3 fr. 75
E. GOBLOT. — Classif. des sciences. 5 fr.
ESPINAS. — La Philos. soc. au XVIIIᵉ s. 7 fr. 50
MAX MÜLLER. — Études de Mythologie. 12 fr. 50
THOMAS. — L'éducation des sentiments. 5 fr.
DURAND (de Gros). — Taxinomie. 5 fr.
— Esthétique et morale. 5 fr.
G. LE BON. — Psychol. du socialisme. 7 fr. 50
BAUN. — De la méthode dans la psychologie des sentiments. 5 fr.
GÉRARD-VAREY. — L'ignorance et l'irréflexion. 5 fr.
DUPRAT. — L'instabilité mentale. 5 fr.
HANNEQUIN. — L'hypothèse des atomes. 7 fr. 50
AD. COSTE. — Sociologie objective. 3 fr. 75
LALANDE. — Dissolution et évolution. 5 fr.
DE LA GRASSERIE. — Psychologie des religions. 5 fr.

www.ingramcontent.com/pod-product-compliance
Lightning Source LLC
Chambersburg PA
CBHW050632170426
43200CB00008B/989